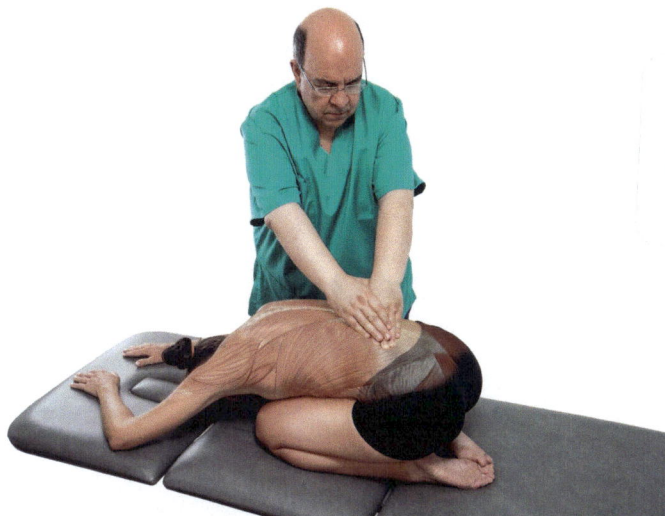

运动按摩
彩色图谱
ANATOMÍA & MASAJE DEPORTIVO
TÉCNICAS DE MASAJE Y DE LECTURA CORPORAL
EN LAS CADENAS MIOFASCIALES

［西］何塞普·马尔默·艾斯帕夏（Josep Mármol Esparcia）著
阿图尔·贾科姆·卡拉斯科（Artur Jacomet Carrasco）

汤璐 译

人民邮电出版社
北 京

图书在版编目（CIP）数据

运动按摩彩色图谱 /（西）何塞普·马尔默·艾斯帕
夏,（西）阿图尔·贾科姆·卡拉斯科著；汤璐译. --
北京 : 人民邮电出版社，2021.9
　（悦动空间）
ISBN 978-7-115-53265-7

Ⅰ．①运… Ⅱ．①何… ②阿… ③汤… Ⅲ．①按摩－
体育保健学－图谱 Ⅳ．①G804.3-64

中国版本图书馆CIP数据核字(2020)第001517号

版权声明

© Copyright 2017 Editorial Paidotribo—World Rights
Published by Editorial Paidotribo, Spain
© Copyright of this edition: POSTS & TELECOM PRESS Co., LTD
Simplified Chinese rights arranged through CA-LINK International LLC.
本书原著作者及相关人员

作　者：　[西]何塞普·马尔默·艾斯帕夏（Josep Mármol Esparcia）

　　　　　[西]阿图尔·贾科姆·卡拉斯科（Artur Jacomet Carrasco）

平面设计：　[西]托尼·因格莱斯（Toni Inglès）

插图绘制：　[西]马里亚姆·费隆（Myriam Ferrón）

摄　影：　[西]诺斯·艾·索托（Nos i Soto）

◆ 著　　　　[西]何塞普·马尔默·艾斯帕夏（Josep Mármol Esparcia）

　　　　　　[西]阿图尔·贾科姆·卡拉斯科（Artur Jacomet Carrasco）

　译　　　　汤　璐

　责任编辑　王朝辉

　责任印制　陈　犇

◆ 人民邮电出版社出版发行　　北京市丰台区成寿寺路 11 号

　邮编　100164　电子邮件　315@ptpress.com.cn

　网址　https://www.ptpress.com.cn

　涿州市般润文化传播有限公司印刷

◆ 开本：787×1092　1/16

　印张：10　　　　　　　　　2021 年 9 月第 1 版

　字数：227 千字　　　　　　2025 年 10 月河北第 10 次印刷

　著作权合同登记号　图字：01-2019-1019 号

定价：89.00 元

读者服务热线：(010)81055410　印装质量热线：(010)81055316
反盗版热线：(010)81055315

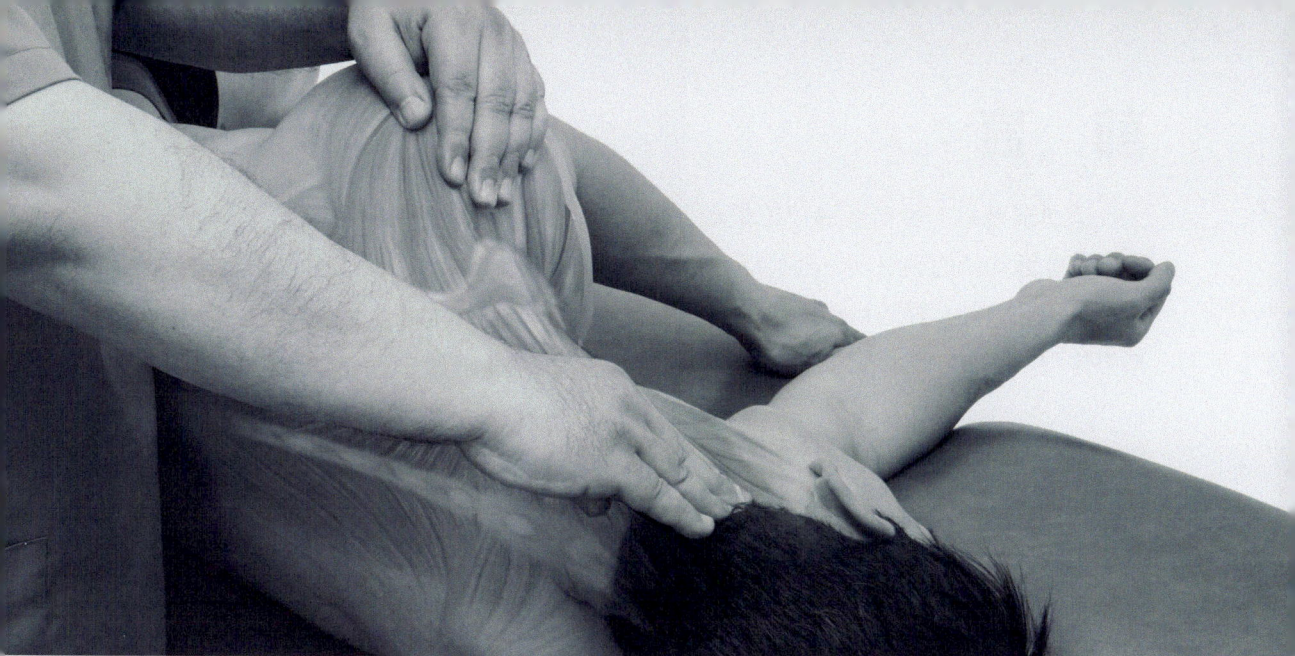

内容提要

　　运动按摩是一种徒手治疗的护理方法，其与健身训练项目相结合，能显著增强体质，有效提高运动表现，并预防运动损伤。本书是一本全面介绍运动按摩方法与技巧的图解指南。全书共分5章，从运动按摩的基础知识讲起，系统介绍了各类按摩手法，重点详述了5条肌筋膜链的按摩方法与技巧以及各种姿势的按摩注意事项，最后还给出了常见的运动损伤及按摩治疗技术等内容。

　　书中除了配有大量精美的彩色按摩图、人体解剖图外，还有20多段按摩演示视频，直观展现，便于学习。本书适合广大的运动爱好者、物理治疗师、按摩师等学习阅读。

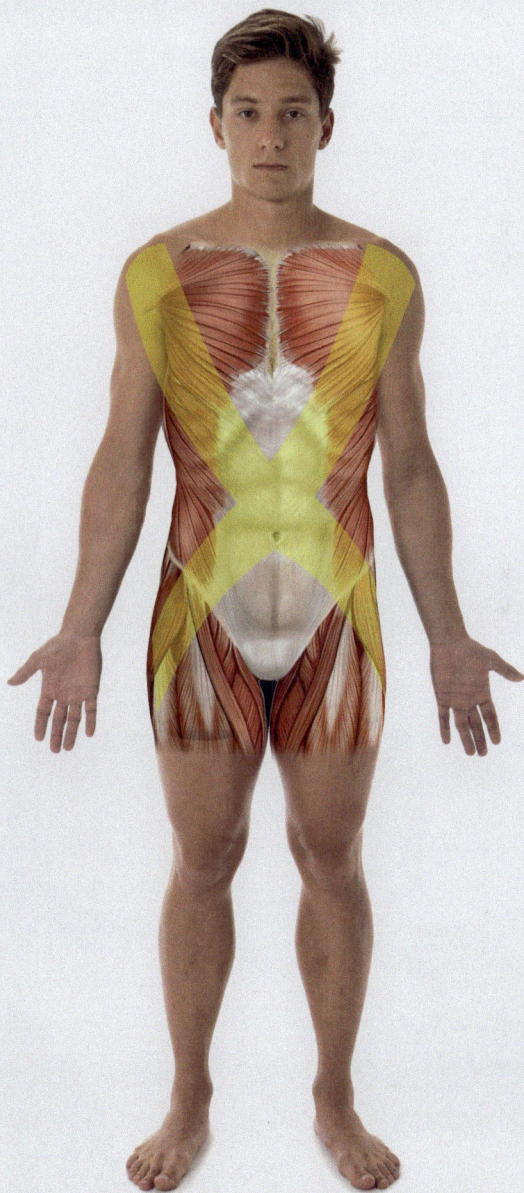

前　言

运动按摩是一种徒手治疗的护理方法，其与专业运动员的训练项目相互结合，能有效提高运动效能，预防运动损伤，并能显著增强体质。

针对专业运动员及运动爱好者的按摩法

配合专业的手法，运动按摩能为运动员提供长期持续的身体诊断，以促进血液循环，缩短身体恢复周期，避免组织损伤。

高水平的运动队伍通常会配备专业按摩人士，根据训练方案或竞赛需求为运动员提供定期按摩。而运动爱好者则无法享受到此项福利，他们只有在身体感到不适时，才会去寻求专业的按摩治疗。

本书主旨

本书主旨是为运动爱好者及专业运动员提供正确的按摩指导，并帮助治疗师更好地协调运动员的身心发展。同时，对按摩感兴趣的人也能从中获取很多实用的信息。

本书以"肌筋膜"的概念为基础，介绍了实用的徒手按摩法。书中从人的整体出发，综述了按摩对全身结构组织的作用，细致分析了身体各个部位的功能，给出了按摩姿势和动作，帮助从业人员学习并观测自己的治疗手法。

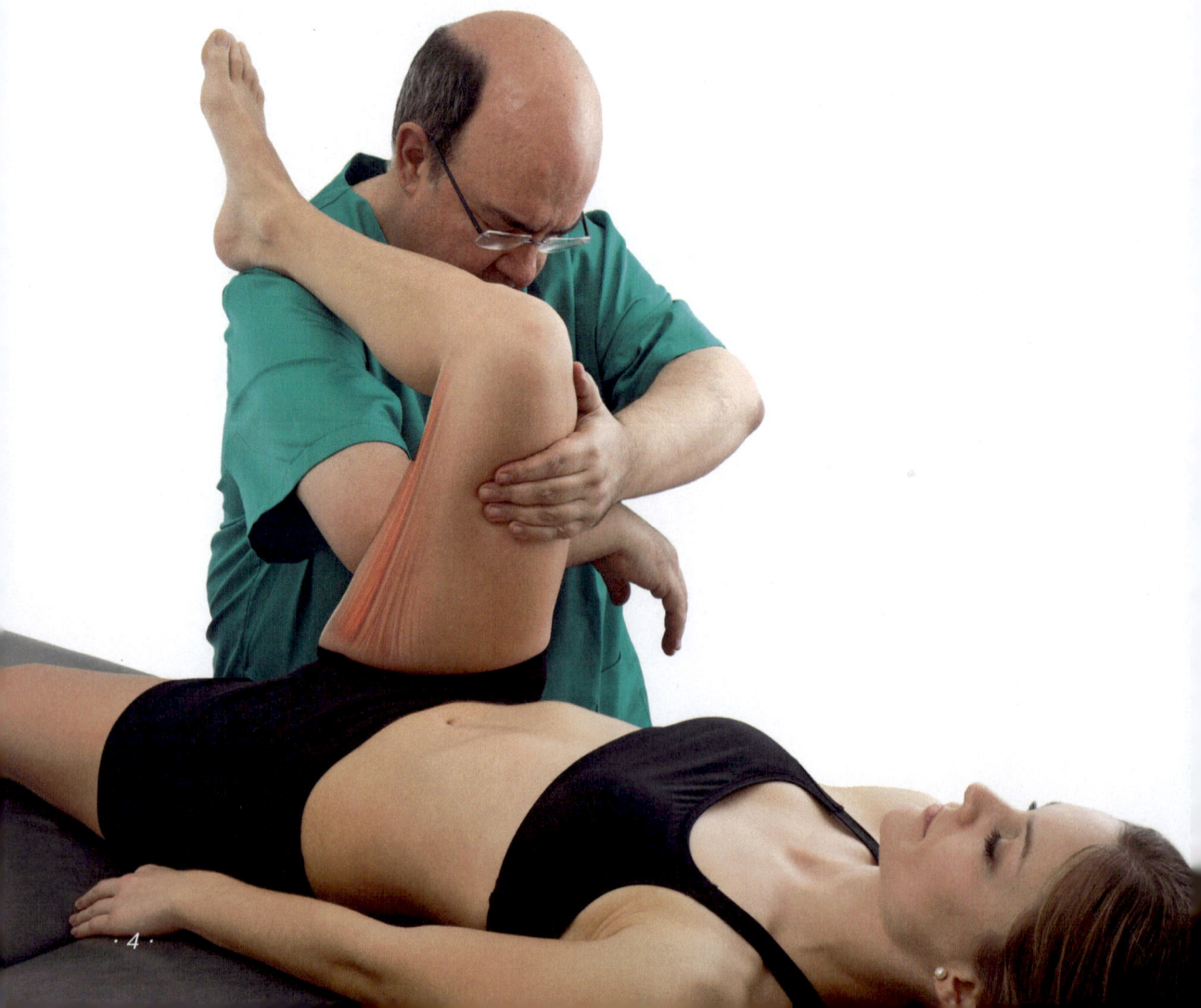

书中配有大量全彩图片解析，并配有人体解剖示意图、按摩流程图和演示视频等，以期更好地展现各式按摩手法，保证治疗效果。

我们期盼本书能加深人们对于运动按摩的认识，为广大的运动爱好者带来更多的实用知识，帮助大家时刻关注自身的健康。

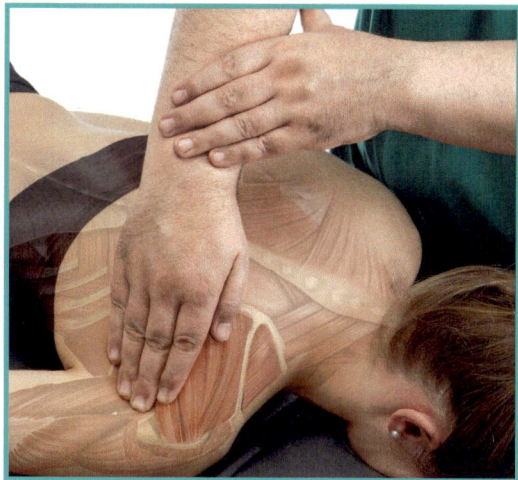

如何观看视频内容

为了方便读者掌握书中介绍的相关按摩方法，我们专门录制了 21 段演示视频。在这些演示视频中，专业的按摩师通过规范的动作和恰当的节奏向我们演示了各种按摩手法和技巧，便于读者直观学习，从而提升按摩效果。

操作步骤：

- 保证智能手机或平板电脑处于联网状态；
- 用智能手机或平板电脑扫描书中提供的二维码即可观看。
- 注意：首次扫码需关注人民邮电出版社公众号，关注后即可观看。

目录

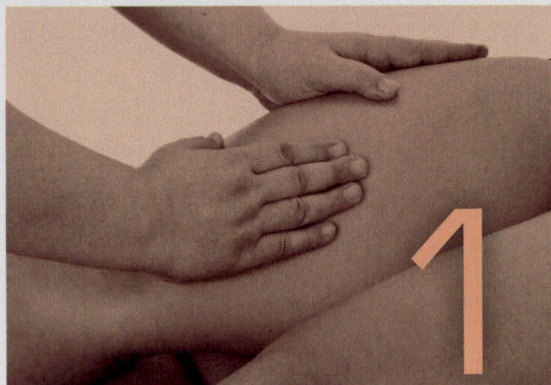

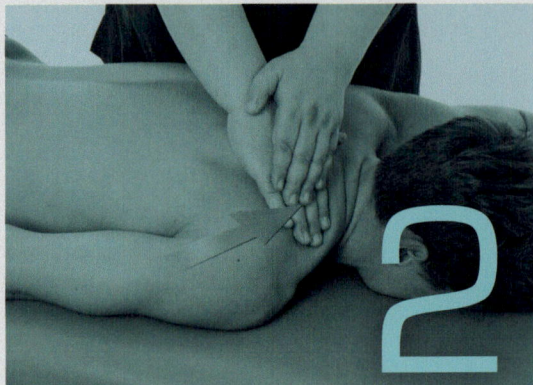

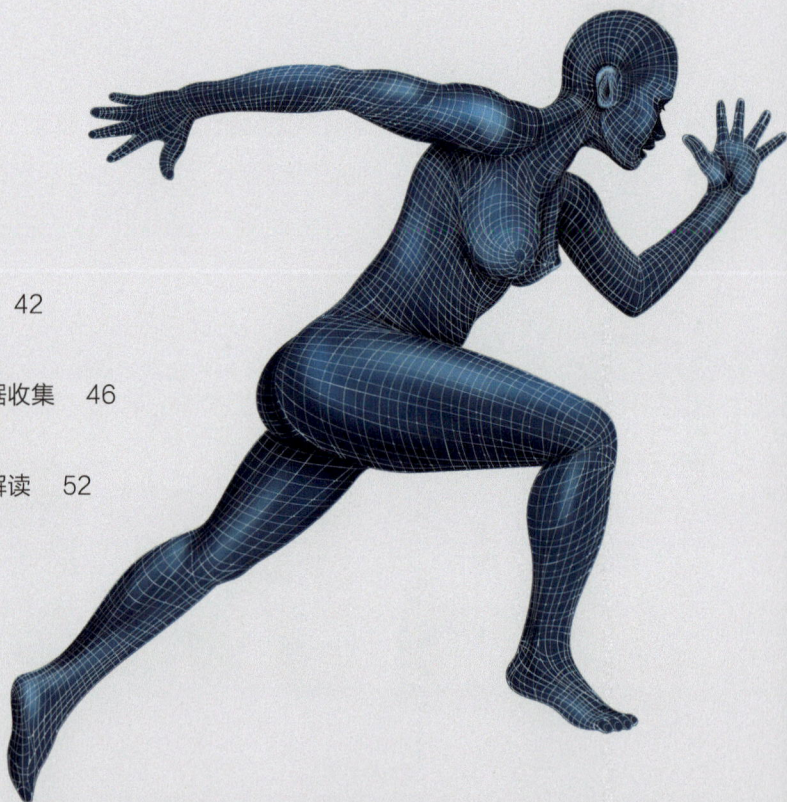

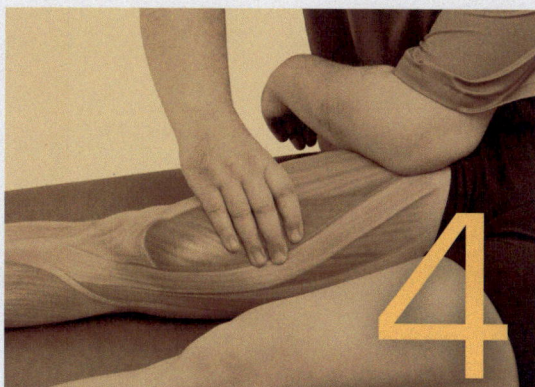

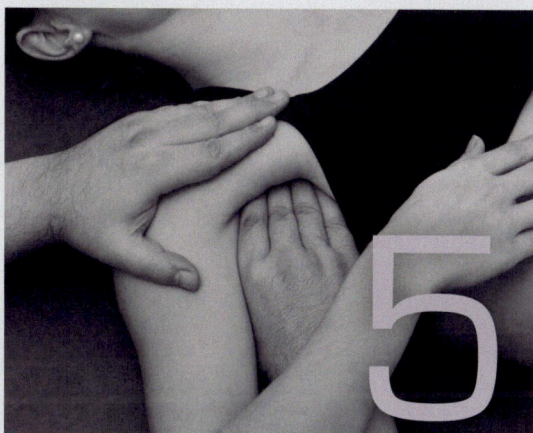

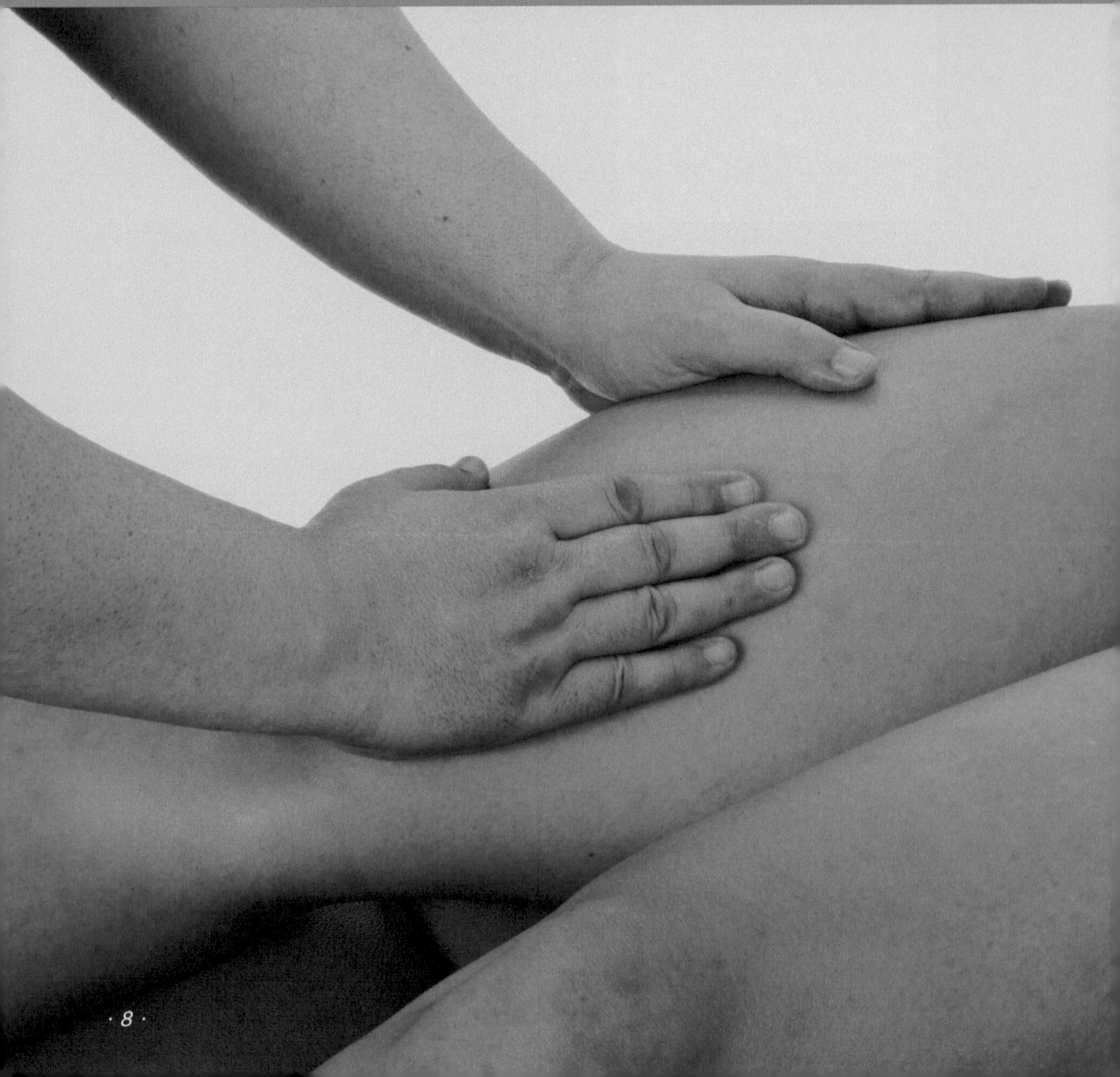

第 1 章
运动按摩综述

本章将为读者介绍运动按摩的基础知识。从中我们将更深入地了解到按摩的概念和治疗师的作用，按摩不是简单地针对某条肌筋膜或某个关节，它应该作用于人的整体。因此，书中利用各种图表对按摩机制及效果进行了全方位的展示。

运动按摩根据运动员的训练或者比赛进行分类，可分为3类：第1类为赛季前按摩；第2类为赛季中所需要的大量按摩；第3类为赛季后按摩，同时包括损伤后的康复性按摩。

除此之外，本章还特别引用了最新的研究结果及图表，详细介绍了按摩对身心及情绪层面的影响，突出按摩对身体整体上的积极作用。

按摩概览

什么是徒手按摩

徒手按摩，即利用手部对表层皮肤施以不同的力道来刺激身体组织，从而作用于神经系统、肌筋膜、内部器官和体内循环系统。然而，它并不局限于身体的某个组织或关节，而是将人看作一个有机的整体，同时还关注其心智层面上的发展。

按摩的定义

按摩是一种无须使用语言的交流方式，是用手来和身体进行沟通，进而促进身心发展，有益健康。因此，按摩的时长及方式因人而异，可根据按摩对象的具体情况随时调整。

按摩手法的区别主要在于针对相同症状的治疗手段不同，也有其他的分类方法，如根据解剖学来区分按摩的部位等，而施加的力道不同并不能作为分类的方法。因此，按摩前的触诊十分关键，治疗师需要用手触摸按摩对象的身体部位，识别待治疗部位，以确保按摩到位，获得预期疗效。

按摩的作用范围

我们可以借助双手对身体组织进行逐步的探索。治疗师在治疗初期是有意识地进行观察和摸索，随着治疗深入，他们则可以本能地探诊出敏感部位，并在没有医学禁忌的情况下揉动组织，并使其改变，获得反射性或系统性的直接治疗效果。

综合的按摩手法能促进体液流动，稳定机体和情绪，给人带来全面积极的影响。

按摩的功效

按摩必须循序渐进、精准到位、由简入繁，这样才能获得良好的效果。同时，不同学科之间的配合也能让按摩的好处加倍，例如在职业运动领域，运动再教育、营养规划、体能训练和心智锻炼等都能有效提升按摩的效果。

▲ 石雕上可见一位少女跪卧着，她正在接受背部按摩。公元 6 世纪，高棉帝国（柬埔寨）。

▼ 用双手去按摩他人的手部，这种手法采用手指揉捏技术，以减小手掌筋膜过大的张力。

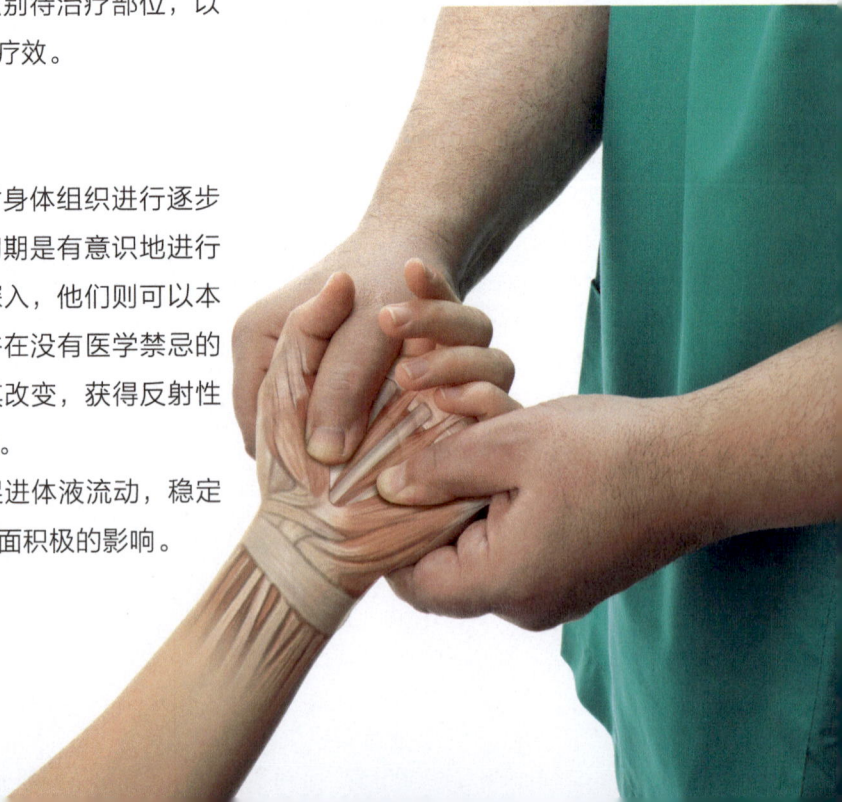

按摩可以舒缓情绪、消除疲劳、减轻疼痛，但我们必须要记住的是"按摩的功效取决于多方面的因素，而这些因素之间彼此相关，紧密相连"。

▼ 正确的按摩手法能够舒缓紧绷的头部，放松控制身体姿态的肌肉组织和筋膜。用拇指轻柔地按压太阳穴，其他手指托住整个头部，支撑着颅骨。呼气时，缓慢地顺着平躺的方向牵引头部；吸气时，逐渐放松。这样的手法可使头颈部得到充分拉伸，能让按摩对象感到非常舒适，建议在疗程开始或者结束时使用。

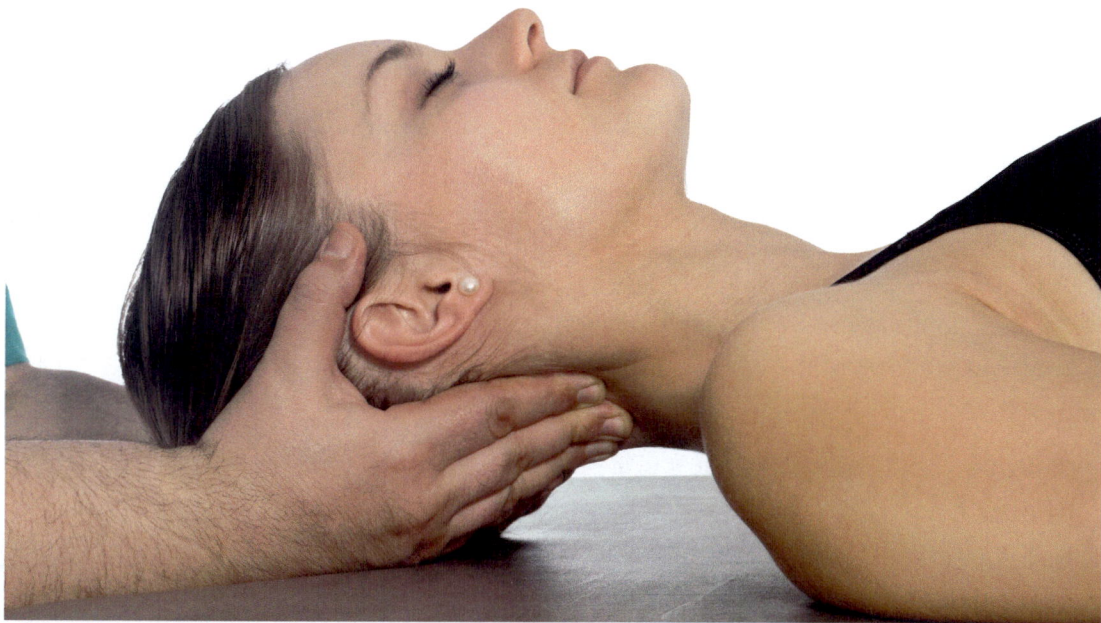

按摩的潜在功效

生物力学功效	物理功效	神经功效	情绪功效
对身体组织施加机械性的压力。	改善组织和器官。	反射刺激。	增强身心意识。
减少组织的粘连。 舒缓肌肉和筋膜的紧张。 增加关节的灵活性。 消除肌筋膜的僵硬感。 拉伸和破坏纤维瘢痕组织。	加速血液和淋巴液循环，促进排毒。 增加尿量和改善肾脏过滤功能，减少体内垃圾。 增加副交感神经的活动。 获得身体上的放松和舒适感。	减少肌肉神经的刺激反应。 缓解肌肉紧绷或痉挛。 减缓疼痛。	给予放松和舒缓的感觉。 降低焦虑感。 帮助伤者恢复肢体的动作意象。 带来神清气爽的感觉。

运动员的按摩

在训练期间，运动员会不断增加运动量来获得技能上的提升和整体状态上的优化。为此，运动员必须缩短恢复时长，在一定时间内积累最多的训练周期，即训练－恢复－过度补偿，从而在尽可能短的时间内将自己的竞技水平提到最高点。

运动按摩是运动员及其团队最需要的身体恢复方法之一，它与运动实践密切相关，并以不同的技术手段来增强和提高运动员的身心素质，从而预防运动损伤。

运动员自身的特质、其所处的训练或比赛阶段以及运动的类型这些因素都会影响运动按摩的手法和方式。

运动按摩的次数和节奏由其目的决定，刺激和放松的需求自然不同。一般而言，在剧烈运动后，治疗师通常都会以非常缓慢的手法按压深层组织。其间，治疗师可以逐步观察，等待按摩对象身体自然的反应，当某个部位已经得到足够的放松时，即可继续按摩下一个部位。持续按摩有助于提升运动能力，促进神经活化，进而在训练前强化肌肉骨骼功能。

运动按摩：技巧概述

除了一般的按摩技巧之外，为了达到预期疗效，运动按摩也需要采纳其他手法来促进关节和组织的活动，以刺激或放松运动员的身体。这些技术大致包括：① 关节活动法；② 拉伸牵引法；③ 呼吸放松法；④ 肌筋膜刺痛点徒手治疗法；⑤ 利用本体感觉神经肌肉促进技术（PNF）的放松法；⑥ 深层摩擦法。

运动员常规按摩的作用

- 探索及发现敏感点和敏感部位。
- 缓解经常性的身体紧张。
- 促进血液和淋巴液循环，更好地滋养身体细胞。
- 使动作更为流畅，不费力。
- 加速适应过度补偿的现象。
- 舒缓训练期间的疲劳，缩短恢复周期。
- 强化身心健康，预防过度训练，降低运动损伤风险。
- 帮助身体得以全面放松。
- 改善体态。
- 承受更高强度和更长时间的训练，提升竞技水平，有益健康。

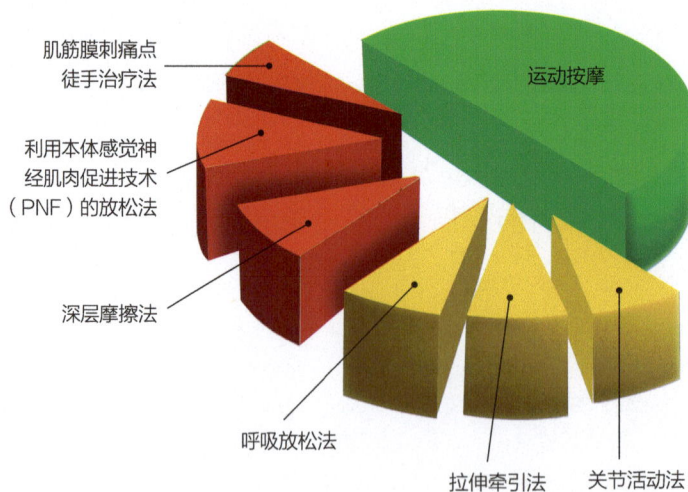

肌筋膜刺痛点徒手治疗法

利用本体感觉神经肌肉促进技术（PNF）的放松法

深层摩擦法

运动按摩

呼吸放松法

拉伸牵引法

关节活动法

运动按摩的分类

运动按摩必须依据赛前准备阶段或比赛需求进行合理规划,同时兼顾欲达到的成绩目标。大致可以将运动按摩分为 3 类,它们彼此之间相互关联:赛季前按摩、赛季中按摩以及赛季后按摩。

1. 赛季前按摩

在赛季开始前,对运动员进行适度的按摩能增强其体能,提升其状态。

2. 赛季中按摩

当运动员进入赛季时,他们需要特定的保护措施来避免运动损伤。根据训练目标,赛季中按摩又可细分为以下几类。

① **比赛前或即将入场时:** 要针对特定部位,进行快速精准的按摩,从而刺激肌肉。

② **比赛中或中场休息时:** 简短适中的按摩,能让肌肉依旧保持在紧张的竞技状态中。

③ **赛事中间:** 运动员结束一场比赛,准备继续下一场比赛的期间,可重点按摩最为疲惫的区域,进行适度放松。

3. 赛季后按摩:视情况而定

① **赛后按摩:** 主要针对刚刚结束比赛或是剧烈运动过后的运动员。

② **恢复性按摩:** 主要针对因伤痛而影响到技巧动作的运动员。

▲ 运动按摩分类主要以选手所处的比赛阶段而定,包括了赛季前、赛季中和赛季后按摩。这 3 个阶段还可依据选手的需求再进行重新组合和细分。

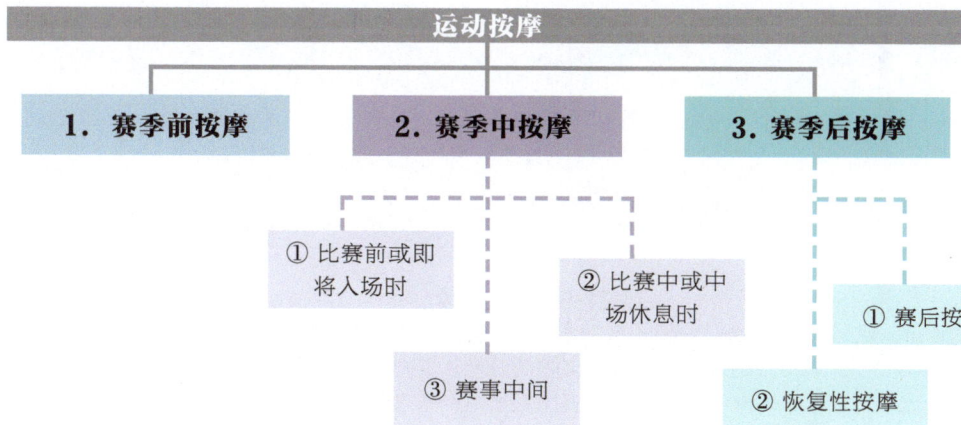

运动按摩
- **1. 赛季前按摩**
- **2. 赛季中按摩**
  - ① 比赛前或即将入场时
  - ② 比赛中或中场休息时
  - ③ 赛事中间
- **3. 赛季后按摩**
  - ① 赛后按摩
  - ② 恢复性按摩

按摩与竞技

运动按摩的主要目标是提升运动员的竞技水平以及预防运动损伤。依据训练负荷及强度，或是具体赛事情况，在整个赛季，运动员都会持续接受有规律的运动按摩。它能在高强度的训练后，帮助运动员放松身心、舒缓压力。

运动按摩：训练和休息相兼顾

运动员可以遵照一些基本的方法来提升自己的竞技表现，比如规划训练负荷、控制休息时间以及合理安排膳食来达到过度补偿状态等。同时，运动员还可以利用运动按摩消除疲劳和缩短恢复周期，从而进行更多的训练。

在训练周期的恢复阶段（见下图），按摩应和缓、有层次。而到了过度补偿阶段，当运动员即将面临新一轮的训练时，按摩则需简短有力（4~6分钟），起到刺激组织、做好准备的作用，运动员能够在肌肉依旧保持着运动状态的情况下获得最优的训练效果。赛季后的按摩则是一种修复手段，手法应轻柔缓慢，循序渐进。

一般适应综合征

训练是一种有规划的过程，主要是为了提升运动员的竞技水平。在高强度的运动过后，修复期能帮助身体恢复及提升状态。身体对于这种训练和休息的适应状况，可称为"一般适应综合征"。

运动按摩的好处

在比赛结束后，尤其是在一些田径比赛后，按摩是避免血管堵塞和组织积液的十分有效的方法。按摩能减少或预防过度训练而导致的运动损伤，且有利于治疗后遗症。在调节肌肉张力以及保持肌筋膜稳定性上，运动按摩也能起到十分积极的作用。

有规律的按摩可以使身体更加灵活，有助于完成较为复杂的动作。同时还能稳定运动员的情绪，帮助他们集中注意力，以及减少赛前焦虑。按摩以反射的方法促进深度放松，有利于休息和睡眠，有助于运动员在下一场比赛时达到最佳状态。

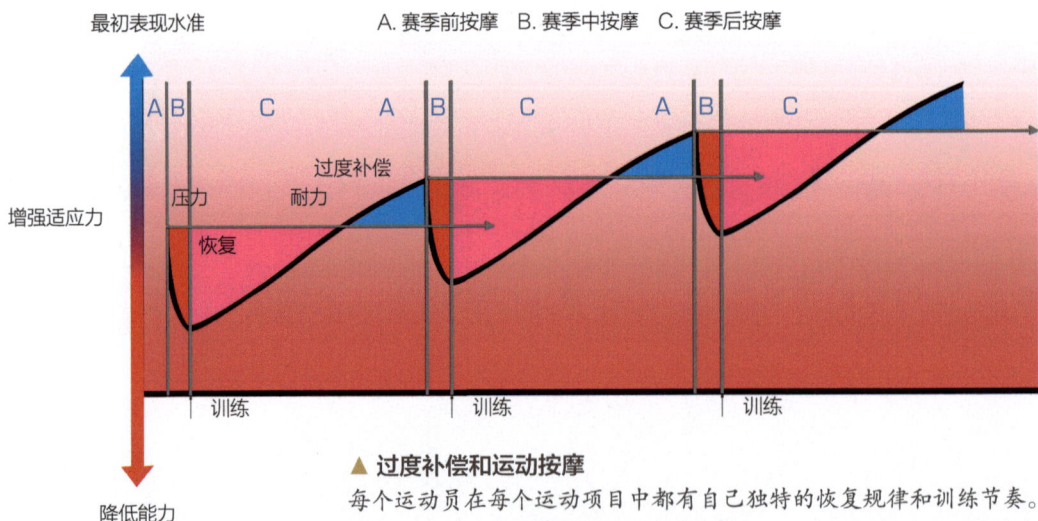

▲ 过度补偿和运动按摩

每个运动员在每个运动项目中都有自己独特的恢复规律和训练节奏。由于各式训练技巧的针对性不同，在某些情况下，我们无法明确区分这些阶段。因此，在适当的时候，采用运动按摩的方式，不仅有助于运动员改善"恢复－适应"过程，还可以有效提高竞技表现。

◀ 在重要赛事开始前，优秀的游泳运动员每天的运动量最多可达16000米的泳池训练和3000米的陆上训练，并且他们会通过负重拉力练习来加强手臂的划水力量。这样的训练大概会持续一周甚至几周之久。为了能让运动员快速调整状态，迎接下一个训练周期，每日的放松按摩十分必要。

▶ 身体会因训练感到疲惫，但可以在休息过后恢复状态。运动后的疲劳主要有以下几点原因。

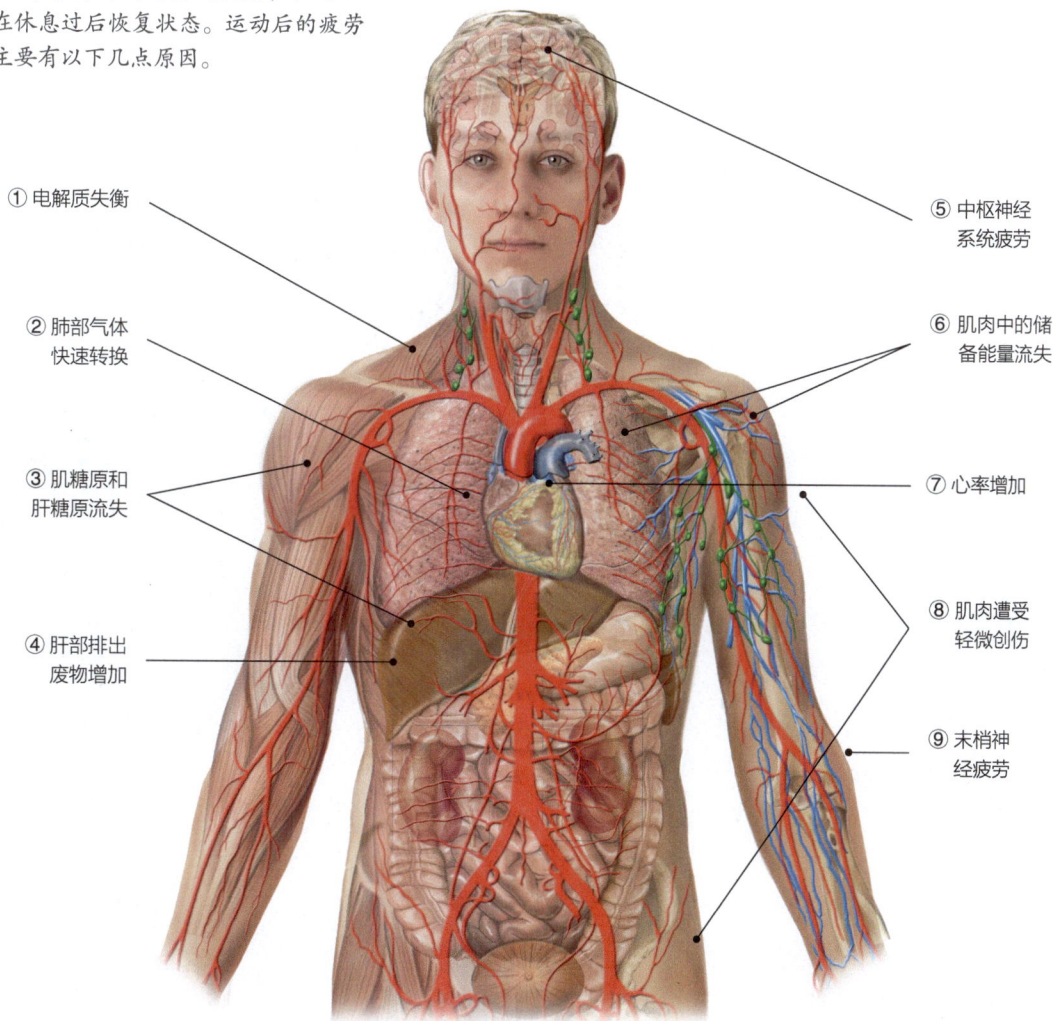

① 电解质失衡

② 肺部气体快速转换

③ 肌糖原和肝糖原流失

④ 肝部排出废物增加

⑤ 中枢神经系统疲劳

⑥ 肌肉中的储备能量流失

⑦ 心率增加

⑧ 肌肉遭受轻微创伤

⑨ 末梢神经疲劳

赛季前按摩

赛季前按摩指的是赛季开始前的按摩，通常在修整期过后进行。这个阶段的主要目标就是帮助运动员重拾状态，调整身体以应对训练或比赛的需求。运动按摩有利于身体排出多余废物，加速新陈代谢，提高竞技水平和缓解疼痛。

治疗师要考虑到衣着、天气、场地、运动设备，能根据环境灵活变通：一张长椅可以当作按摩床使用，一件运动衫可作为枕头，一块塑料布可以充当雨衣或外套。当然，也可以请其他运动员帮忙扶着按摩对象的某个部位等。

调整和适应

这个阶段的按摩需要更多的时间，从而以一种轻柔缓慢的力量触及身体的深层组织。这能影响运动模式，改善身体的自我认知。赛季前的按摩是改变肌筋膜链的最佳时机，让运动员有充分的时间进行适应。

持续评估

在这个阶段，通过按摩能在损伤发生前及时察觉到组织的异常状态，并能有效作用于某些敏感部位。作为预防手段，按摩还能改善运动模式，降低运动损伤风险。

▼ 赛季前训练阶段的最后一个环节是放松按摩。图中按摩的区域是股四头肌，这样的手法可以按压到肌肉压力最为集中的部位。

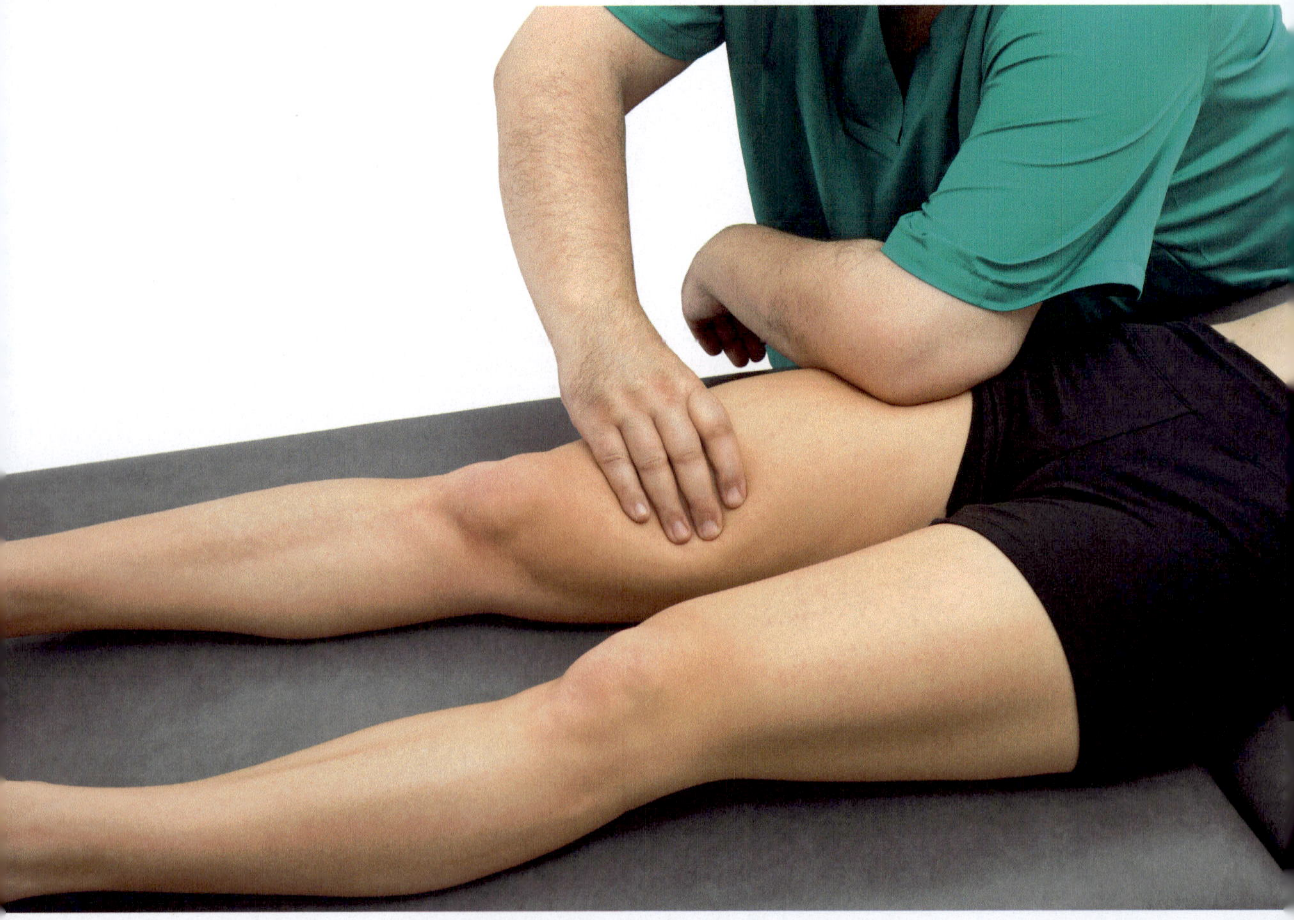

聆听、行动和预防

有一位治疗师曾说过："累积的疲劳会导致肌肉痉挛，而持续的痉挛会导致肌肉撕裂。"换句话说，疲劳是身体发出的警告，暗示肌肉组织将会遭受到运动损伤，有些损伤甚至是不可逆的，但是它们都可以通过按摩来预防。

赛季前按摩须知

理疗师、治疗师和体能教练的职责之一就是当运动员进行训练时，在一旁进行观察，发现潜在问题或异常状况，从而在之后的训练或治疗中，给出合理的建议和采取适当的措施。

通过赛季前按摩，往往可以发现运动员在上一个赛季所遗留下的毛病，这是评估运动员身体状况的最佳时机。很多运动员为了回到赛场，会无视身体的小毛病，但这些细小的问题很可能会影响到他们当下甚至是以后赛季的表现。

▼ 在夏季休整期过后，跑步计时赛可作为适应性训练的一部分，帮助运动员梳理节奏，整合团队向心力。治疗师和体能教练会在赛道旁观察每一名运动员的表现和肢体反应。

赛季前按摩指引

主要目标

发现问题或异常情况，查找造成身体不适或紧张的原因，预防损伤。缩短训练间的恢复周期，增加可训练时长，减少行动和协调方面的限制。

按摩姿势

结合不同的卧姿，采用有效的按摩手法，可达到放松肌肉的效果。

主要手法

静脉回流法、揉捏法、按压法、牵拉抽吸法、深层按压法、长时间大范围按摩法。

其他技巧

被动拉伸和关节活动法。

按摩力道

中/小。

按摩时长

局部按摩最少15分钟，若是大幅度按摩，最多45分钟。

按摩频率

在训练后，每周一次。如果距离比赛不到两天或在剧烈运动后，则不可进行按摩。

精神鼓励

赛季前的团队活动有助于提升队伍的凝聚力，而按摩也可以作为鼓舞士气的方法。

赛季中按摩

赛季中按摩主要针对按照训练计划，正处于活跃上升期的运动员。依据训练阶段的不同，此项按摩还可以细分为：赛前按摩、赛中按摩和赛事间按摩。

赛前按摩

赛前按摩可以帮助运动员迅速做好应战准备，使身体的机能达到最优化，提高自我意识。

为赛事做准备

正确的赛前准备包括合理的体能和技术训练、睡眠管理、营养规划、水分补充等。徒手按摩等物理手段能帮助运动员时刻关注自己的身体状况。

赛中按摩

此类按摩的主要目标是活化肌肉，但不放松意识，让运动员始终处于竞技状态。按摩会根据比赛的进展随时调整，如有可能，可以在比赛中场休息时或者任何休息空档进行按摩。

▼ 图中展示的手法为双手揉捏法，作用于股四头肌，用于赛前动态热身之后。

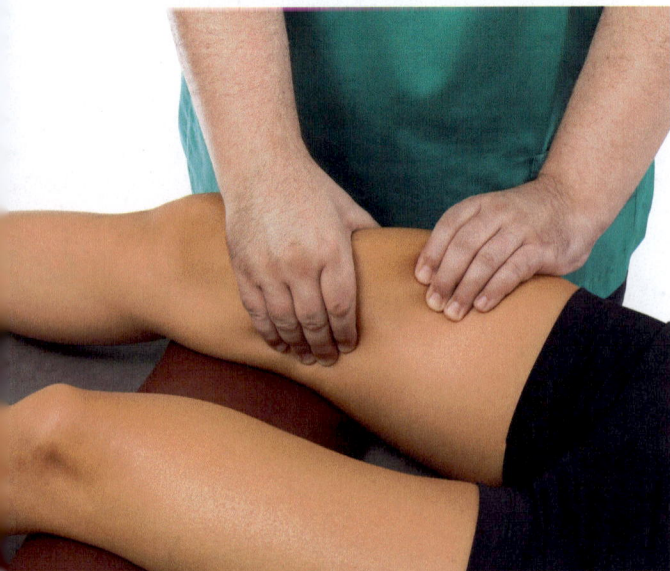

按摩不能替代热身，但能使热身事半功倍，特别是在受限于环境条件或伤痛的情况下，一些肌肉群无法得到足够的锻炼时，按摩能起到很好的辅助作用。

注意事项

按摩会在一定程度上消除肌肉的张力，因此在按摩前，运动员必须做好热身，并且在按摩后，要迅速恢复训练，从而避免张力过多消失，重新恢复身体的敏感度。

赛前按摩指引

主要目标

帮助运动员积极应对比赛和竞争，激活自体神经系统，促进血液循环，协助肌肉供氧，活化肌肉组织，刺激肌肉。

按摩姿势

以站姿或坐姿为宜，避免卧姿，以免运动员过度放松，无法集中注意力。重点按摩四肢及心脏下方区域，促进血液流通。

主要手法

快速且有力的手法较为适宜，此时的按摩一般简短且充满力道，主要作用于表层。可进行摩擦和适度按压，以及持续刺激式的拍打，最后以抖动正在按摩的四肢区域作为结束。

按摩力道

大 / 强劲有力，快速。

按摩时长

一般 4~6 分钟。

按摩方式

浅层按摩，以刺激为主，不会让人感到疼痛为宜。

按摩频率

由于按摩会导致肌肉失去部分张力，所以最好在比赛开始前的 45 分钟进行。务必谨记，要为赛前技巧和战术训练留下足够的时间。

精神鼓励

赛前按摩主要视训练而定。

赛事间按摩

在为期多日的比赛中，运动员可享有一至两天的动态休息时间，此时是进行该项按摩的最佳时机。午后训练结束时，可以在更衣室进行按摩，如果处于旅途中，则可在酒店用餐前进行按摩。

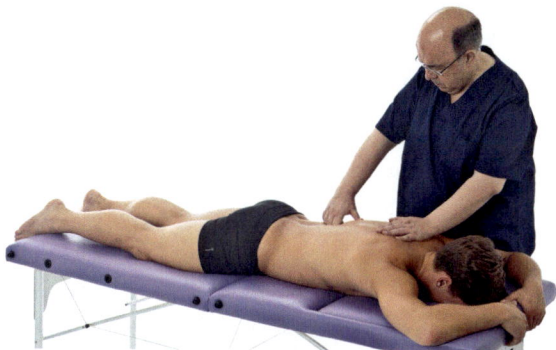

注意事项

治疗师需戴上一次性手套，避免在手上留下按摩乳霜等让其他运动员感到不舒服的东西，保持手部清洁，这么做也能方便治疗师。

尽量避免使用过多的精油，因为有些成分会致使皮肤表面温度变化，让运动员在竞技过程中感到黏腻不适。如需使用，也应注意剂量。在寒冷的天气里，可以选用一些能让身体感到温暖的精油，而酷暑时节则可采用具有清凉降温效果的乳液。

赛中按摩指引

主要目标

保持比赛中的专注力，加速血液循环和新陈代谢。通过激活抑制痛感的神经，起到舒缓身体作用。治疗肌肉负荷最重的部位。

按摩姿势

重点按摩心脏以上区域来促进新陈代谢。

主要手法

按压和揉捏并用，辅以轻柔的手指滚动。

其他技巧

牵引拉伸。

按摩频率

可在其他队员同在的情况下，于更衣室进行按摩，时间短，动作快，这样运动员才能迅速回到和教练的交流中。

按摩时长

5~8 分钟。

按摩方式

由浅入深。

按摩速度

由慢到快。

按摩强度

适中 / 中等混合。

精神鼓励

放松身体，为接下来的比赛做准备。

赛事间按摩指引

主要目标

发现和治疗瘀伤、肿胀和肌肉僵硬等运动损伤，评估运动员的整体状况。通过按摩手法进行排毒，帮助静脉回流，帮助排除体内堆积的废物。对于出现痉挛、抽筋和疲惫的肌筋膜和其他肌肉群，给予适当的放松，延迟疲劳感。

按摩姿势

最好采取躺卧姿势。

主要手法

双手并用，利用指腹进行按压揉捏，也可采用摩擦和轻巧的拍打法。

其他技术

牵引拉伸肌筋膜的激痛点。

按摩时长

最少 35 分钟的长时间按摩。

按摩强度

根据个人的耐受力，伴随按摩流程的推进，由浅至深，力道逐步加大。

精神鼓励

放松和减少疼痛，帮助运动员更好地完成技术动作。

赛季后按摩

此类按摩主要用于结束比赛后或完成高强度训练后的运动员。相较之前的按摩，它能帮助运动员释放压力，放松身心，暂时从比赛中脱离出来。手法应当轻柔缓慢，逐步深入到不同的解剖平面。除了修复作用，赛季后按摩还具有镇痛安神的效果。

赛季后按摩主要是为了修复劳损组织，并帮助身体排出肌肉新陈代谢后残留的物质，控制肌肉的张力和紧绷感。

此类按摩可以安排在运动员结束比赛后的 2~3 小时里，此时运动员逐步从激烈的比赛中"冷却"下来，心跳和呼吸都恢复到正常的频率，进行按摩最为适宜。

这种镇定肌肉、防止痉挛的手掌抽吸的按摩方式能缓解大腿部位的紧绷感，能有效缓解延迟性肌肉疼痛（DOMS），以及舒缓抽筋的不适感。它能加速新陈代谢，并促进肌肉供氧。一般持续时长为 20~35 分钟，力道适中或轻柔皆可。

若比赛连续进行 3 天，按摩可在比赛中最后一次按摩的 24~36 小时后进行，时长可适度延长至 45 分钟。

注意事项

赛后 2~3 小时内采取的按摩措施主要用于缓解肌肉的紧绷感，但效果并非立竿见影，当天或一次按摩远远不够，只能达到控制的效果。另外，此时的按摩要避免给按摩对象带来疼痛感，否则只会适得其反。

比赛过后，运动员通常都是大汗淋漓，还无法完全从激烈的竞技中平复下来，此刻的肌肉依旧紧绷和僵硬。我们建议运动员在洗澡前先将汗水擦干，避免身体温差变化过大而着凉，也可以在沐浴前做一些拉伸练习。

▼ 手掌抽吸的按摩手法能调节肌肉过大的张力，缓解肌肉的紧绷感。

赛季后按摩指引

主要目标

发现可能的紧绷部位，此时正是治疗和控制局部痉挛以及抽筋的最佳时机。此类按摩以期达到静脉淋巴排毒疗效，可加速血液循环，清除体内残留废物（乳酸等），同时也可抑制疼痛。

按摩姿势

仰卧姿势有助于身体充分排毒，也能让运动员感到舒适。同时要注意引导呼吸，还可结合其他放松技巧。

主要手法

静脉回流法、手掌抽吸法、中等强度摩擦法、轻柔适度揉捏法以及掌压法。

其他技巧

依据个人的耐受力，进行非常轻缓的被动拉伸，还可慢慢地转动关节。

按摩时长

此类按摩节奏缓慢，要根据按摩对象的具体情况循序渐进，因此建议最少按摩 35 分钟。因耐受力不同，也可调整至 25~40 分钟不等。

按摩方式

因为运动员大多处于肌肉酸痛状态，因此按摩手法应从表层逐步深入，反复作用于治疗部位。

按摩速度

缓慢轻柔。

按摩强度

中等 / 混合轻度按摩。

按摩频率

结束比赛后的 2~3 小时里，若比赛连续进行数天，可在赛中最后一次按摩的 24~36 小时后。

精神鼓励

建议治疗师可以和运动员独处，这是在自行车比赛后常用到的"告解式按摩"，双方都需仔细聆听彼此的需求，相互倾诉。

注意事项

赛后，团体运动的运动员最好慢走或慢跑一下，以调整呼吸和心率。

治疗师要考虑到按摩对象皮肤表面温度的变化，可适当使用清爽的乳霜或天然啫喱以消除其疲惫感。

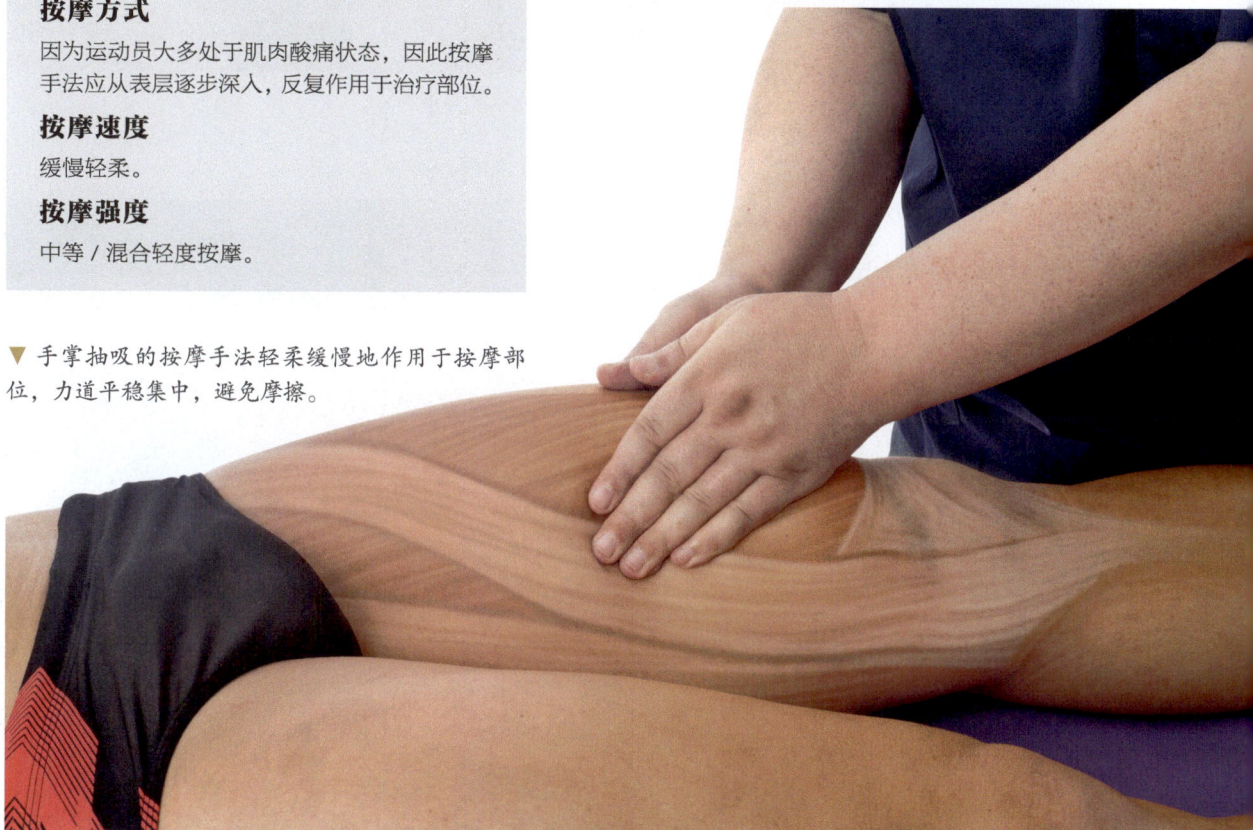

▼ 手掌抽吸的按摩手法轻柔缓慢地作用于按摩部位，力道平稳集中，避免摩擦。

伤后康复性按摩

受伤是运动员最不想遇到的意外情况。此类按摩主要针对因伤痛而阻碍了动作发挥的运动员，帮助他们在康复期快速恢复状态。

徒手按摩能有效缓解疼痛，是理疗的辅助手段。在这个阶段，受伤的身体会再度承受压力，直到恢复正常功能为止。因此，治疗师必须重点按摩受伤区域，软化组织，活动关节，消除肿胀，并减少做完康复练习后可能产生的疼痛感。

康复性按摩技巧

举例来说，去除包扎的绷带后，运动员需要接受按摩来复原组织，增加关节的灵活度，消除肌肉僵硬感，同时借由按摩恢复良好的心理状态，这也是加速康复的关键因素。按摩需要考虑到运动员康复阶段的个体需求，注意固定受伤部位，利用辅助器具支撑，以及要随时关注可能发生的疼痛等。

按摩的手法还可搭配关节活动，牵引拉伸和其他物理治疗技巧，其目的是避免肌肉僵硬和微缩，改善组织收缩后的适应症状，提升受伤部位的功能。

疗伤准则

针对运动损伤的按摩需要遵守一些特定准则。若有水肿或是软组织受损现象，切不可在受伤

初期进行按摩，必须等到已逐渐恢复和治愈后才可开始。受伤初期主要指的是受伤后的48小时至10天内，在这段时间内按摩可能会加剧肌肉撕裂。此外，还需确认是否出现

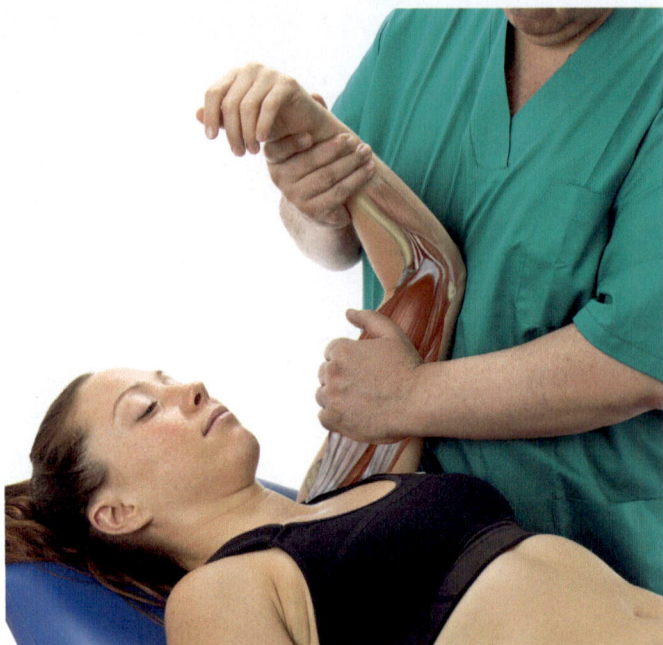

▲ 治疗肱二头肌紧绷的手臂。

▼ 用放松手法来治疗肩部的三角肌。

钙化现象。如有钙化，则应避免反复摩擦该区域。另外，出现炎症时，也应停止按摩。

疗伤特例

如有上述提及的钙化现象，可以使用一点精油或乳霜，轻柔按摩淋巴区域进行排毒。此外，要避免弄疼患者，导致其肌肉痉挛，这反而会影响或延迟整个康复过程。

组合技巧

运动过后出现的肌肉痉挛或绞痛都可借助按摩得到缓解，治疗师可搭配牵引拉伸手法，对治疗部位进行持续按压。当绞痛消减后，可继续轻轻揉捏该区域，帮助恢复，同时也要注意补充水分。

针对痉挛，特别是出现疼痛时，要在激痛点使用徒手按摩的手法，逐步增大力道，依据伤者的耐受力循序渐进，尽量避免增加运动员的疼痛感。

肌腱炎也是一种常见的运动损伤，往往会伴随突发的刺痛感，影响肌肉的机能。一旦确诊（同时要考虑钙化可能），可使用希里氏按摩手法，搭配牵引拉伸技巧，效果显著。

◀ 直接持续按压痉挛处的激痛点。

◀ 用手肘在梨状肌处进行横向摩擦，这种手法主要是用肘突按压治疗区域，小幅度地前后挪动，绝不能用手肘摩擦。

按摩部位：皮肤

皮肤是保护我们身体以及帮助身体同外界沟通的器官。它就好像一张巨大的通信网络，感知着外部环境的变化和刺激，接收并向身体内部传达着这些信息。通过感觉神经，它赋予了我们各种不同的感觉，让我们能感受到颤抖、压力、温度和疼痛，从而激发皮肤的保护机制，帮助我们适应外界环境。

皮肤不仅能传达外部信息，也能通过神经系统反映身体内部状态，帮助我们观察和感受身体的变化。每一节髓鞘中的神经系统都能接收、解读、整合和传递皮肤、肌肉和器官的特定信息。不同的分区能帮助我们识别与同一髓鞘衔接的皮区出现的问题。其中也存在着物质交换：皮肤具备呼吸、发汗、吸收、制造和交流的功能，这是一种不断更新的动态系统。

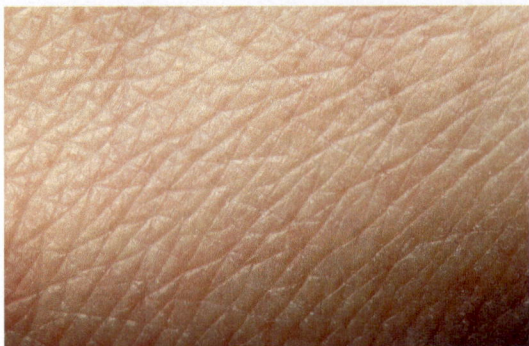

皮肤和表层筋膜组成一个功能体系，皮肤引发动作的产生，同时筋膜将此传导至其他末梢和深层区域。

▼ 下图显示了皮肤的多层结构。表皮和真皮覆盖在一层结缔组织上，它将皮肤筋膜、肌肉、骨膜及静脉等深层结构联结在一起。

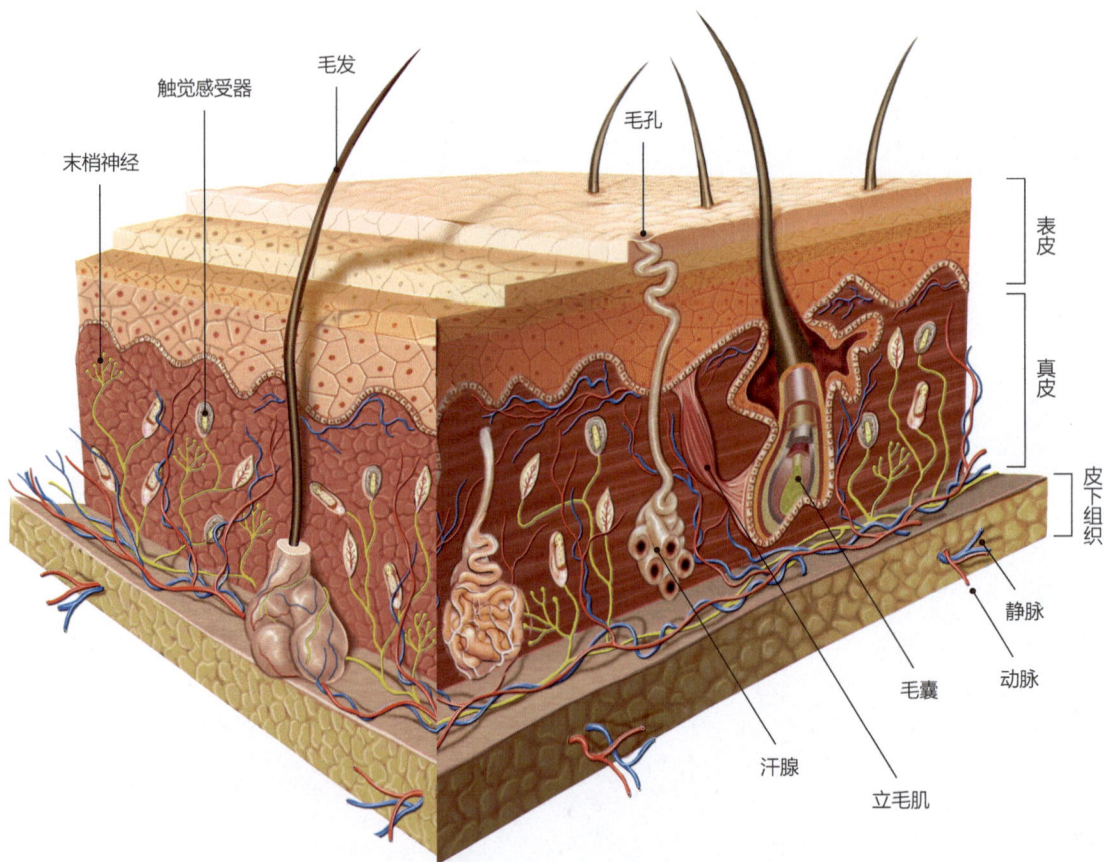

触觉感受器　毛发　毛孔　末梢神经　表皮　真皮　皮下组织　静脉　动脉　毛囊　汗腺　立毛肌

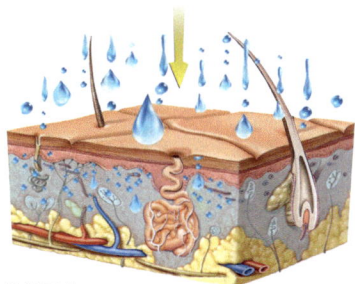

外部吸收

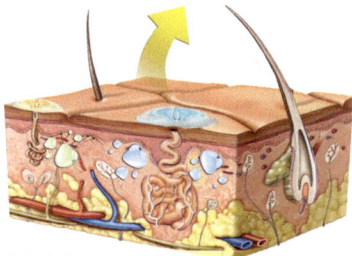

排出毒素

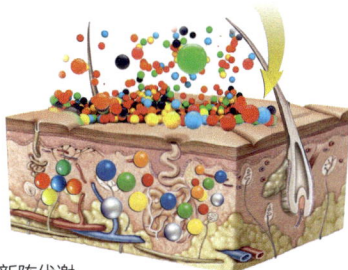

新陈代谢

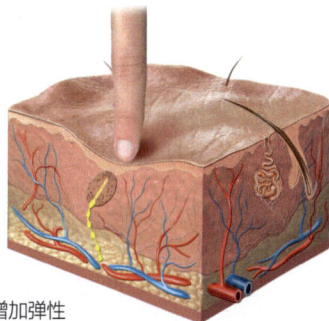

增加弹性

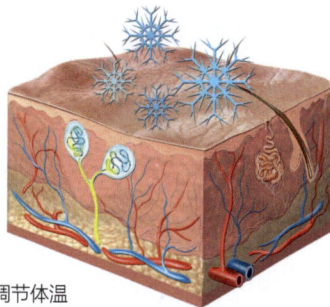

调节体温

皮肤的功能

- 外部吸收：吸收水分和外部其他物质，例如精油的脂肪酸及其他相似物质。

- 排出毒素：以排汗的形式排出水分和体内废物。

- 分泌：分泌油脂，防止水分流失，形成表面保护层，杜绝病原体伤害。

- 保护：保护身体不受机械性、化学性、生物性或物理性（如阳光照射）等伤害。

- 沟通：接收传达外部环境信息，获得触感，感知压力、疼痛和温度变化。

- 调节体温：借由循环系统的调节机制，血液能在表皮层通过对流方式降低体温，也可经由内层结构，帮助脂肪组织维持体温。

- 呼吸：少量的二氧化碳和氧气能够在皮肤内进行转换。

- 新陈代谢：代谢和制造人体所需营养物质。

按摩对于皮肤的好处

- 通过提高局部温度，促进血管扩张和帮助肌肉充血。

- 滋养细胞。

- 帮助排出废物和毒素。

- 增强汗腺的保护功能。

- 促进排汗和油脂分泌。

- 帮助脱皮。

- 增强灵活度。

- 吸收油性物质，让精油和类似物质能渗入体内。

- 皮肤上的感受器借由 A-β 纤维实现，能够减少疼痛感（即门控理论）。

- 治疗师和按摩对象之间的肢体接触能调解身心，放松中枢神经系统。

应激反应

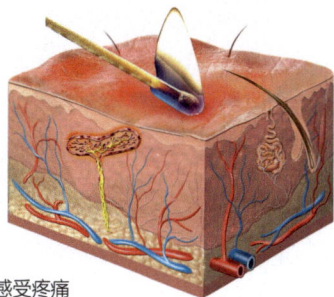

感受疼痛

按摩部位：肌肉系统

肌肉是由具有收缩功能的细胞组成的组织，这种收缩可经由有意识的刺激引发（如负责动作和姿势的骨骼肌）或是通过无意识的刺激调节（如心肌、器官和内脏肌肉，循环系统肌肉，还有部分括约肌等）。

骨骼肌

肌肉分为不同的肌束，而这些肌束则由以组织纤维为单位的肌肉纤维所组成，其中的每一个部分都由结缔组织包裹着。这些结缔组织，依据其包裹、连接和传达信息的不同功能，均拥有独立的名称。骨骼肌通过韧带依附在骨骼上，肌腱和肌外膜融合在一起，向着肌肉内部延展，包裹住所有的肌束（形成终端），形成并展开其最深层处的肌内膜，包裹着每一条肌纤维（见示意图）。

肌纤维内包含有肌原纤维，负责控制细胞的收缩。它们可细分为由肌动蛋白和肌球蛋白组成的不同肌丝。神经受到刺激时，会释放出与肌动蛋白结合的钙离子，从而改变位置，为肌球蛋白腾出空间。

肌球蛋白利用三磷酸腺苷（ATP）与肌

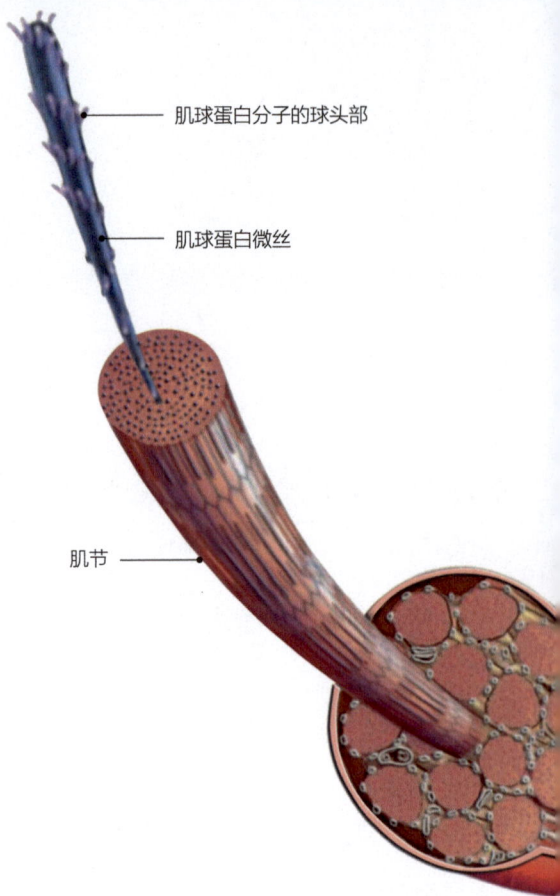

肌球蛋白分子的球头部

肌球蛋白微丝

肌节

▲ 图中展示了骨骼肌的构造，这是显微镜视角下的肌纤维。

肌肉系统的功能

- **活动和移动**：借助骨骼的支撑，肌肉系统可活动和移动身体的各个部位。
- **维持姿态**：基底肌张力（肌肉的一小部分持续收缩）能维持身体稳定的姿势。要保持一个特定的姿势，需要用到更多的纤维，这将导致肌肉负荷过重，消耗过多的能量，以及加快血液循环。肌肉系统能在某些部位起到身体塑形的作用。
- **保持体温**：肌肉收缩是身体产生热量的主要方式。
- **血液循环**：心肌能带动静脉内的血液循环，并借由血管壁维持血压，从而依据身体的需求，改变血管的粗细来调节血液的流量。在收缩过程中，骨骼肌会增加内部压力，帮助静脉回流。
- **保护作用**：当身体感受到外界的压力时，肌肉会自发收缩，进而躲避危害，这种也叫作疼痛反射。如果是内伤的话，受伤部位的肌肉也会收缩，限制肌肉的运动，以避免进一步的损伤。
- **支撑和保护**：身体内的每个器官都由肌肉包裹支撑着，避免受到外界的撞击损伤。

肌肉

肌外膜

肌束膜

肌束

毛细血管

肌纤维

肌内膜

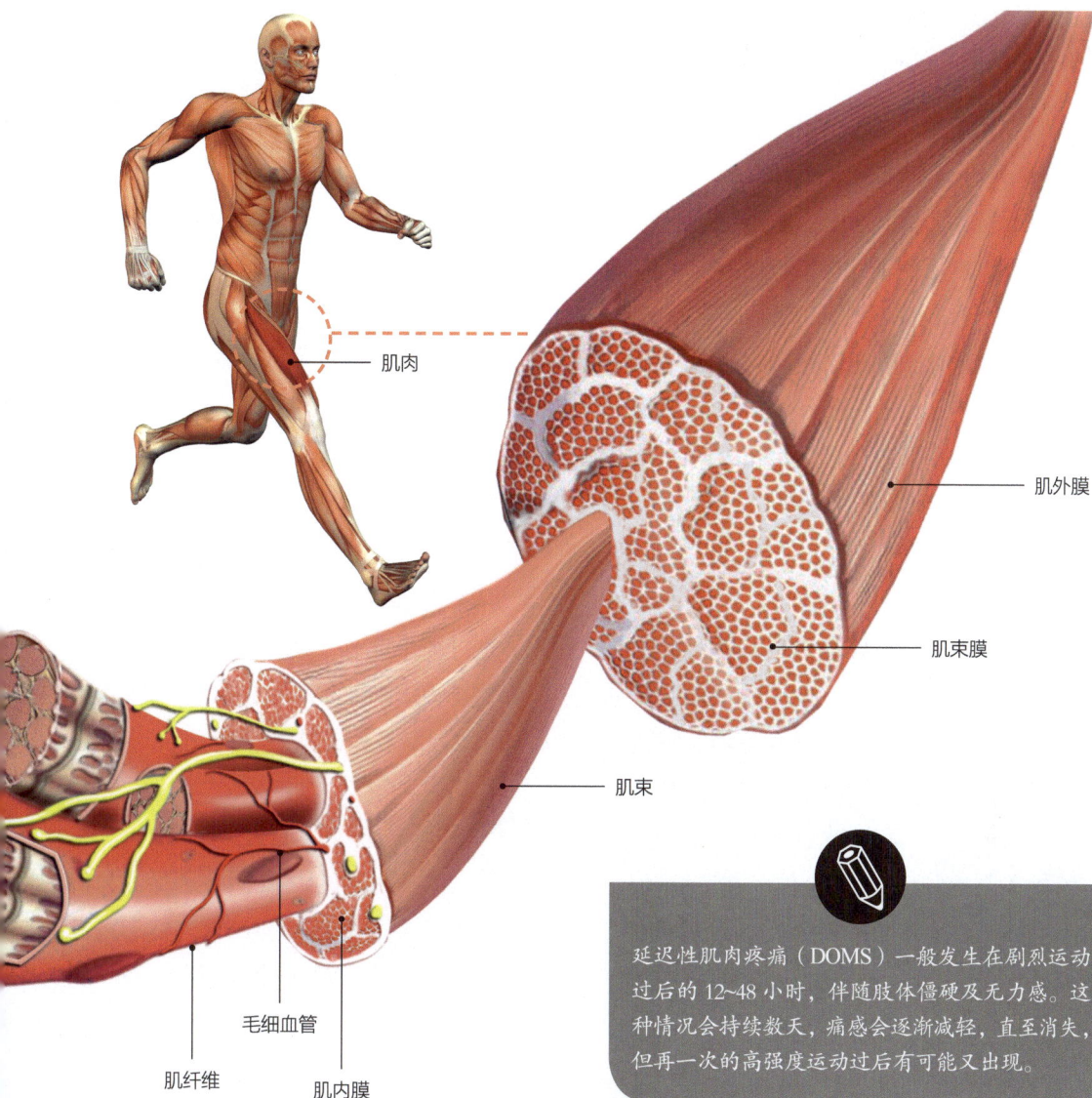

延迟性肌肉疼痛（DOMS）一般发生在剧烈运动过后的 12~48 小时，伴随肢体僵硬及无力感。这种情况会持续数天，痛感会逐渐减轻，直至消失，但再一次的高强度运动过后有可能又出现。

按摩对于肌肉系统的功效

- 增强肌肉的活动性，帮助排出体内沉积的废物。
- 增加供氧，为细胞补充更多养分。
- 缩短身体恢复周期。
- 减缓肌肉疲劳，减少代谢产物的生成。
- 减少结缔组织增生。
- 借由肌梭及其他压力感受器的反应，降低肌肉张力。
- 在紧张点或激痛点施加压力，减少痉挛的发生。
- 增强肌肉功能，增大动作幅度，加大力量。
- 增强牵引拉伸功能。
- 减少痉挛和抽筋现象。
- 缓解疼痛。

动蛋白相连，从而产生肌肉运动。每当有新的 ATP 分子输入时，肌肉就可得到放松。

什么是痉挛

痉挛意味着收缩的肌肉在放松时出了问题：可能是向肌浆网输送的钙离子受到阻止，导致肌肉收缩停止；也可能是由于 ATP 损耗过多导致的。

这种痉挛会引发血管收缩，导致营养供给减少和体内废物堆积，使身体的恢复速度变得缓慢。如果这种情况持续一段时间，肌纤维附近的结缔组织就会增厚。

按摩部位：结缔组织

肌筋膜是一种结缔组织，负责全身力量的结合和分布，由细胞、细胞基质和纤维组成。不同部位的细胞作用各异，可制造出"电缆"、黏液、润滑剂或富有弹性的物质。细胞外基质的成分是水和糖蛋白分子，呈凝胶状，具有组织和提供养分的功能。大多数纤维中都含有胶原蛋白，能承受一定的拉伸，并赋予肌筋膜主要的机械功能。网状纤维和弹性纤维均能修复和维护肌肉纤维。

▲ 骨架并不是简单地重叠在一起，而是由许多肌筋膜来承受其重力和压力。

结缔组织的特性

基于胶原蛋白的数量、排列和组合的不同，肌筋膜也各具特性。例如，肌腱能整合肌肉、传递力量，而韧带则能连接骨骼。胶原蛋白就好像电缆一样，起到了连接的作用。

骨骼被包裹在筋膜网内，坚固紧实。在工程学中，这被称为"张拉整体式结构"。在这种结构中，有一组起到连接作用的承压部件，与此同时，这些部件能将张拉的力量向外传递。肌筋膜具有黏弹性，也就是说，在承压时，它能改变自己的形状、长度和密度。

与体育运动的联系

在运动过程中，运动员会承受巨大的冲击力，所以除了强健的骨骼外，他们还需要有能够承受压力、确保骨骼不会轻易移位的"张拉器"或是"电缆系统"。肌筋膜系统正是起到这样的作用，它能起传递压力的作用，并能改变纤维的密度分布，以改变纤维承受压力和外部冲击力的能力。外界的力量可以经由胶原蛋白进行传递，借助骨骼作为支撑或传导点，与肌筋膜纤维相连的肌肉共同协作，监控和管理整个系统的张力。

肌筋膜的功能

◀ 肌筋膜网络为身体动作的传导提供了连续性的路线。例如，当出拳（动作）时，驱动力量来源于地面（牛顿第三定律），张力从足底开始，经由小腿、大腿、骨盆肌腱，一直往上到达胸腰肌筋膜，最后传递至手臂和手掌。

肌筋膜作为一种纤维，起到了支撑和滋养细胞的作用。它的功能还包括：支撑、保护、隔离、细胞呼吸、排毒、新陈代谢以及液体和淋巴的回流。肌筋膜对于免疫系统和细胞健康有着至关重要的影响，但更为关键的是，它能帮助身体的各个部位彼此协作，并维持体态。肌筋膜中的胶原蛋白具有导电能力，在指定部位发生的任何张力都会产生电子和机械性的信息，而这些信息能经由胶原蛋白传递至全身，从而来管理身体结构的变化，比如说，发现哪一个部位的骨头需要更高的密度（沃尔夫定律）。

按摩对于肌筋膜的功效

运动按摩应关注全身系统的变化，而非局限于某个身体部位。肌筋膜受损将致使周边细胞环境及张力传输方式的改变。如果身体受到了限制，外部的冲击力就无法均衡分布，从而导致某个部位负荷过重，遭受运动损伤。另外，身体的异常也会致使特定区域承受过大的压力，影响整体表现，并致使旧伤复发。当某个动作无法实施后，会有适应的动作来替代它，但同时也会带来相应的临床症状。

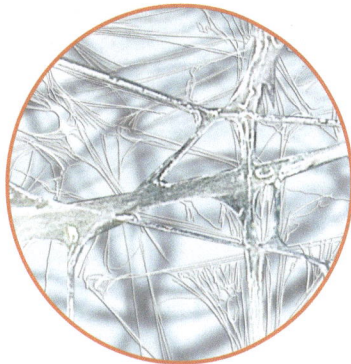

◀ 显微镜下显示的肌筋膜结构。

肌筋膜包括腱膜、网膜、软骨、关节囊、韧带、肌腱和肌膜。同时它还是脑膜和大脑支撑细胞的组成成分，甚至部分构成了眼睛的晶状体、骨膜、肝脏的外膜，以及包裹着周遭细微的血管、神经、肌肉纤维等。总而言之，肌筋膜是个贯穿全身的整体系统。

▼ 胸腰筋膜牵拉法

当按摩背部时，必须注意背部纤维组织和上肢间的关系，小心处理骨盆带和肩胛带的骨骼和关节。同时也要考虑到胸腰筋膜和另一侧臀肌间的关系。

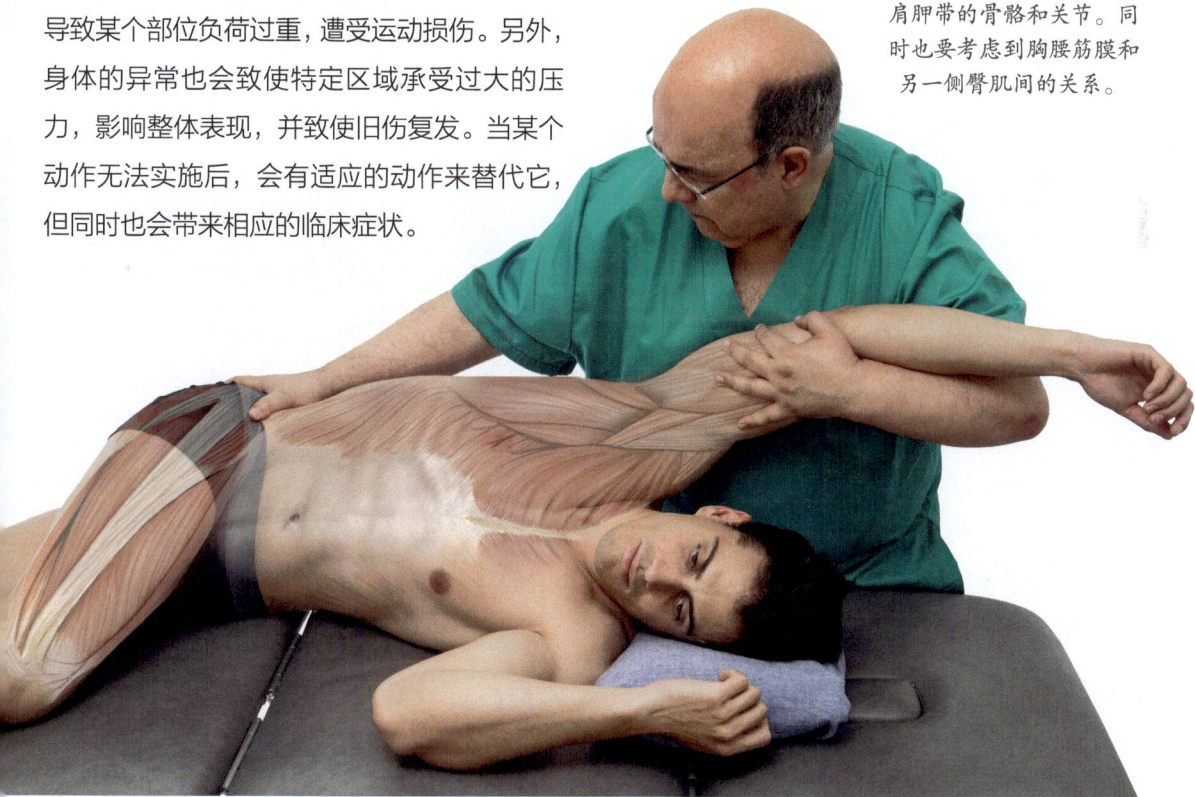

按摩部位：神经系统

神经系统通过神经元和神经内部的纤维网络传导及收集电子信号。人体的感官（如眼睛、耳朵等）则负责收集来自外部的信号，而本体感受系统作为人体内部的感受器，能够感知肌腱和关节等部位的运动，察觉温度变化及识别疼痛感。

整体的交流系统

人体感受器接收到的外部信息经由神经传导至脊髓及大脑（即输入）。当神经元进行相互间的连接时，信息就在神经中枢中彼此交互。基于感觉和记忆，大脑下达运动指令（即输出）。这个指令非常复杂，因为它不仅牵涉肌肉的运动，同时还需维持稳定，使动作精确化，并能根据突发情况做出及时反应。虽然运动中的一些准备和调整动作都是神经反射的无意识产物，但其中的大动作通常都是自发性的。

训练技巧和能力

在训练过程中，运动员会不断精进自己的技术和能力。重复的动作训练可以增强体能，促进循环，加强神经系统之间的联系，从而提高动作的流畅性和效率。学习就是我们掌握新知识和提高新技能的一个过程。记忆帮助我们保管这些知识和技能，记住自己的所学所练，同时还能产生新的反射动作。

运动技能可以通过反复训练、不断试错来进行掌握。感知是做出正确动作的关键，同时能帮助我们存储已经学会的最佳神经系统模式。结合不同的刺激源头，人类的感知能力可以得到提升，这就好像我们在训练自己的感官系统一样。

在大脑皮层中，知觉得以"显现"，而锻炼会带来大脑皮层的变化（甚至使大脑皮层增厚），这种变化是持续不断的。我们的大脑皮层一直在重组，也使得经常受到刺激的部位会变得更加强壮。

神经系统的功能

神经系统能维持身体内部环境的稳定。力量或是耐力训练必须配以适度的休息和恢复周期，而交感或副交感自主神经系统能够自发或无意识地对这种周期进行调节。

神经传导路径
① 外界感知
② 本体感受
③ 脊髓感知路径
④ 认知意识
⑤ 运动中枢（自发性）
⑥ 小脑（运动模式）
⑦ 脊髓运动路径
⑧ 运动神经元
⑨ 动作调整（反射）

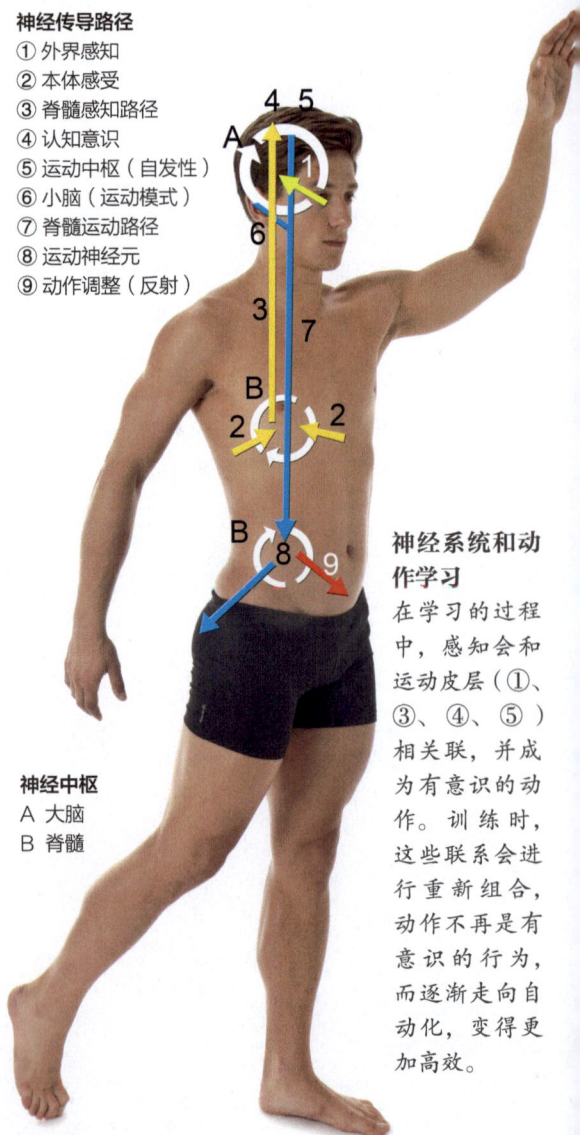

神经中枢
A 大脑
B 脊髓

神经系统和动作学习

在学习的过程中，感知会和运动皮层（①、③、④、⑤）相关联，并成为有意识的动作。训练时，这些联系会进行重新组合，动作不再是有意识的行为，而逐渐走向自动化，变得更加高效。

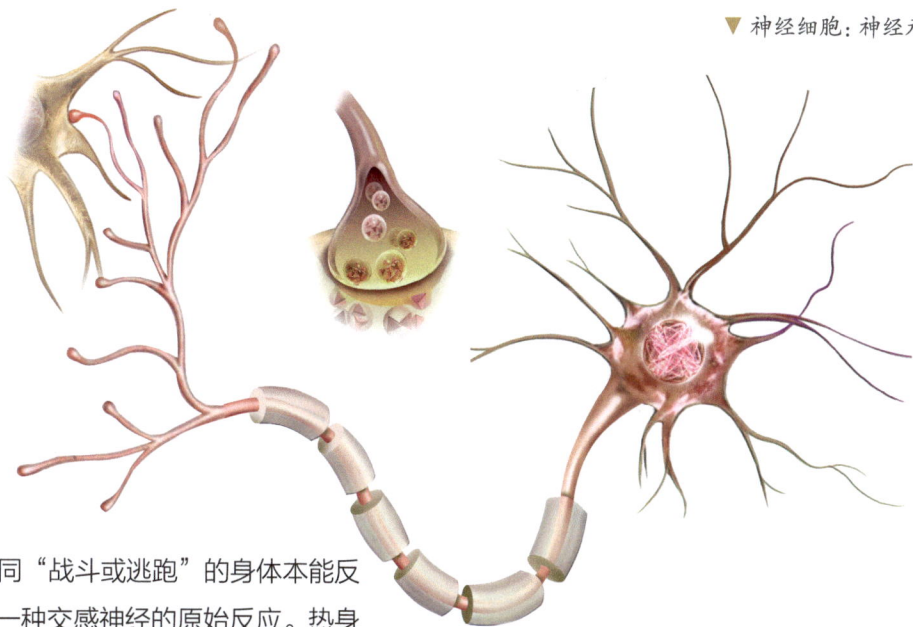

这种功能同"战斗或逃跑"的身体本能反应有关，这是一种交感神经的原始反应。热身环节中包含的准备动作能够逐渐激活身体的交感神经，为身体做好训练或竞技的准备。

而身体的恢复则与副交感神经相关，此时，身体需要得到充分休息，来平衡之前剧烈的运动，肌肉的张力会全面减小，营养需求增多，纤维组织进行重组。这些都与修复性按摩有着相似的作用。

神经系统的按摩

运动按摩可以激活或放松神经系统。

强劲快速的按摩手法能刺激神经元，将大量的神经冲动传导至脊髓。这种刺激有以下几个作用：① 身体整体进入高度警觉状态，以交感神经为主，释放肾上腺素，做好运动的准备；② 兴奋的神经使肌肉收缩变得快速有力，动作更具爆发力；③ 大量的感觉信号涌入脊髓，让闸门饱和，从而在一定程度上抑制了痛觉的感知，我们因"门控"机制而获得了身体的"麻醉"状态。

恢复期的按摩以放松为主，动作轻柔缓慢，进行全身大范围的按摩，从而使身体进入一种由副交感神经主导的状态。按摩产生的神经信号传导至边缘系统，激活这里的奖励和满足机制，帮助我们区分舒适和焦虑状态，因此需要根据运动员的需求，利用按摩手法控制这种机制。

▲ 神经肌肉结合点的示意图，图中显示的是一个运动神经元同骨骼肌纤维相结合，刺激收缩机制。

神经系统在运动神经终板处同肌纤维相连，起着开关的作用，将电流从神经元传递到肌纤维。当钙进入神经内部时，能够释放能量，使收缩肌肉的蛋白质开始运动。高强度的锻炼可能撕裂运动神经终板，并且恢复起来十分困难。

按摩部位：循环系统

循环系统是一个整体的有机系统，由一系列的"管道"组成，包括静脉、动脉和淋巴。它的功能是将营养物质、废物、气体从一个组织运输到另一个组织。它还负责运输"信息"分子（如激素、神经肽、免疫球蛋白等），这些分子能帮助身体进行全面的整合。

跳动的心脏

心脏在1分钟内泵出的血量称为心输出量。血液在血管中循环，根据每次心跳和心室驱动的血容量，流通到所有组织。在休息时，心脏每分钟泵出5~6升血液，而在高强度运动时能达到每分钟25升。

体育运动和血量

身体运动的时候，会用到和运动动作相关的肌筋膜组织，因此，运动中肌肉需要流通更多的血液，以提供充足的氧气和营养。循环系统通过加快心跳频率来适应不断增长的血液需求，在心脏的每次搏动中，会推动更加大量的血液流向肌肉组织，尤其是运动中的肌肉。同时，一些处于休息状态的动脉会进行扩张，使负责供血给细胞的小动脉供血的速度加快。

肌纤维通过周围的毛细血管从血液中吸收气体和营养。此时，肌纤维耗氧量增加，从30%上升到70%。而对于活动中的肌肉而言，其血液中的氧气因已被提取出来了，所以血含氧量变得较低。也就是说，在运动过程中，活动中的肌肉会消耗掉相当于之前100倍的氧气和能量。

▼ 运动中的血液回流分布情况。

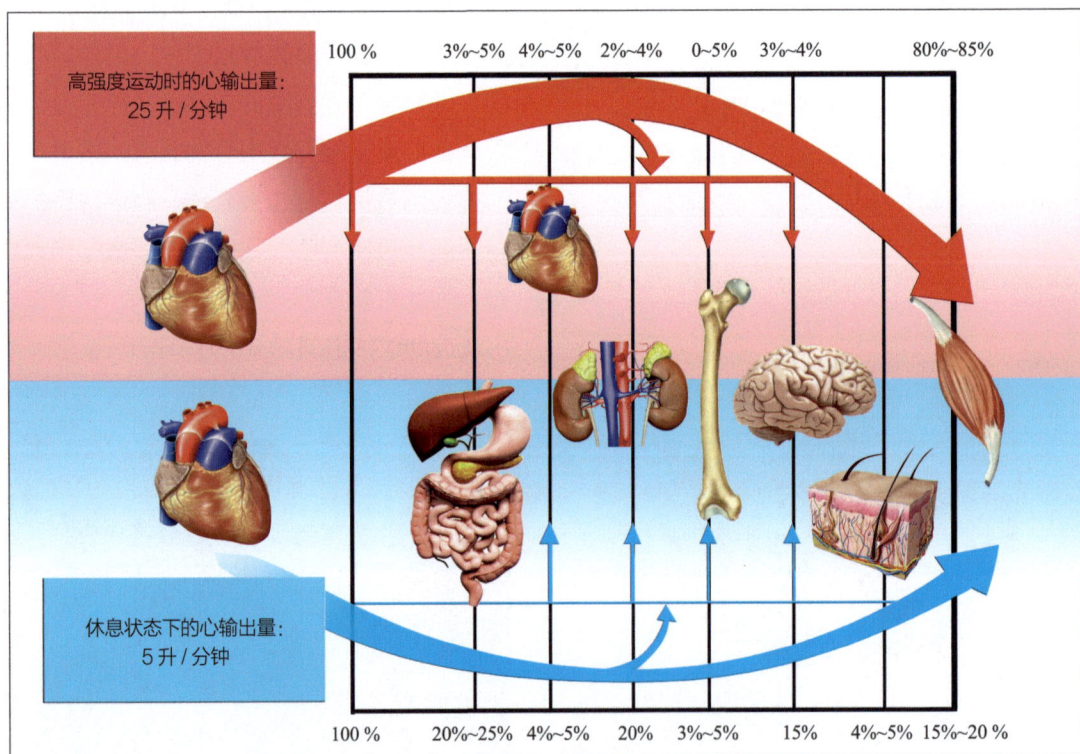

高强度运动时的心输出量：25升/分钟

休息状态下的心输出量：5升/分钟

100%　　3%~5%　4%~5%　2%~4%　0~5%　3%~4%　　80%~85%

100%　　20%~25%　4%~5%　20%　3%~5%　15%　4%~5% 15%~20%

按摩对血液和淋巴的作用

　　按摩可以有规律地收紧或松弛肌纤维，促进细胞外间质的液体交换。组织受到机械性的刺激，从而促使液体回流，再经由细胞间的液体转移至血液和毛细淋巴管，从而带动血液和淋巴的运动，帮助组织再生。

按摩对于循环的作用

　　运动前后的按摩均对身体循环起着关键性的作用。在运动之前，机械性的动作能温暖身体，促进肌肉收缩，刺激交感神经系统，让血管扩张，从而将血液泵入收缩的肌肉中，使身体做好运动的准备。

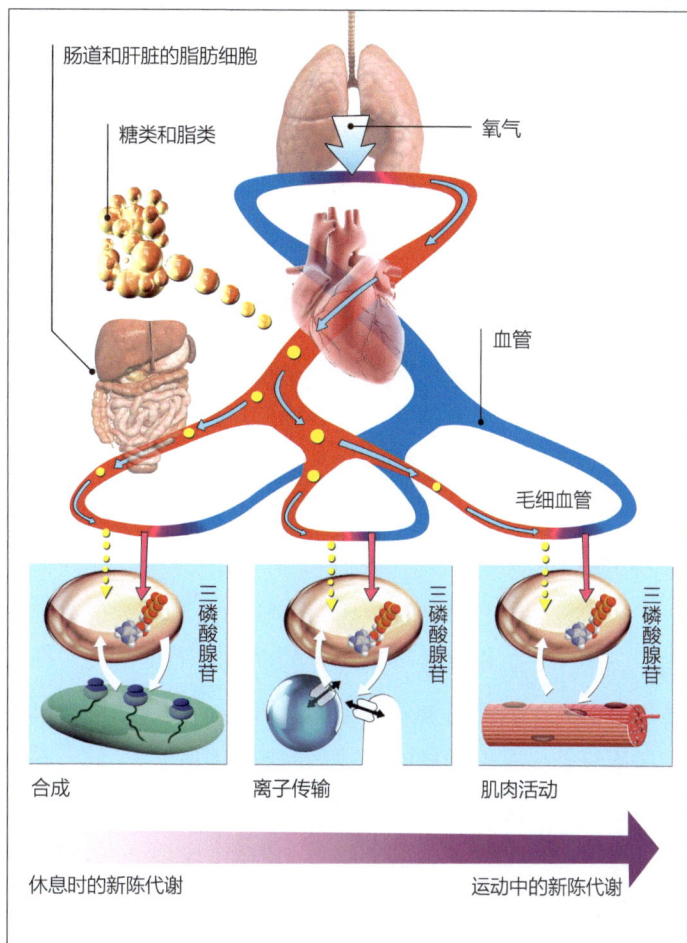

▲ 休息时与运动中的新陈代谢情况。

　　运动过后，"肿胀"的肌肉要得到恢复，则需要更多血液的供给，给予它足够的能量和营养充实库存，进行重建。同时，静脉血和淋巴能帮助清除废物及断裂的肌纤维碎片。

动脉和毛细血管。血液和肌纤维之间的气体交换发生在微观层面。

　　一个人的有氧能力取决于其运动的效率、细胞的代谢和氧气的传输。

训练和循环系统

　　耐力训练锻炼的是持续长时间运动的能力，这取决于运动员能够在这段时间内保持的氧气量（有氧系统）。

　　通过肺部的运作，氧气得以到达肌纤维处。氧气穿过肺泡和毛细血管的屏障，进入血液，由血红蛋白进行运输。心脏将含氧血液输送到活动中的肌肉，途中经过动脉、小

肌纤维的营养供给主要来源于毛细血管系统，这些毛细血管与肌纤维平行或位于其周围，嵌入肌肉结缔组织中。有氧训练能增加肌纤维周围毛细血管的数量，从而提高肌纤维的摄氧能力。

按摩部位：器官

运动后的疲劳主要体现在器官和肌肉组织本身，肌肉肿胀与血液酸度增加和电解质浓度变化有关。肺部加速气体交换，排出更多的二氧化碳，从而中和了运动后增加的酸度。

另外，肌纤维及其表层的残余物必须经过代谢排出，这种清洁工作主要由肝脏和肾脏负责，因此循环也必须加快起来。

器官的工作与运动

运动过后，心率加快，因为心脏在为肌肉、肺部、肝脏和肾脏提供额外的血液。而在休息期间，血液将葡萄糖输送至肝脏，补充糖原储备，并以同样的方式为肌肉组织提供甘油三酯。运动会导致神经中枢疲劳（心理效应）和其周边功能的下降（如传导、协调和神经肌肉接触等）。

按摩的功效

按摩作用于表皮、真皮和浅筋膜，通过它们传导到肌肉、骨骼和关节，也能到达这些组织之间的血管和神经。在按压和放松的作用下，受损的肌纤维得到修复和清理。静脉回流促进大静脉的血液流通，从而增加心输出量，加大肺流量（气体交换），提升肾过滤功能。同时，对神经末梢按摩还有助于中枢神经系统和周边神经系统的恢复。

从大到小

关于上述的按摩作用，我

们是从宏观层面上进行分析的，而在微观层面上，深层的组织按摩可以改变基因复制、细胞内部环境、纤维膜间的物质传输和基质状态。因此，在宏观层面上，按摩对组织有着系统性的影响；在生化层面上，按摩甚至对细胞也能起到一定的作用。

按摩的电生化功效：力学信号传导

按摩的机械作用引起身体的微观生理反应，这些效应发生的机制被称为"力学信号转导"，即在细胞膜中将机械信号转换成电位，将机械刺激（按摩动作）转化为电化学反应（组织再生）。

在分子水平，这些刺激促使肌动蛋白同基底膜和细胞膜相连。它们的结构由"微管"组成，这些微管可以控制细胞器和调节细胞内环境。通过收紧这个蛋白质框架，膜被电极化，物质流动开始改变，细胞骨架得以调整，遗传物质从而开始平衡内部环境。

▼ **力学信号转导的作用**

按摩从 3 个维度拉伸组织，通过按摩传递的力学信号来源于细胞的"分形"概念。

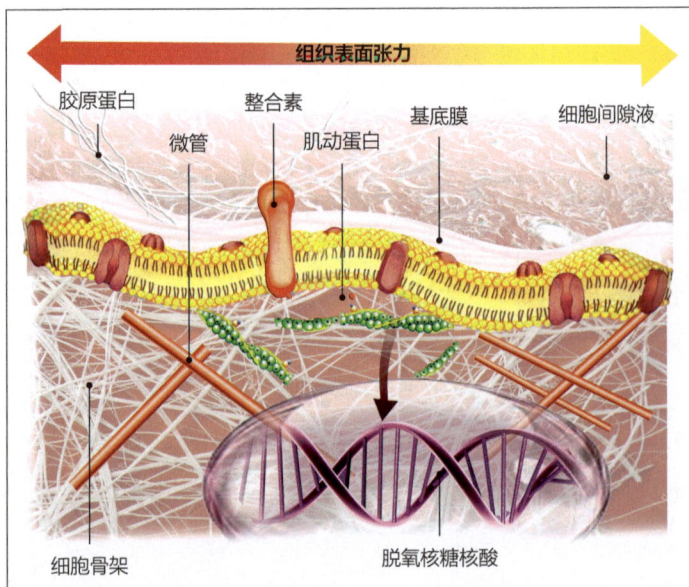

组织表面张力

胶原蛋白　微管　整合素　肌动蛋白　基底膜　细胞间隙液

细胞骨架　　　脱氧核糖核酸

肌肉因子：作为内分泌腺的肌肉

肌肉与身体的整合是通过分泌一种叫作"肌肉因子"的激素来实现的。作为人体肌肉骨骼系统的一部分，骨骼肌具备的功能已为人熟知，同时它还被视为一种能分泌激素的腺体。

肌球蛋白负责刺激局部和全身的代谢过程。在局部代谢中，肌肉因子作用于纤维，这些纤维能够捕获更多的葡萄糖，氧化内部脂肪，也就是说，可以促进肌肉的增长、让卫星细胞或成肌细胞成熟，增加和修复血管网。同

时，这些因子使肌肉为运动做好准备。在全身代谢中，肌肉因子促进脂肪组织的分解，从肝脏释放葡萄糖，激活肾上腺皮质醇，通过消化道刺激胰岛素的分泌（胰腺），刺激血管生长和修复，并产生新骨。 简而言之，肌肉因子会告诉身体肌肉处于活动状态，从而启动提高竞技表现的机制。它们会调动运输充满能量的物质，改善血液流动，让身体进入警觉状态。此外，肌肉因子还能调节自身肌肉的生长，以适应训练。

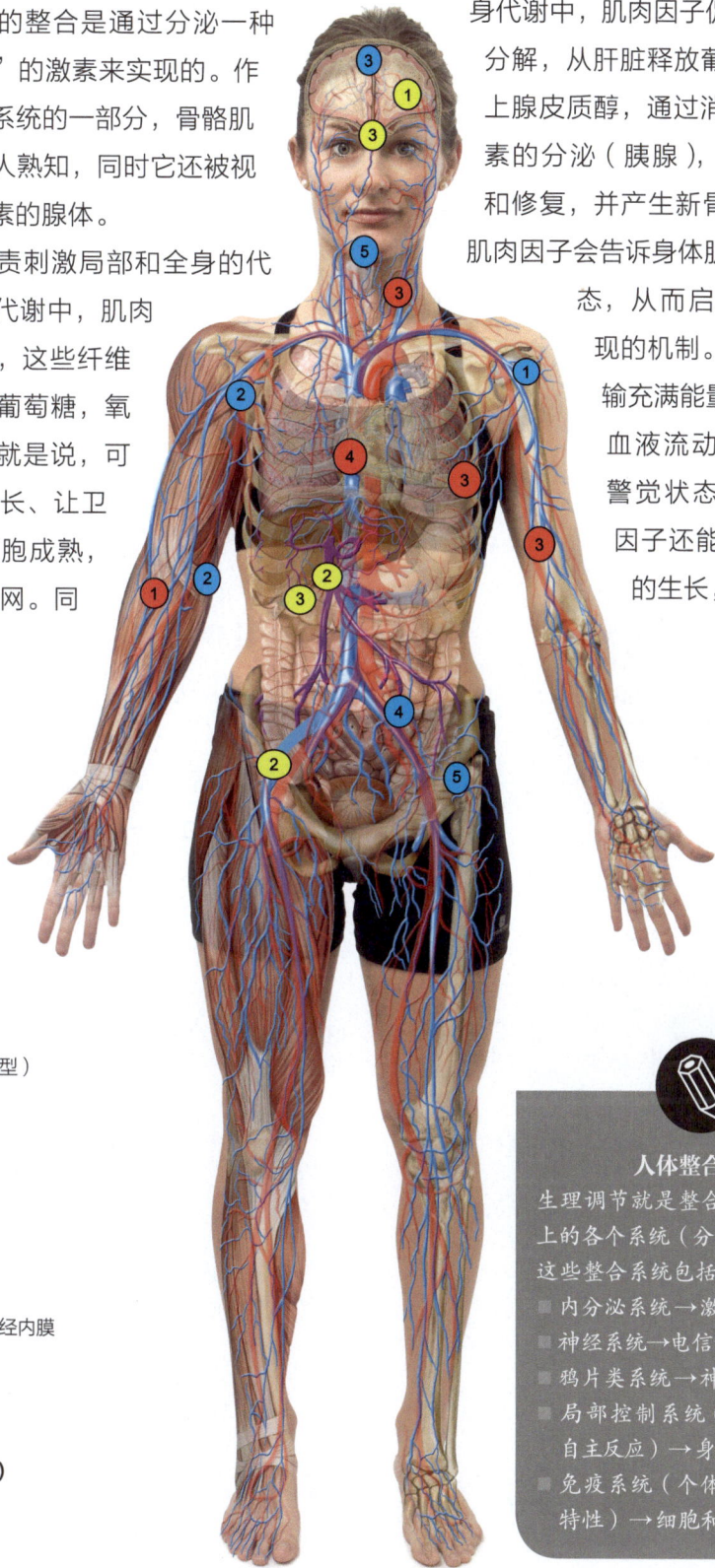

▶ 人体的整体系统包括循环系统（物质和能量的运输）、筋膜系统（内环境的运动和支持）和神经内分泌系统（系统整合）。

循环系统（红圈）
① 动脉、毛细血管（微型）
② 静脉
③ 淋巴管
④ 心脏

筋膜系统（蓝圈）
① 皮下组织
② 肌腱、韧带、腱膜
③ 脑膜、神经胶质、神经内膜
④ 心膜、腹膜、纵隔
⑤ 软骨、骨膜

神经内分泌系统（黄圈）
① 脑神经系统
② 神经肽
③ 内分泌系统

人体整合系统

生理调节就是整合人体各个层面上的各个系统（分形组织）。

这些整合系统包括：

■ 内分泌系统→激素；

■ 神经系统→电信号和神经递质；

■ 鸦片类系统→神经肽；

■ 局部控制系统（组织的智能/自主反应）→身体机制；

■ 免疫系统（个体的整体性和独特性）→细胞和抗体。

按摩部位：骨关节系统

骨关节系统能够维持身体的平衡，带动全身的运动。在运动中，稳定的身体能为运动提供坚实的基础。为了平衡灵活和稳定之间的关系，我们需要骨骼、关节、筋膜和肌肉发挥相互的机械作用。

运动器官可以看作一种杠杆机制，以关节为支撑点，骨骼作为力臂，体重和肌肉组织等提供（不定的）作用力，这就是生物力学的机械原理。然而，想要真正理解人体的运作，这还远远不够。

流体生物力学

生物杠杆没有固定的支点，支点会随运动而不断变化，移到关节软骨的不同部位。关节的旋转轴会改变位置和方向，而一根骨头也会发生相对于另一根骨头的移位。事实上，关节面的"形状"是不断变化的，它们是流体，而不是固体。骨头不是直接压在其他骨头上的，而是浮动在关节软骨上，运动灵活，摩擦少，适应性强。

运动动作的变化与调整

关节功能多元性的表现之一体现在肘关节的弯曲伸展上：每次手肘伸缩的路径都不尽相同，哪怕重复同一个动作，第二次的路径也和第一次不同，我们从来不会重复完全相同的姿势。关节的变化取决于环境，但也能快速适应环境，使动作精准有效。

脑部根据感觉信息做出决定。当我们做一个动作时，环境会因而改变，关节的运动也随之改变。这些"微小的动作"能让我们调整骨头的位置。 因此，这种运动必须精准而高效。力线不断增加"振动"，在每个给定

"粗大动作"取决于"精细动作"。关节任何一处不够顺滑都会降低该部位的活动度，限制大幅度动作的施展。

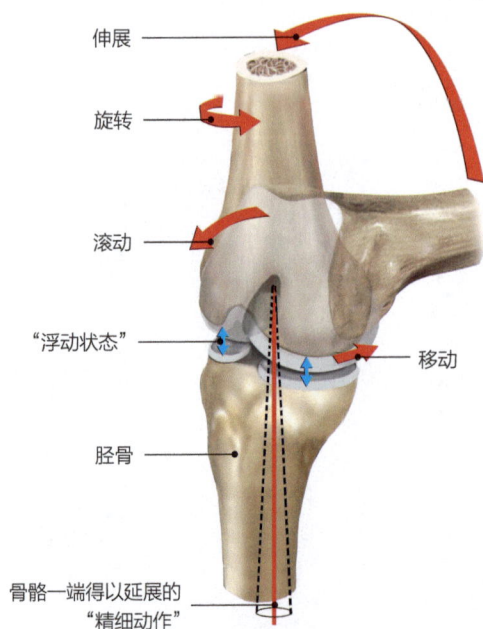

▼ 膝关节
关节软骨上的骨骼处于"浮动状态"，控制着人体的"粗大动作"和"精细动作"。即使在关节间彼此的配合度最为稳定时，骨骼依然处于相互振动的状态。

伸展
旋转
滚动
"浮动状态"
移动
胫骨
骨骼一端得以延展的"精细动作"

相互适应和反相互适应
股骨
"浮动状态"
滚动和移动
旋转
伸展
骨骼一端得以延展的"精细动作"

下肢骨关节结构

重力下压

腘绳肌

胫腓韧带

骨间膜和
代偿张力

腓骨变形

胫骨
变形

小腿肚的
三头肌

胫骨前肌

重力下压

股四头肌

灵活的骨骼

骨骼组织的一大特性就是负重承压性。由于内部独特的结构，骨骼又具有一定的灵活度，因此，受到重压后也能迅速复原最初的形态。肌筋膜的张力在承受冲击力时可以抵消这种变形的力量，无论是跑步还是跌倒时，都能起到有效的缓冲作用。

◀ **生物张拉整合机制**

骨骼的弹性和骨间膜的张力，加上肌筋膜系统，可减缓双脚接触地面时所承受的冲击。

的时刻不断调整，以适应关节负载的需要。

"粗大动作"和"精细动作"

关节的转动多种多样。杵臼关节主要通过以下几种方式实现转动：屈伸、侧倾（左右）和旋转（左右）。这些都属于看得见的"粗大动作"。

然而，关节面在"精细动作"中以一种微妙且几乎不可被觉察的方式移动着，关节面彼此之间相互滑动，互相挤压或松开。关节能做到前后左右的移动，甚至挤压和松开，总计有12个动作，其中包含6种"粗大动作"和6种"精细动作"。

关节软骨

关节软骨虽然看起来很坚硬，但实际上它非常灵活，且具有极大的可塑性。它内部含有的亲水分子，让其充满水分，就好像一种外表面能承受巨大张力的气泡或海绵。这种结构归功于软骨中的胶原蛋白，它能抵抗组织"肿胀"而产生的压力。当软骨要去适应一个与其互补的弹性表面时，就要做出相应的"粗大动作"和"精细动作"。

关节活动

"活动"这一术语在此指的是承受一种或多种力量作用的动作，通过旋转、转移或倾斜，关节得以实现更大范围的运动。关节囊和韧带等部位会由于关节末端的移位而得到略微的拉伸。

如果某处关节的功能受阻（活动范围受到限制和减小），则会形成病理性障碍，导致关节失去弹性。

当我们进行扭转和旋转的运动时，骨骼之间会相互挤压，从而产生滑动、扭转和位移，进而松开关节，做出调整需要的"精细动作"，扩大关节运动的幅度。

肌肉疼痛和发炎

疼痛是一种信息，也是一种症状，是人们内在和主观的感觉。组织损伤会造成疼痛，但损伤本身并不是一种疼痛。对于人类来说，身体会对疼痛做出反应，并传达出抑制疼痛的信号，因此痛感是一种保护机制。

痛感

痛感取决于人的情绪、经历和神经系统中处理感觉信息的方式。事实上，疼痛的感觉与受伤的程度不成比例，更多地是由回忆（记忆）、对受伤部位的关注度、情绪等因素所决定的。

这些信息对"自体神经系统"的影响会引发如下的一些反应，例如感知疼痛的方式、与疼痛相关的情绪（焦虑、恐惧等）、有意识和无意识的动作、压力（皮质醇、肾上腺素等）以及免疫和神经肽方面的反应等。总而言之，人类对疼痛的总体反应主要是为了维系自我意识的完整性。

疼痛的来源

除了纯粹的创伤外，运动员感知疼痛的原因有很多。剧烈的运动加速肌肉的新陈代谢，导致乳酸累积，肌肉中的血流量减少。这是疲劳带来的不适感。

肌肉痉挛也是痛感的源头之一，直接原因是抽筋（压力感受器接收到刺激），间接原因是肌肉收缩，血管紧绷而引起疼痛。其中由于相对缺血而引起的痉挛会阻碍肌肉的新陈代谢。

肌肉发炎

强烈的肌肉收缩，尤其是离心性的肌肉

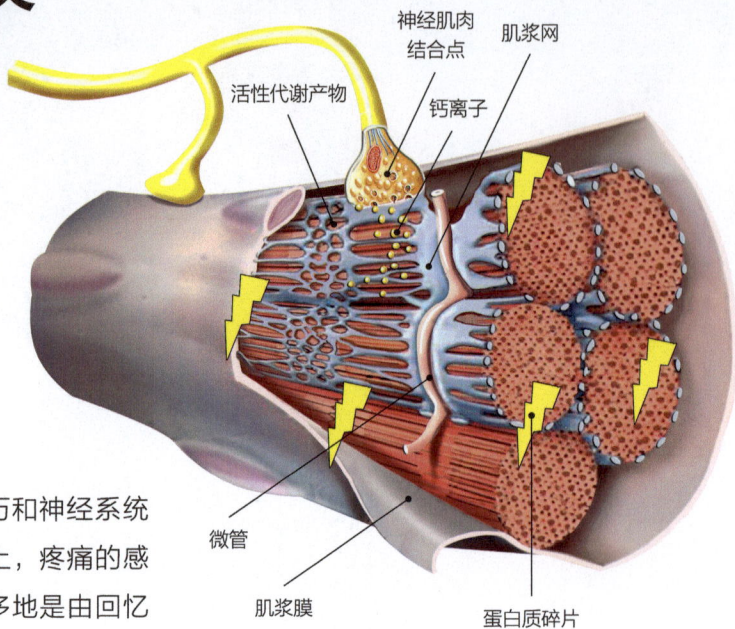

▲ 肌肉损伤和发炎
肌肉的张力破坏了收缩结构、肌浆网和筋膜，从而引发了炎症。这种症状有时会以"肌肉僵硬"的形式呈现，这也意味着身体开始了自我修复的过程。

收缩，在显微层面上会撕裂肌纤维，导致收缩器官遭受损伤。肌动蛋白、肌球蛋白、内细胞膜呈现碎片状，导致引发疼痛的化学物质出现，使肌肉内产生炎症。炎症是人体的防御过程，伴随着生物化学、血管和全身系统性的反应，旨在启动重建受损组织的机制。

炎症的 4 个症状

炎症主要有以下 4 种症状：血管扩张引起的发热和泛红、渗透性增强导致的水肿、功能障碍（无力感），以及疼痛。显然，运动、炎症和疼痛之间有着密切的关系。

肌肉发炎和抽筋

高强度锻炼引起的炎症是可以得到即时修复的：免疫系统开始运转，其白细胞会清除死亡组织和废弃物质。与此同时，血管扩张，液体流出毛细血管进入损伤区域（如水肿部位）。肌肉肿胀，变得僵硬和疼痛，产生的张力会拉扯和撕裂肌肉及结缔组织，类似这样的微小创伤会引发局部炎症，帮助身体启动修复机制。 比如，这会导致我们熟悉的"肌肉痉挛"，通常会在运动后 24~48 小时表现出来（具体因人而异）。 目前，我们将这种现象称为延迟性肌肉疼痛（DOMS）。

疼痛信号的传输

疼痛信号（痛感）会先到达脊髓，然后经过处理传输至大脑或者直接被丢弃。脊髓的反射网可以在信号到达之前做出逃避动作。例如，我们可以在"意识到"要被烧伤之前把手从火中拿出来。 这种机制使我们能够对危险迅速做出反应。

大脑接收并分析来自丘脑、下丘脑和边缘系统感受器中的信息，产生（或不产生）疼痛的"感觉"并激活防御机制。同时，大脑也会向神经细胞发送信号（内啡肽和脑啡肽），以此来调节痛感。

按摩的功效

按摩可以刺激皮肤和肌筋膜的感受器，并向脊髓发送大量的信息，例如冰冷、压力和振动。这些感觉作用于同一处，必须"井然有序"，避免脊髓功能崩溃。 这种门控机制可以适度麻醉身体，起到缓解疼痛的作用。按摩为运动员提供了身体恢复的窗口期，治疗师此时可以采用活动运动员肢体的方式或采用其他的修复技巧。

高强度训练

直接影响

■ 破坏纤维、肌节和神经肌肉点。

■ 撕裂肌筋膜和肌内膜。

■ 破坏有收缩作用的细胞骨架。

■ 累积钙和酸，比如乳酸、铵等。

■ 影响细胞中的分子（肌动蛋白、肌球蛋白、激酶等）。

■ 炎症分子（白介素、前列腺素、细胞激素等）。

后续影响

■ 吸引巨噬细胞和淋巴细胞等。

■ 激素失调。

■ 运动失衡，肌肉痉挛。

▼ **痛感的上行和下行路径**

痛感可由受伤组织处向上传达至大脑，从而形成意识，并由大脑向下传达命令，启动调节机制。

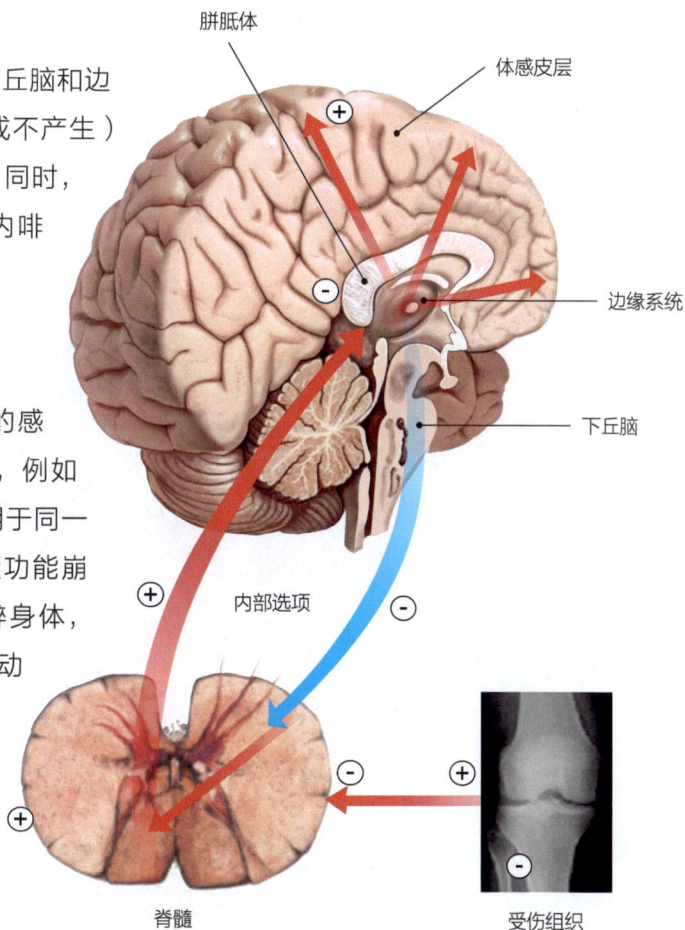

胼胝体

体感皮层

边缘系统

下丘脑

内部选项

脊髓

受伤组织

按摩的生理和心理功效

现在，我们大致介绍一下按摩会对身体产生的作用和影响。按摩的形式多种多样，效果也因手法不同而有所不同。此外，不同的手法涉及的身体部位和层面也不尽相同，所以最终效果也会有所差异。

按摩的功效：直接性作用、反射性作用、延迟性作用和整体性作用

人体主要受到两种生理作用的影响，直接性作用和反射性作用，两者皆具有一定的延迟效果。同时，我们也应该考虑身心合一的整体性作用，这对运动员的内心稳定至关重要。

直接性作用或单纯的生物力学作用会出现在接受按摩的部位，这是因为按摩对身体组织施加了一定的压力，摩擦力和机械性的扭转力。例如，在手掌对身体进行反复摩挲后，体表温度会升高；或者是通过抽吸和揉捏的手法，血液循环得以改善。另外，深层横向摩擦法能解决结痂组织的粘连问题等。

当针对身体某个部位进行按摩时，会对另外一个部位产生效果，这就是间接性或反射性生物力学作用，也称为分段作用。这是由于神经和内分泌路径受到刺激或抑制，产生了变化，从而引发的作用，其中还包括：放松身体、增加微循环、减轻疼痛、稳定神经系统等。

▶ **产生直接性作用的按摩**
前臂的揉捏工作，针对前臂前屈肌群的第一和第二平面进行按摩。

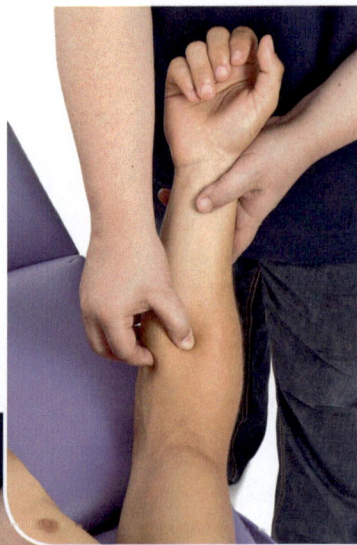

▼ **产生反射性作用的按摩**
运动员接受按摩治疗腿部疼痛，治疗师会在其腰部进行揉捏和抽吸动作，以期通过减少过度的腰椎和骶骨劳损来创造一种反射效应，从而减少该区域的坐骨神经痛。

效果的持久性

按摩的延迟性作用是指效果在治疗后的一段时间内依旧能得以继续保持，如能镇痛或持续减轻疼痛、防止痉挛、调节血管、提供营养等。按摩治疗能给人体带来积极的影响，主要就是因为这些效果彼此关联，相互作用。

心理和整体性功效

职业运动员的体能和身体素质都必须符合严格的专业要求，而这往往容易导致心理上的过度紧张，继而引发疲惫、抑郁或焦虑，这些都会影响注意力的集中和竞技表现。此外，最近的一些研究还表明，焦虑会致使受伤概率大幅增加。

运动按摩侧重于调节身心和预防受伤，近年来兴起的肌筋膜按摩法，就是将身心整合作为其关注的重点。

常规性的按摩需轻柔缓慢、循序渐进，逐步适应运动员自身的节奏，稳定和整合身体的变化，带来放松和舒适的反射性作用，消散焦虑和不安，稳定运动员的情绪，使其内心平静下来。

非生物力学功效

肌筋膜整体或局部的紧张感都能通过按摩得以缓解。除了之前解释的原因外，治疗师坚定的双手、积极的倾听态度以及鼓励性的话语，也能激发运动员的信心。

为了能帮助运动员在整个疗程中都能保持轻松的状态，达到按摩的放松效果，手法运用必须得当。运动员也应调整呼吸进行配合，从而更好地接受及整合治疗过程中的组织变化，进而降低心率和血压，促进消化，改善因焦虑和压力造成的睡眠障碍。

静态合作

如果运动员能对治疗师给予完全的信任，并坚信按摩带来的积极功效，采取静态合作的态度，则能获得远远超出预期的治疗效果。

▼ **呼吸的频率**
呼吸的方法和身体放松的能力有着密切的关系。在运动按摩过程中，有意识地练习呼吸技巧极为重要，它能帮助我们达到身心合一及整体放松的效果。

▶ 年轻的体操运动员为了取得出色的成绩，承受着巨大的压力。

按摩准备：姿势、空间和器具

有效按摩的基本条件是：利用正确的手法，施加适当的力度，调节手法和疗程，以求达到最佳的节奏和频率。把控好这些微小的细节能有效达到放松的目的，帮助运动员减轻焦虑和改善体质。

运动员的姿势

运动员的姿势是否舒适，会在很大程度上影响治疗的效果，并且姿势需要根据按摩的部位进行调整。

俯卧位（面部朝下）

该姿势主要用于背部按摩。如果腰部出现疼痛，可在髂嵴的位置水平放置一个枕头以缓解不适。此时头部旋转至一侧或位于按摩床的面开口上方，手臂位置的摆放取决于运动员的喜好，等需要按摩肩胛骨部位或肩膀时再进行调整。若想更加放松，也可在双脚下方摆放滚筒垫以增加舒适度。

仰卧位（面部朝上）

该姿势主要用于正面按摩。治疗师会将一条毛巾放在膝盖下方，另一条放在头部下面，以避免腰椎过度弯曲。如果出于任何原因运动员无法忍受上述体位，或者为了方便按摩身体的一侧，也可采用侧卧位（面向一侧），此时臀部和膝盖可弯曲。治疗师会在膝盖之间放置一条毛巾，以增加运动员的舒

▼ 徒手按摩治疗中最常用的姿势
1 俯卧位；2 仰卧位；3 侧卧位；4 坐姿。
这些姿势所提供的多样性可有效缓解运动员的不适，也能帮助治疗师更好地进行按摩，便于其接触到身体的不同部位。

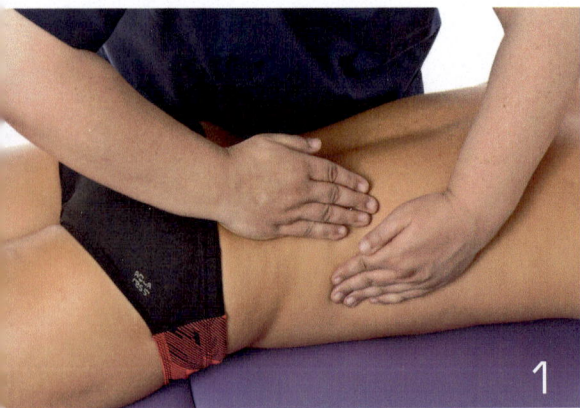

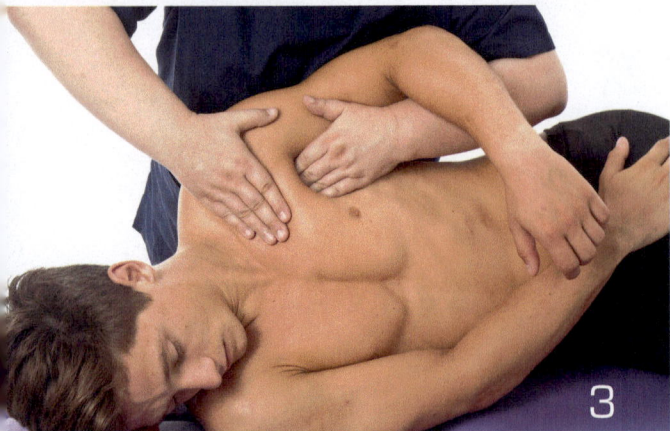

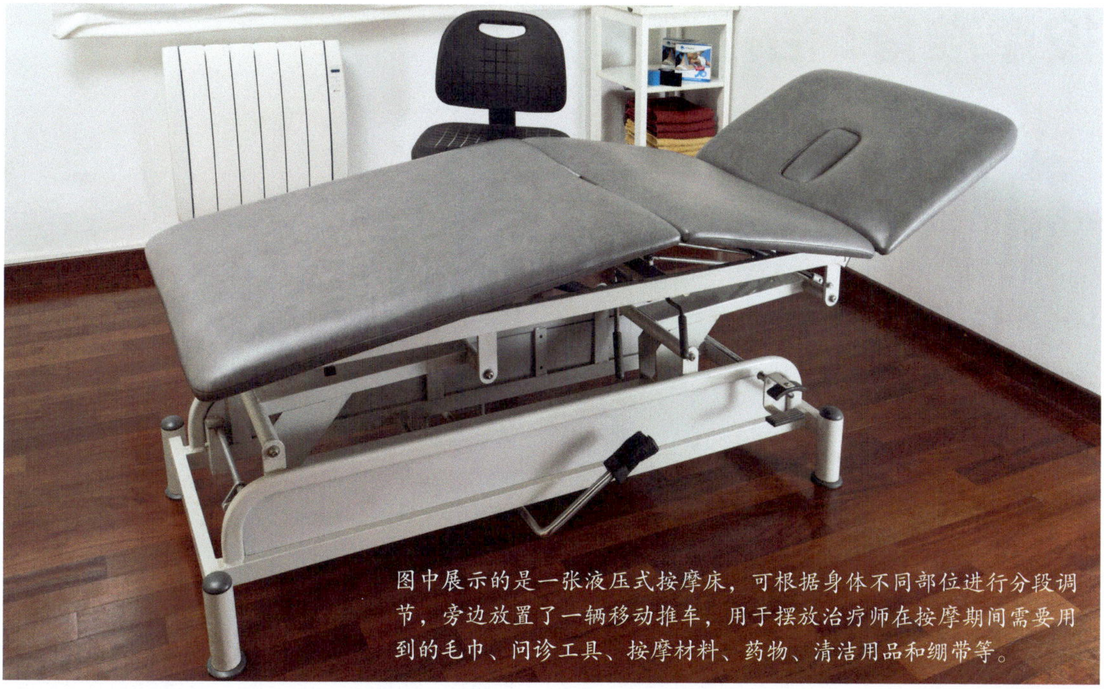

图中展示的是一张液压式按摩床，可根据身体不同部位进行分段调节，旁边放置了一辆移动推车，用于摆放治疗师在按摩期间需要用到的毛巾、问诊工具、按摩材料、药物、清洁用品和绷带等。

适度。在比赛中可能使用到的另一种姿势是坐姿，这种姿势可以使运动员在按摩时专注于赛事。

按摩的空间

按摩需要一个专门的空间，便于治疗师来照顾运动员。这个空间很多时候取决于赛事举办的地点：有可能是一间更衣室，或者是酒店房间，甚至是户外场所。 在进行治疗时，户外区域应尽量保证具有隐私性，可在地上铺上一张垫子，或者是放置一张便携式的诊疗床。

正式的按摩室一般都配备沙发和一些日常用具（如滚筒、毛巾或给运动员盖的小毯子、按摩油和按摩膏以及用于清洁的酒精和肥皂），当然还会有一个药品齐全的医药箱。按摩的空间应该与其他区域有所区别，通风良好，光线和温度都可进行调节，同时还要有洗手间，以及考虑到手部卫生条件，也需配置手持式的按摩器具。

按摩的器具

按摩床的舒适性和稳定性非常重要，因为运动员至少要在上面躺上 20 分钟，合适的硬度可以防止在治疗过程中削弱按摩的力道。按摩床的高度必须可以调节，建议使用不同的活动床板进行组合，中间留出可放置脸部的位置。按摩床的样式非常丰富，有固定式，电动式、液压式及手动式，但所有类型的按摩床都应至少有 70 厘米的宽度。

这些特点将确保运动员更加舒适，并帮助治疗师尽量靠近运动员，方便其进行按摩，避免不适，紧张或受伤等情况的发生。

空间和氛围

空间的布置应以提升按摩功效，帮助运动员放松为目的，治疗师可以通过营造舒适的周边环境、播放舒缓的音乐、使用具有松弛作用的香氛和精油来达到这一效果。更为重要的是，治疗师自身也应做出调整，采用与空间氛围相匹配的语调和声音，才能达到最优的效果。

按摩准备：治疗师的姿势

运动按摩是一种需要大量体力的技术，因为每天都在大量重复同样的动作，并且治疗师自身也在承受着相当大的机械压力。

因此为了使按摩更加有效，治疗师必须保持正确的身体姿势。如果按摩过于随意，反而会增加双方的压力，甚至伤害到治疗师，这会适得其反。

身体力学和按摩

治疗师在每一个技术动作中都会运用到全身的力量。由于这个原因，除了训练有素的手法，他们还需学习如何应用自己的身体，达到事半功倍的效果，以避免疲劳、紧张或损伤。治疗师必须掌握分寸，控制力道，以确保最佳的按摩效果。

一双柔软、灵活且会"倾听"的手

手的使用方式和身体姿势一样重要。治疗师的双手既要学会放松又要具有一定的敏感性，以准确找出身体出现异常的部位。这种敏感性可以通过日常的徒手按摩练习获得。我们可以从活动手部开始训练，工作时放松手部，锻炼敏感度。触觉敏感度的提高能帮助治疗师"倾听"从表层（皮肤）到最深层（骨骼），不同解剖平面紧张程度的变化。治疗师若能意识到某个部位的不适能够通过按

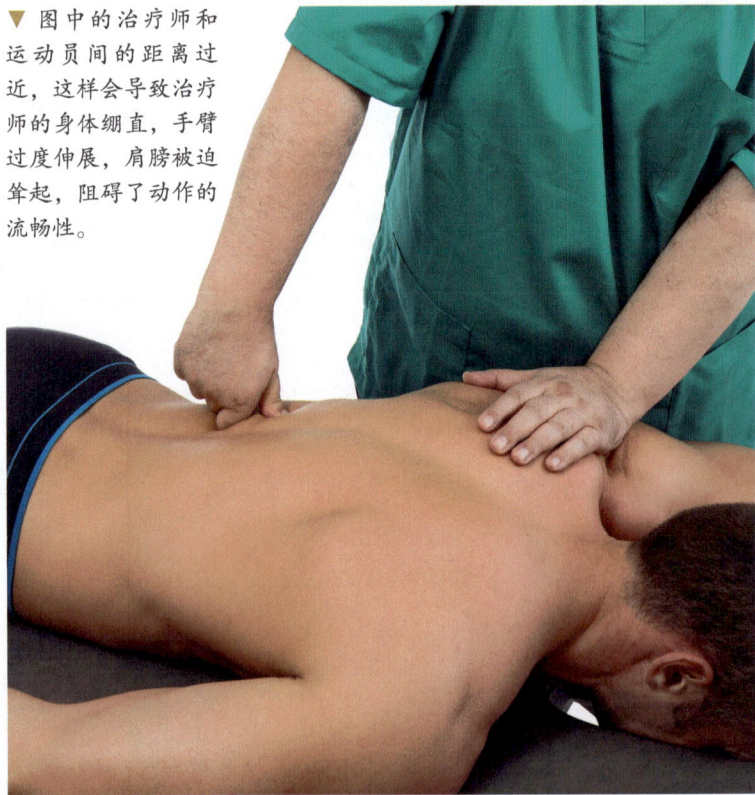

▲ 1 手腕和手臂正确的角度，能保证推压力道的传输。

▶ 2 手部的姿势是错误的，其中手臂、手腕和手指并没有在一个正确协作的平面上。

注意事项

治疗过程中需要适度的放松和休息，建议每2~3小时至少休息3分钟。

▼ 图中的治疗师和运动员间的距离过近，这样会导致治疗师的身体绷直，手臂过度伸展，肩膀被迫耸起，阻碍了动作的流畅性。

▶ **屈指按压**
首先用拇指尖按压食指到小指的每个指尖，然后再用拇指尖按压每根手指的底部。

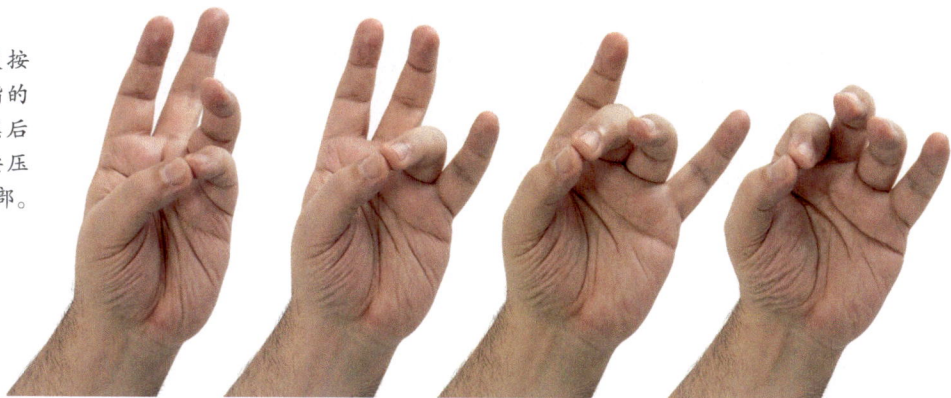

摩其他区域进行解决，那么就能避免在单一部位用力过猛。

手部练习

在日常的训练中，治疗师也可进行一系列针对手、手臂和肩胛骨的练习，比如摩擦双手，温暖内部组织，刺激血液循环；拇指和其他手指互相按压，增进手部的灵活性；掌心相对，双手互相施加作用力，增加肌肉力量。

治疗师可以进行屈曲伸展练习和左右摆动练习来增进腕关节的活动度。同时有控制性的肩部扭转动作也可改善肩胛骨、腰和肩膀的灵活性。

这些练习可以放松上肢和肩胛骨部位的过度紧绷的张力，为治疗师的按摩工作做好准备。

在按摩手法的应用过程中，姿势和身体的运用极其重要。正确的姿势要求肩胛骨和骨盆带在一条直线上，协调一致的力量决定了按摩过程中施加压力的角度，从而起到增进疗效和预防治疗师疲劳的效果。

▶ **蛇式**
该动作促进手掌内部肌腱的移动，表层肌腱比深层肌腱的活动度大。

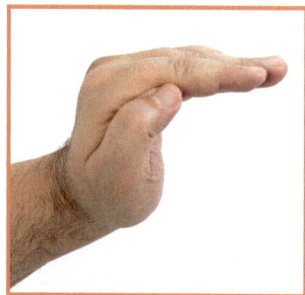

▶ **直拳**
该动作帮助手部移动，比起肌外膜和骨骼，这个位置的表层肌腱更加灵活。

▶ **钩爪**
该动作帮助表层和深层肌腱进行最大限度的活动，同时也大幅度地运动了指深屈肌。

▶ **握拳**
该动作有利于深层肌腱的活动，相较肌外膜、骨骼和组织表层，深层肌腱得到更充分的锻炼，同时指深屈肌和指浅屈肌也获得了最大化的训练。

了解按摩对象：健康调查和数据收集

在接触运动员以及访谈前，最好请运动员正式填写一份健康问卷，以便治疗师收集运动员的个人资料，从而制作简要的相关病历。

问卷数据及详情

调查问卷会列出运动员既往的受伤情况，特别是运动员目前正遭受的运动损伤，以及先前接受的手术和任何形式的治疗等。

如果运动员受伤了，那么了解损伤发生的时间和方式，例如具体是发生在训练开始时还是比赛中途，抑或是比赛结束时，这些信息至关重要，因为这些信息与运动员的疲劳状态有关。身体检查包括评估运动模式和关节活动范围，以及检查肌肉张力，不对称的地方和可能的肢体运动障碍等。同时，后文的健康问卷中显示，心理习性和家族病史也是需要调查的信息之一。

对于运动爱好者来说，则要详细注明锻炼类型，如每天锻炼的小时数和这种运动所需的身体特质。这些数据可以帮助治疗师分析每日的锻炼对身体的影响。

测试和调整数据

在采访和体检时，治疗师最常发现的问题通常是训练方法和模式的错误，这也是运动爱好者最常陷入的误区，而这往往会造成身体负荷过重和运动损伤。若治疗师具备相关知识或者能和体能训练师一同配合，就可以指导运动员改正已经开始影响竞技表现的错误。

治疗前的面谈应该是有条不紊地进行的，治疗师应避免杂乱无章地提问，务必做到重点明确、目标清晰。同时治疗师还须具备一些相关技能，比如有效沟通的能力，以及管理时间和掌控访谈流程的能力。治疗师应引导运动员说出自己的困扰。一个好的采访者不应该混淆问题，必须学会认真倾听和合理解释，始终使用对方可理解的表达方式，简单一些也无伤大雅。

▲ 访谈收集的数据帮助治疗师了解运动员的受伤情况，并有助于之后的按摩治疗。另外，问诊保留的数据也有利于之后的随访及追踪治疗。

◀ **站式腰椎骶髂关节屈曲试验**
运动员被要求身体向前倾直到出现痛感。这可帮助治疗师了解哪些关节因弥补僵硬部位的活动而用力过度。这个测试应该与疼痛激发试验一起进行，以便提供可靠的数据。

▶ **坐位腰椎骶髂关节屈曲试验**
检查骶髂关节可以帮助治疗师了解躯干和下背部屈曲和伸展运动的力量情况。如果出现阻塞，整个部位以及周边关节都会出现局部疼痛。这个测试应该与疼痛激发试验一起进行，以便提供可靠的数据。

制作一份"运动员健康问卷"需要治疗师先查阅相关资料，直到找出最佳版本的问卷，帮助其探寻最适合运动员的治疗方案。本章节中的这两页为读者呈现了一份问卷的范本，请注意：以下所涉及的项目都是基础必备的问题。

运动员健康问卷范本

病 历 号：＿＿＿＿＿＿　　访谈次数：＿＿＿＿＿＿　　　日　期：＿＿＿＿＿＿

姓　　名：＿＿＿＿＿＿　　手　机：＿＿＿＿＿＿　　固定电话：＿＿＿＿＿＿

邮　　箱：＿＿＿＿＿＿　　出生日期：＿＿＿＿＿＿　　　　　＿＿＿＿＿＿

国　　籍：＿＿＿＿＿＿　　城　市：＿＿＿＿＿＿　　　　　＿＿＿＿＿＿

运动项目：＿＿＿＿＿＿　　每周次数：＿＿＿＿＿＿　　每天小时数：＿＿＿＿＿＿

从事该运动项目的时长：＿＿＿＿年

身　　高：＿＿＿＿＿＿　　体　重：＿＿＿＿＿＿

前

左前　　右前

左　　　　右

后

疼痛区域标识符号

↕ 左／右侧旋转

＝ 痉挛

∨ 僵硬

⊗ 激痛点

纤维组织炎

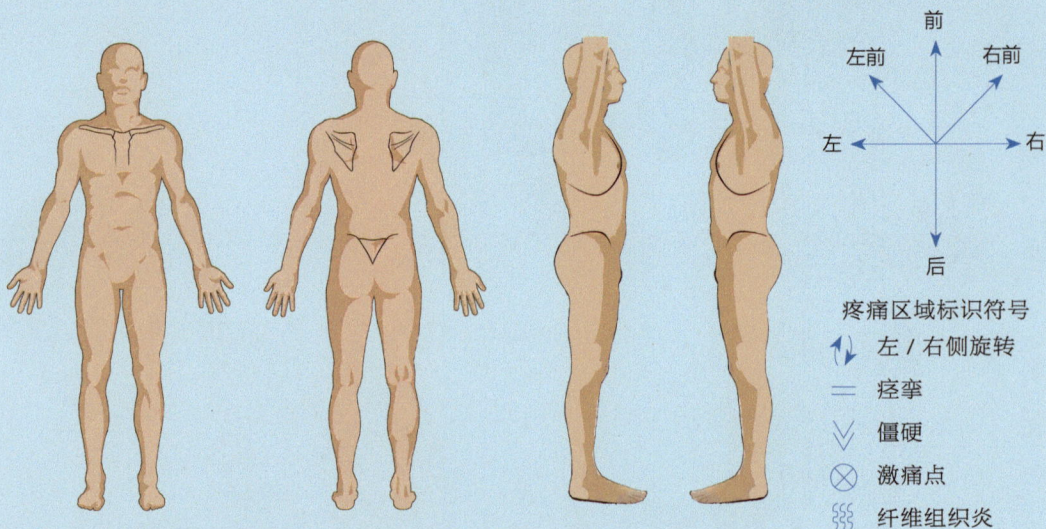

视觉模拟式临床痛感评估

无痛感　　　　　　　　剧痛

家族病史：＿＿＿＿＿＿＿＿＿＿＿＿＿＿＿＿＿＿＿＿

就诊原因

疼痛部位？＿＿＿＿＿＿＿＿＿＿＿＿＿＿＿＿＿＿＿＿

疼痛持续时间？开始时间：＿＿＿＿＿＿＿＿＿＿＿＿＿＿

第一次感觉到疼痛时，正在做什么？＿＿＿＿＿＿＿＿　是怎么发生的？＿＿＿＿＿＿

现在还能继续训练吗？＿＿＿＿＿＿＿＿＿＿＿＿＿＿

什么时候会觉得疼？＿＿＿＿＿怎样会加剧疼痛？＿＿＿＿＿怎样会缓解疼痛？＿＿＿＿

你曾经受过类似的损伤吗？＿＿＿日期：＿＿＿＿＿＿

现在感觉如何？＿＿＿＿＿是否觉得麻？是／否　哪里会麻？＿＿＿＿

现在或以前接受的治疗：＿＿＿＿＿＿＿＿其他：＿＿＿＿＿

整体评估

整体健康状况：_____

社会环境：_____

最近体重是否有变化？是／否　　多少千克？_____　千克

是否感觉乏力？是／否　哪个部位？_____

是否感到疲劳？是／否　何时感到疲劳？_____　是否发热？是／否　体温：_____

是否有过敏史？是／否　对什么过敏？_____

皮肤状况：_____

牙齿状况：_____　磨牙：_____

鼻子状况：_____　是否有流鼻血？是／否

生活习性

睡眠：_____　小时

每日饮水：_____升

是否有喝咖啡的习惯？是／否

是否有抽烟的习惯？是／否

是否有饮酒的习惯？是／否

检查

关节活动度　　　　脊椎　　　　四肢

组织张力：_____　疼痛部位：_____

是否能做出动态收缩？是／否

是否能用手抵挡一定的阻力？是／否

初诊评估

受伤原因（外部原因）：_____

疲劳、过度使用、动力失调、重复性压力、僵硬、挫伤、颈部扭伤、关节综合征、凹陷、肿胀、局部／全面受损、骨折、外科手术等。

受伤原因（内在原因）：_____

张力升高或降低、瘀血、肌肉僵硬、激痛点、肌肉挛缩、扭伤、水肿、肌肉情况异常、滑囊炎、粘连等。

初诊观察

需要进行的治疗：_____

疗程结束观察：_____

疗程结束反应：_____

下次预约日期：_____

知情同意书

本人，_____，知悉按摩治疗（相关手法、拉伸技术、关节活动和包扎）的相关益处和风险，为了改善个人健康，同意接受治疗，并愿意承担在治疗过程中可能引发的不良反应和后果。

签于 _____（地点），　　　　　日期：_____

运动员签名：_____先生／夫人／女士

治疗师签名：_____

了解按摩对象：体格检查

治疗前，首先要对运动员进行体格检查。这个过程在运动员迈入诊所接受访谈的那一刻，就已经开始了。治疗师会观察他们走路的仪态和入座的姿势，以及他们身体弯曲和脱衣动作等。在会诊过程中，治疗师应该观察口述有疼痛或不适的部位是否出现异常症状。因此，一双敏锐的"临床眼"是治疗的关键。换而言之，治疗师必须能直观察觉出问题所在，并能基于自己的观察，给出最佳的诊断。

初步观察

治疗师正确的站位能够令其观察的结果更加精准：治疗师应以运动员为中心，从不同的角度和方向（上下前后左右）全面地进行观察。这样，即便运动员处于平躺的休息状态，治疗师依旧能从不同维度获得详细的

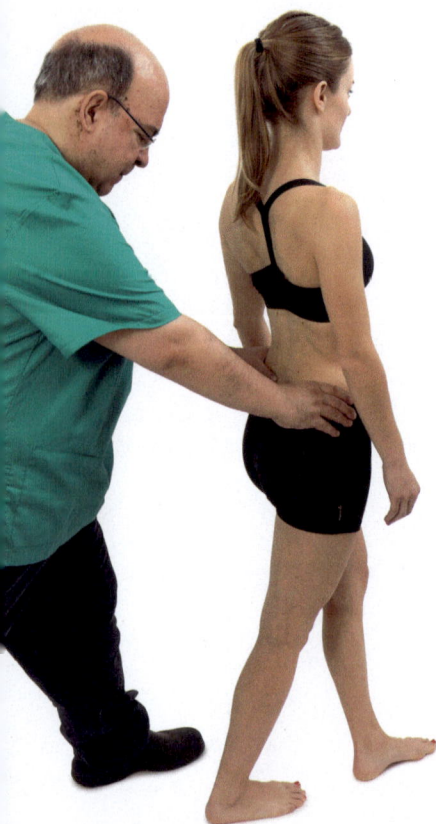

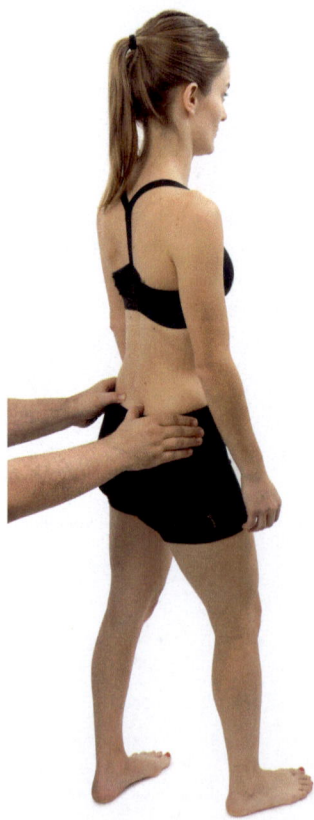

主视眼

在检查过程中，我们必须确认检查人员的主视眼是哪一只。方法可以是请检查人员将双臂向前伸展，双手画圈。将一个物体放置在圆形的中心，然后两只眼睛轮流闭上和张开。看到物体始终处于圆形中心的那只眼睛就是我们的主视眼。我们建议检查者必须使用主视眼找出身体不对称的地方、评估重力的分布情况，以及观察身形体格、补偿动作等。

检查结果。

检查可以从脚部开始向上，或者从头部开始向下。眼睛应与观察部位处于同一水平线。不管是不是出于治疗师的要求，运动员在不经意间做出的无意识动作也应得到充分的关注。

比较侧面，发现不对称

通过对身体左右两侧的比较，以及衡量重量的分布，还有观察骨骼和肌肉的任何不对称之处，治疗师可以对躯干前后左右以及上下等各个层面的曲度做一个整体的评估。更为详细的观测还可能发现炎症、异常的动作幅度、疤痕、老茧等问题。另外，一些简单的工具，如铅锤、四面镜等，有助于治疗师进行更细致的检查。

室内检查

检查必须在安静、通风良好的空

◀ **行走检查**
动态测试能为治疗师提供运动员运动时身体行为的相关信息。这些测试对运动员身体两侧进行比较，从而找出差异之处。

间和舒适的温度下进行。房间的光线应充足，如有可能的话，最好配备全方位的照明设备，帮助治疗师进行更清晰地观察。运动员摆出的姿势（在疼痛允许范围内）应该是平稳舒适的，如果因为疼痛导致姿势不自然，治疗师则应避免这种强迫性的动作，而是可以通过视觉观察进行指引和治疗。检查时，运动员需脱掉待检查部位的衣物，但治疗师也应顾及运动员本身的尊严。在观察时，治疗师不应只停留在运动员口述不适的地方，而要放眼看到周边区域，并同健康部位进行比较。

观察外在情形

皮肤颜色的变化可能暗示着特定类型的问题：白色表示体内循环不畅；红色表示充血；青紫色表示静脉回流发生状况；黑色表示该部位出现坏死现象；暗沉和角质化表示该区域负荷过重；另外水肿则表示液体滞留，导致皮肤和皮下组织的积水等。

皮肤的外观能够显示皮下组织的状态，如橘皮、皱纹、妊娠纹、关节部位的褶皱等。

根据运动员当下进行的运动类型，汗腺和皮脂腺的分泌物能使皮肤呈现干燥、光泽和油腻等不同的状态。

皮肤上有伤口或溃疡的区域可能会凸起，这表明其正在愈合，从它的颜色变化也能看出这个过程。

旧疾或新伤都可能导致关节和骨骼处的变形。治疗师可以通过运动员为了缓解疼痛而做出的姿势中一探究竟，例如他们可能屈曲膝关节和髋关节，或是肩部内旋以及做出相关的肩膀关节姿势等。

至于毛发的观察，若局部毛发增多，则可能是血管出现了问题。

► **旋转骨盆**
对行走的检查可以评估骨盆的转动规律，一般而言，骨盆大约向前旋转40度。通过这样的测试，治疗师也能获得在旋转中作为支点的对侧髋关节的相关情况。

了解按摩对象：身体运动模式解读

在体格检查的这个阶段，我们会开始关注运动模式，例如行走的动作，它能帮助治疗师评估肩胛骨和骨盆带之间的关系，同时它也能决定我们摆动手臂的能力或行走时步幅的长度。整体测试能够提供关于身体组织性和协调性方面的信息，且这些数据均具有可比性。同时这些测试还能告知治疗师关节活动幅度是否减少，并能分析减少的原因是否基于关节力量的缺失或是丧失主控力。

主动评估

主动评估主要针对的是竞技方面的技术动作，包括那些可能引起或可能缓解不适、疼痛甚至残疾的动作。这帮助治疗师从运动的 3 个层面解析这个动作牵涉的组织结构，以及伤痛来源。

治疗师会对关节活动进行具体的分析，如果有可能的话，治疗师会要求运动员在关节允许的角度和范围内，每个动作左右两边各做一次，从而找出症结所在。

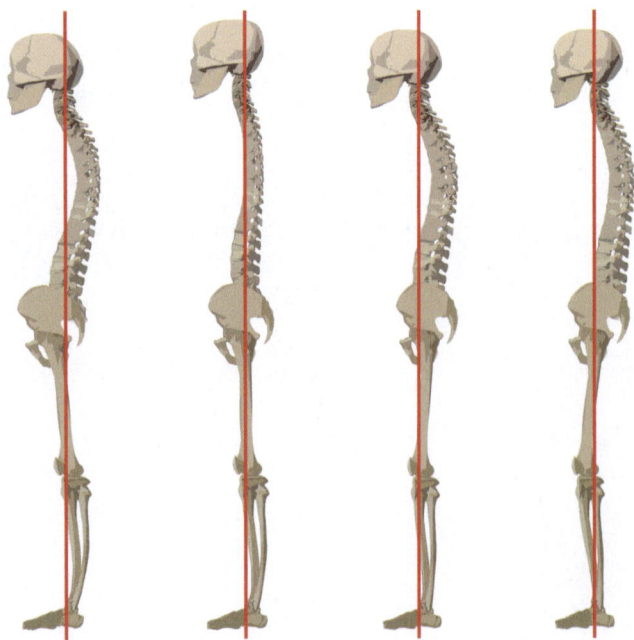

动作最终阶段评估

在运动结束时，我们可以感觉到组织的变化，可能是一种阻力或是一种极限的牵拉感，这种感觉能传递出有关关节稳定性的信息。

治疗师必须确认在动作最终阶段徒手触摸组织时，它的状态如何：它可能是有弹性的，也可能是软弱无力的（由于软组织张力）或是紧绷的（由于韧带或关节囊收紧），抑或是坚硬的（由于骨骼）。被动运动时的运动幅度总是比主动运动时要大一些。

由于重力会影响运动，运动员在不同的检查中做出的不同姿势，都会影响到他们的反应。建议治疗师可以在测试过程中使用一些辅助器具，如健身球、按摩床、长椅、医用球囊、按摩工具等。

耐力测试

随后，治疗师会开始对动作中涉及的不同身体部位进行耐力测试。这能帮助治疗师评估（肌肉和肌腱的）收缩能力，以及发现力量不足的地方。

被动评估

最后，当治疗师即将完成关节检查时，应该再次回顾一些特殊的被动性动作。这些测试提供了有关运动范围质量和数量的信息。在测试中，运动员需要做出一些无法主动完成的动作，如转动、拉伸、牵引、压迫或各种动作的组合。这

◄ 身体侧面呈现的生理曲度的变化。

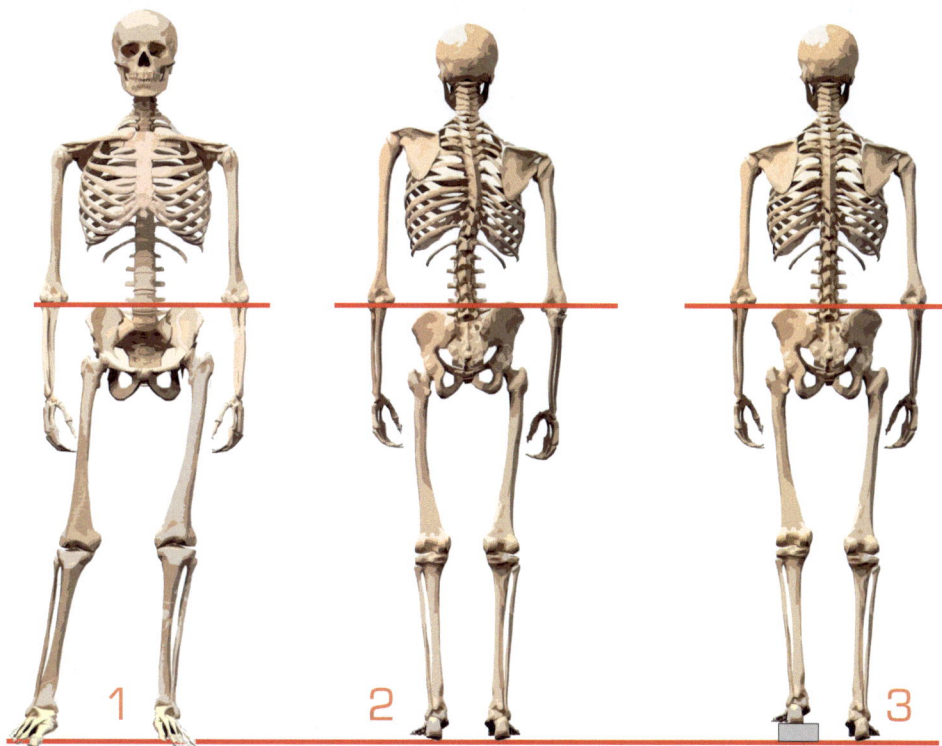

▲ **身体前后重心分布**

在图 1 中，腰部和肩部的重心分布正常。

在图 2 中，当两腿并拢时，腰部和肩部明显出现不对称的姿势。

在图 3 中，当把较短的腿稍微抬高时，整个身体就达到了平衡状态。

些动作会对身体结构造成压力，关节可能会嘎吱作响或是有噼啪声，抑或是突然的弹跳，虽然不能确定是否和疼痛或不适有关，但至少说明关节和软组织的状态出现了变化。

行动能力受损的改变

不良的动作会造成关节活动和运动神经质性的变化。骨骼的病变会让人感到僵硬，疤痕处变得紧绷，阻塞或组织收缩处则会失去弹性。关节僵直会造成身体某部位无法动弹，原因可能是手术或其他病理性疾病（如风湿、关节炎或畸形等）。

运动可能在一定程度上会受到阻碍。如果同一方向的主动和被动运动都会产生痛感，那么有可能意味着非收缩性结构受伤了。如果反方向运动受限或感到疼痛，则表明收缩性结构遭受损伤。最后，如果各个不同方向的被动运动都受到限制，这表明关节囊受

损，也就是具体到某一处关节的问题。

加强按摩的技巧

按摩技巧可以结合许多不同的手法，从而更好地检查一个人的运动能力。当需要治疗的部位紧张或收缩时，治疗师会采用一系列的动作，包括牵引、压迫甚至是强迫性质的运动，或者是任何他认为有必要的组合来加强按摩效果。

例如，为了对膝关节韧带进行摩擦按摩，可以轻微地强迫膝关节进行侧向运动，以便在有张力时更好地按摩韧带。如果运动员被要求收缩特定的肌肉群，无论是伸展还是收缩，肌腱都会变得更加明显。

此外，这些动作会使待按摩的部位变得更加明显，从而改善治疗师对身体结构的触感，使治疗师能够更好地区分肌腱、韧带或任何其他结构。

了解按摩对象：体态评判

肌肉根据功能可分为两大类：收缩缓慢的红色肌肉（有氧代谢）和收缩快速的白色肌肉（无氧代谢）。

体态和动态纤维功能

虽然大多数肌肉都包含红白两种肌肉，但有些肌肉明显"更红"，并且与姿势动作密切相关。它们的新陈代谢使它们能不断收缩且不知疲倦，其基本功能是稳定和支撑骨骼。

白色肌肉的功能主要是活动，它们负责突然收缩和快速运动，其无氧代谢使其更容易疲劳。

肌肉的应压反应

当红色肌肉经历任何类型的压力失调时（创伤、持续的姿势、重复的运动等），它们往往会缩短。相比之下，当白色肌肉承受不同的压力时，它们则会变弱，动作受到抑制，以致产生相应的肌肉萎缩现象。

这些肌肉功能障碍可造成体态不良，原动肌群缩短，对抗肌受到抑制，力量削弱等现象。这些症状会导致多种疾病，包括活动度降低、触激痛点、重复性伤害、关节磨损等。

交叉综合征

捷克生物学家杨达提出过一种叫作"上

适应反应：背部和颈部僵硬，肩部后倾。

◀ 下交叉综合征

胸腰筋膜过度紧张，腰椎前凸。

腹部肌肉失去力量。

脊柱、腰椎和梨状肌缩短。

髂腰肌、股直肌、阔筋膜张肌缩短。

臀大肌、臀中肌、臀小肌失去力量。

枕下肌筋膜过度紧张。

颈部深层屈曲肌失去力量。

斜方肌上部和肩胛提肌缩短。

胸大肌和胸小肌都缩短。

菱形肌、斜方肌内侧和前锯肌失去力量。

▶ 上交叉综合征

适应反应：肩膀和头部前倾，脊椎后凸。

紧张时会收缩的姿势肌或张力肌	紧张时会失去力量的肌肉

紧张时会收缩的姿势肌或张力肌

- 足底屈肌群：腓肠肌、比目鱼肌和胫后肌。
- 髋关节伸直肌群：半膜肌、半腱肌和股二头肌。
- 单一关节髋内收肌群。
- 梨状肌。
- 髋屈肌群：股直肌、髂腰肌和阔筋膜张肌。
- 腰方肌、竖脊肌群和多裂肌。
- 上肢屈肌群：胸大肌（锁骨和胸骨纤维）、三角肌前束、肱二头肌长头。
- 肩胛提肌。
- 上斜方肌。
- 胸锁乳突肌。

紧张时会失去力量的肌肉

- 会阴。
- 胫前肌。
- 股四头肌的外侧肌和中间肌。
- 臀大肌、臀中肌和臀小肌。
- 腹直肌、腹外斜肌和腹内斜肌。
- 前锯肌。
- 菱形肌群。
- 肩胛下肌。
- 中斜方肌和下斜方肌。
- 上肢外旋肌群：三角肌、大圆肌和背阔肌。
- 胸大肌（腹部纤维）。
- 颈长肌和头长肌。

下交叉综合征"的不良反应。

上交叉综合征的特点是肌筋膜收缩，主要是后颈及后肩筋膜组织（斜方肌和肩胛提肌）和前胸（胸肌）的筋膜组织缩短。上述肌群的对抗肌肉力量变弱，交叉抑制，并同时影响着前颈肌肉（颈部深层屈曲肌）和肩胛间肌（菱形肌和前锯肌）。

下交叉综合征也表现为两组互相交叉影响的部位。紧缩和高张力的肌肉连接腰部和髂腰部的扩张肌，遭到交叉抑制和力量变弱的肌肉为对角线处的腹肌和臀大肌。

恢复姿势

一个最佳恢复程序应该是基于振幅测试的，首先要找到动作的标准长度和运动路径的最大振幅。在进行这些测试时，治疗师可以通过牵拉伸展来帮助运动员，引导他们更多地意识自己何时进行了无意识地补偿性运动，从而纠正"陷阱"动作，避免无力的肌肉收缩。

根据个性化的目标，治疗师可以通过增加负荷、重复性训练和系列动作来加强或锻炼无力的肌肉，增加肌肉的耐力、体积和美化形态。为了保持不同肌肉群的静息长度，治疗师也须遵循有规律的拉伸程序。

按摩和姿势

在肌筋膜按摩的章节中，我们将看到运动按摩是治疗姿势不良和两端不对称的重要手段。我们可以将按摩和拉伸牵引等练习结合起来，促进关节活动，同时应用热敷和其他手法，以获得稳定和复健的效果，以改变不良姿势。姿态不端对于运动员和普通大众都是极其头疼的问题，因此，治疗师有必要知道应该对哪些部位进行按摩，这也是为什么初步评估如此重要，它能告诉治疗师需要按摩的区域，帮助他们获得预期效果。

▲ 人体理想的站姿重心线。

了解按摩对象：警示红旗

"红旗"一词是指在体检过程中发现的警示症状，表明某些非物理性或非肌肉及骨骼等身体部位出现了问题。为了进一步评估运动员的健康状况，治疗师应该将该情况如实告知运动员。按摩有时还会适得其反，因此，下列事项请格外注意。

损伤或伤口

治疗师必须遵循组织自身的修复愈合过程而不应急于进行按摩。例如，在纤维受损时，治疗师切不可操之过急，忽略愈合过程只会加重损伤，甚至引起并发症。因此，应该等到伤口愈合后再开始按摩。

炎症

组织发炎现象会出现在不同的身体状况中，无论是无菌性炎症或是感染，所有的修复过程都会出现发炎现象。因此，治疗师要耐心等待组织恢复正常，再进行按摩。但是，慢性炎症是个例外，按摩对此非常有效。

痛阈

某些按摩手法可能会引起一定程度的不适，但绝不应该产生痛感。治疗师应经常在按摩时询问按摩动作是否会引发疼痛，并尊重运动员的感受。治疗师可以利用抑制痛感的机制（门控机制）来按摩疼痛区域附近的部位，避免直接接触痛点。

发烧和发热性综合征

发烧与发炎有关，在这种情况下，不可进行按摩。

皮肤病变

皮肤出现病变时不可按摩。如果是传染性疾病，例如真菌，患者和治疗师双方都要秉持仔细消毒的卫生标准，例如使用一次性手套，一次性纱布以及抗真菌产品等。

静脉曲张与循环系统问题

面对脆弱的血管、静脉炎、血栓性静脉炎、血管炎症、服用抗凝剂、术后等情况，治疗师应尽量避免强力按摩。在这种情况下，进行按摩时需要非常小心，最合适的方法是徒手淋巴排毒。

肿瘤

这种情况绝对不可以进行按摩，因为按摩会导致血流量增加，从而加速肿瘤细胞的繁殖。

▲ 静脉曲张。

不论是什么疾病，如果按摩没有起到缓解疼痛的作用，反而加剧甚至恶化病情，那么按摩都是被禁止的，治疗师此时应该将运动员转给团队医生或运动员自己的家庭医生，这才是正确的处理方式。

不应持续按压的部位

关于按摩的禁忌有大量的文献研究说明，在此我们将详细介绍那些没有特别提及，但非常有必要知悉的事项，以避免额外的损伤，同时我们也将着重强调哪些部位不适合持续长时间的按压。以下我们列出了不应持续按压的部位。

臂神经丛、锁骨下动脉神经和静脉神经位于颈部外侧三角区，同时，胸锁乳突肌覆盖着颈总动脉及其颈动脉窦和压力接收器。对该区域的持续按压会导致血压和心率下降，以及迷走神经（在相对于颈总动脉的后外侧位置）的反应改变，会连带影响所有接收这个神经信息的器官。颈内静脉位于该区域，颈部的重要血管藏于胸锁乳突肌的深处，但颈外静脉却从外层斜穿过这条肌肉。

臂丛里面有臂神经丛，其间有腋动脉和静脉穿行。

尺神经在上臂内侧，靠近肱骨内上髁。

桡神经在手臂的外侧，靠近肱外上髁，也就是肱二头肌的中段。

胸骨切迹和咽喉前部有通向甲状腺的静脉和动脉，也有迷走神经。

> 神经和血管的结构都处于表层，因此缺少肌肉、结缔组织或脂肪组织的充分保护。直接和持续的按压可能会引发这些结构的不良反应。

肚脐周围有腹壁上动脉。

背部第十二根肋骨旁有肾脏和脾脏。由于这些器官靠着脂肪和结缔组织支撑，在它们周围及其附近区域使用强有力的持续的按压或敲击手法，都有可能导致内脏脱位。

坐骨神经主切迹，坐骨神经从骨盆穿过主要的坐骨孔，受到梨状肌的保护。

股骨三角位于耻骨内侧和缝匠肌内侧。股三角内有股动脉、股静脉和股神经。

膝后是腘窝的部位，有腘动脉和静脉以及胫神经。

▼ 人体正面，像心血管系统（图1）和神经系统（图2）的这些部位都是不可直接按摩的，否则将会非常危险。

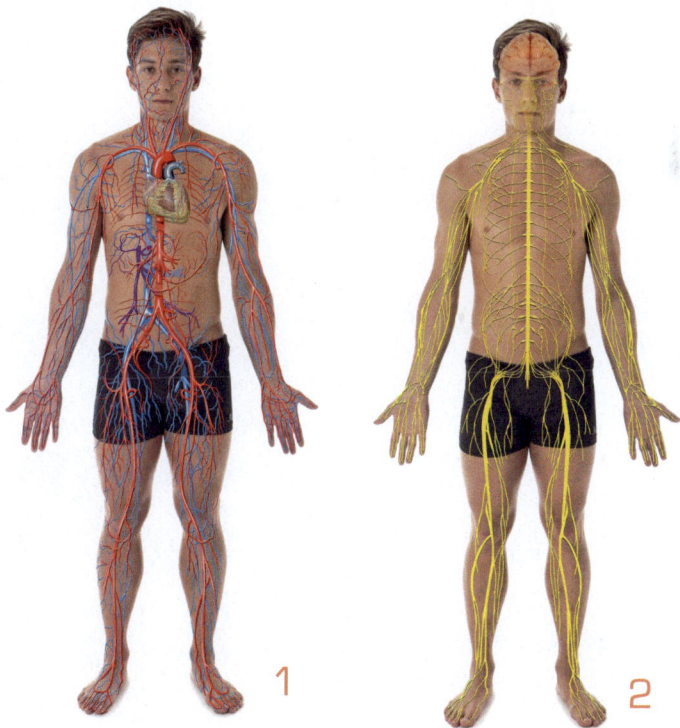

· 57 ·

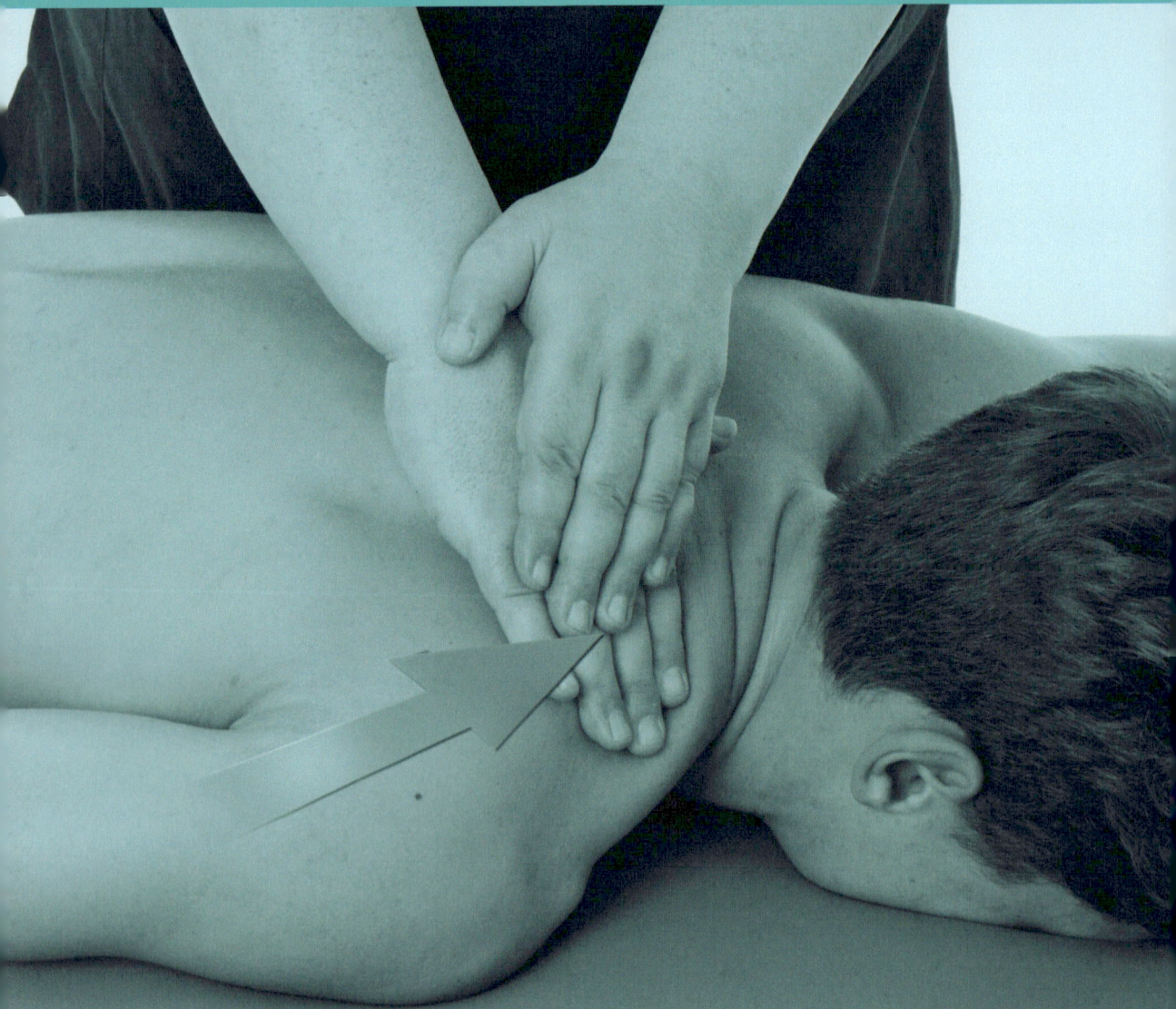

第 2 章
按摩技巧

　　本章详细介绍了各种不同类型的按摩技巧，包括传统按摩、深层按摩和运动按摩中常用的技巧，以及按摩的特点、功效、目的、禁忌和手法等。

　　按摩技巧体现在运用各种各样的技术动作，我们将其称为手法。运动员在训练或比赛中接受何种手法的治疗，主要取决于该训练或比赛的目标和时间。

　　根据按摩对象的姿势，治疗师应不断调整手法，才能触及对方身体的不同部位，以及各部位的不同层面。

　　我们所使用的按摩动作术语都能直接体现手法的技巧，例如，摩挲、摩擦、揉捏、按压或拧动等。我们也会提及一些特别的技巧，如压迫、推压、压摩、横向摩擦等，同时还会介绍一些对身体的处理方法，如包扎、活动关节和牵引拉伸等。

轻柔摩挲法 ▶

轻柔摩挲在按摩时会让对方感到舒适，根据不同的节奏、用力程度、摩挲方向，治疗师可以采用不同方式进行此类按摩。该手法可与其他手法搭配使用，例如使用轻柔摩挲时，可以向更远的部位缓缓推动。如果按摩的目的是排毒或放松，那么轻柔摩挲可以作为疗程结束时的手法。运动按摩中使用到的摩挲主要有3种类型：表层摩挲、轻柔摩挲和深层摩挲。

按摩手法

将手掌沿着待治疗部位的表面滑动，活络皮下组织，双手交替使用或同时使用皆可，以扩大按摩范围。动作必须要平稳、缓慢且有规律地进行。可以使用手掌，施加轻微的压力，用力的程度可以通过指甲板的颜色变

轻柔摩挲法可以改善静脉回流，在按摩过程中，间断性地进行摩挲，可避免瘀血的出现。

按摩功效

- 会产生反射性和机械性的作用，两者结合后可形成多种不同手法。
- 一开始在表层产生作用，刺激皮肤的神经末梢。
- 激发反射反应，诱导全身深层肌肉放松。
- 在情感层面，它能带来放松效果，使身心获得平静。
- 改善静脉回流。
- 缓解间质压力。
- 通过中枢神经系统降低心率和呼吸频率（放松）。
- 减少对疼痛的敏感性。

◀ 在腹部或在斜方肌和颈椎上采用轻柔摩挲法时，需缓慢平稳且有规律地进行，从而达到改善静脉回流的目的。这样的方式可以为深层按摩做好充分的准备，同时也可避免因反复摩擦而造成的瘀血。

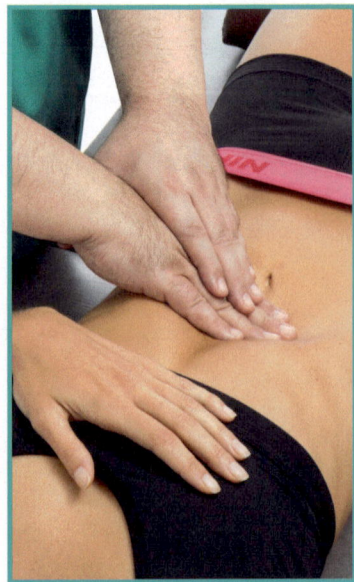

化进行辨别。

如果按摩的目的是促进血液循环和刺激表面淋巴循环，那么按摩的方向应该是沿着静脉和淋巴循环（远端至近端），由外向内进行。

按摩指征

轻柔摩挲法通常在刚开始按摩时使用，这时治疗师会在运动员身上涂抹乳霜或按摩油，使用轻柔摩挲法正合适。当然，它也可以作为结束时的手法。

这种手法有助于治疗师对运动员的身体有一个初步的了解，治疗师可以感知按摩部位的温度和敏感度，并评估其弹性和张力。这种手法还能促进组织中的液体循环和流动，并且按摩带来的放松感可以减少肌肉的紧张、僵硬和过度敏感等问题，能有效缓解疼痛。

此外，用轻柔摩挲法治疗肠胃部位时，能产生机械性和反射性的效果，促进胃肠蠕动。

禁忌

如有开放性伤口、烧伤、痛觉敏感或其他疾病所引起的皮肤病变等问题时，则应避免使用轻柔摩挲法。

▼ 通过向上推压和画半圆的方式，在大腿两侧轻柔摩挲。

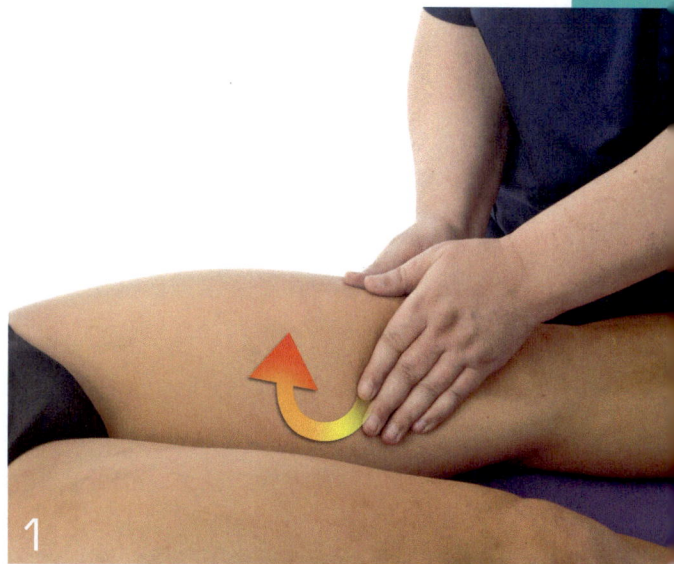

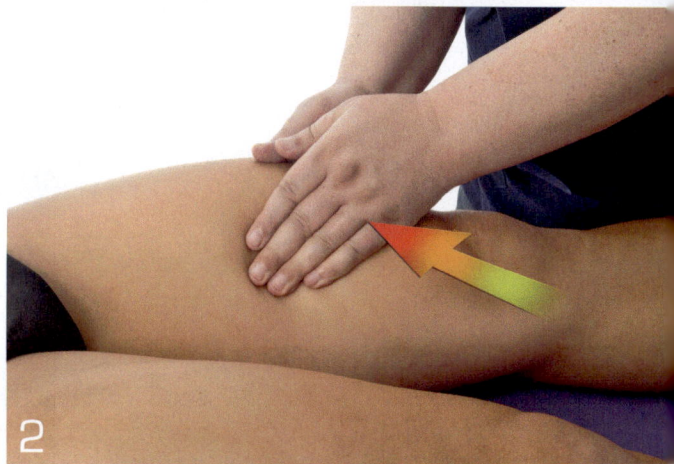

手掌和尺侧摩擦法 ▶

该手法结合了按压和短促摩擦的技巧，从皮肤表层着手，进而作用于深层的结构。它能帮助肌肉和关节做好运动的准备，因此这种按摩手法常应用于赛前，同时，它也有助于消除水肿，所以也是伤后恢复按摩之选。

摩擦法可以结合轻柔摩掌法和被动的关节活动法一同使用，以获得"反向按摩"的效果。治疗师通过双手施压，活动人体骨关节，从而产生摩擦，达到按摩效果。

按摩手法

按摩方向可上可下，也可以按直线或画圆的方式进行，总之要适合按摩区域。治疗师须根据预期目标选择具体的治疗方法，手法可单手进行或两手交替进行，抑或是一只手叠加在另一只手上以加强力道。按摩时也可使用指尖、手掌、尺骨边缘或指关节作为辅助，让按摩力道变得更加强劲有力。在训练开始前，治疗师按摩的力道可不断加强，

按摩功效

- 扩张静脉，产生局部充血效果。
- 增加局部皮肤和关节温度（增加 1~3 摄氏度）。
- 激发肌肉张力。
- 促进和增加关节活动度。
- 根据按摩时间的长短，可以起到刺激和放松的作用，并产生镇痛效果。
- 达到去角质的效果。
- 促进肠胃蠕动。

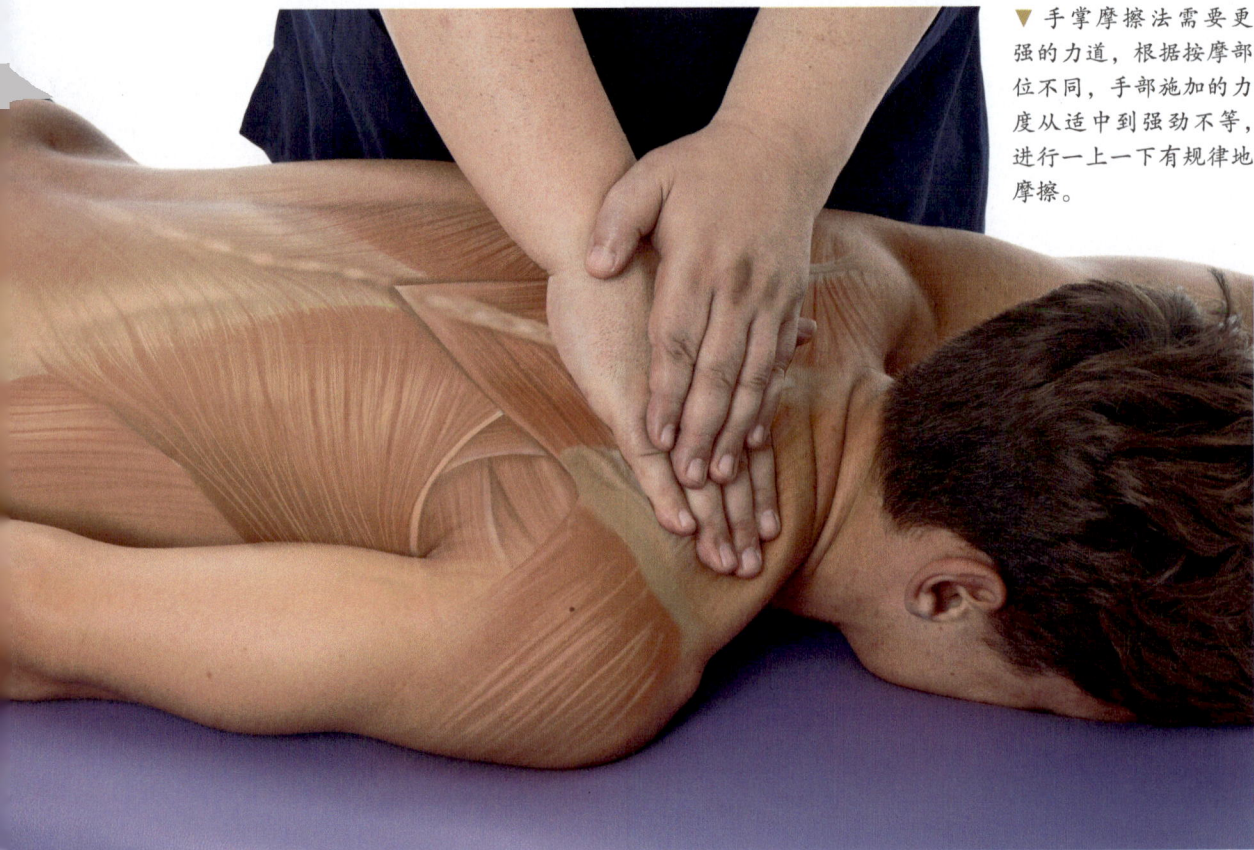

▼ 手掌摩擦法需要更强的力道，根据按摩部位不同，手部施加的力度从适中到强劲不等，进行一上一下有规律地摩擦。

训练结束后，力道则要温和一些。

　　按摩的力度从轻微到适中偏重不等，这主要取决于运动类型和接受按摩的组织部位。治疗师的双手逐渐接触运动员的身体，力道不断渗透，从而形成一股完整的力量，渐渐地与皮肤融合一体，此时摩擦的技法才真正开始。接下来要立刻按摩组织，维持现有的力度，逐步接近需要治疗的部位。

按摩指征

　　该手法有助于治疗肌肉挛缩、硬化、浅表粘连等问题。摩擦能温暖身体，消散寒冷，因此这种摩擦法也十分适合在赛前使用。同时，它还有利于缓解因风湿或骨关节炎所造成的疼痛，有舒缓恢复的功效，能帮助运动员赶走疲劳。最后，它还能治疗关节边缘紧缩或僵硬问题，并能有效缓解疼痛敏感问题。

禁忌

该手法的大多禁忌都和其他运动按摩禁忌相同，但也有某些特定的禁忌症值得一提，比如在剧烈运动后应避免使用快速强力的摩擦方式按摩，因为这可能会损伤肌肉组织或引起肌肉剪切运动破坏血管。同时治疗师还应注意运动员是否有循环系统问题以及毛细血管脆弱或服用抗凝血药物等情况，如果患者有静脉曲张或疑似有血栓，也不应使用这种摩擦手法。

该组图显示了手掌摩擦法在肩胛骨和颈椎周围肌群的按摩顺序，在按摩时务必保持均匀的力道，平稳地推进，两边都要按到。

该组图显示了加强式的尺侧摩擦法，为了便于治疗师看见按摩主导手的位置，辅助手应该放置于主导手的前臂，其他步骤与手掌摩擦法相同。

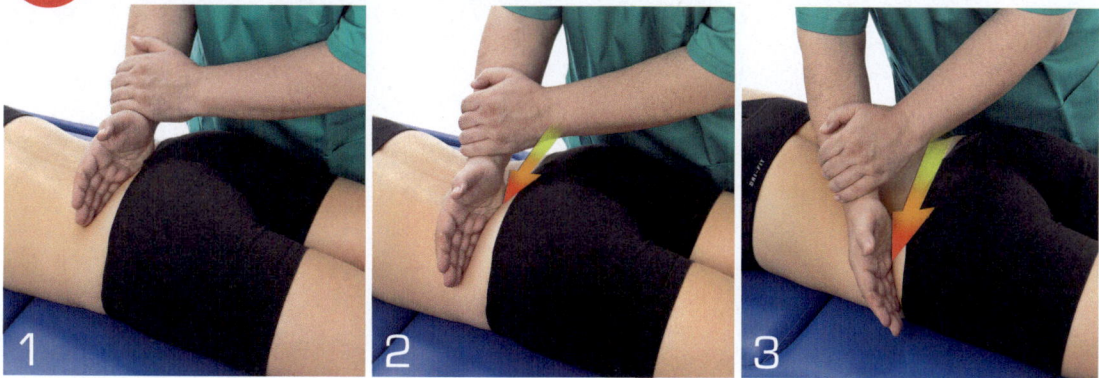

指腹、掌心揉捏法和抽吸法 ▶

该按摩手法结合了按压、移动和提拿技巧，活络组织并能横向松动各个层面。运动员多数都比较倾向于治疗师用这种按摩手法，因为依据个人需求，这种手法可以触及肌肉的不同层面。

按摩手法

指腹揉捏法在运动按摩界久负盛名。在该手法中，食指和拇指以顺时针方向转动，手掌保持悬空，不与身体部位接触。这样有利于按摩的执行，并能在活络皮下组织的同时方便作用于皮肤之上。如果用两只手，动作最好交替进行。

> 指腹揉捏法在治疗初始具有双重功能：首先它能对按摩区域进行整体探查（按摩其实就是一种检查方式），其次在完成第一阶段治疗后，它还能处理运动员的过度紧张问题。

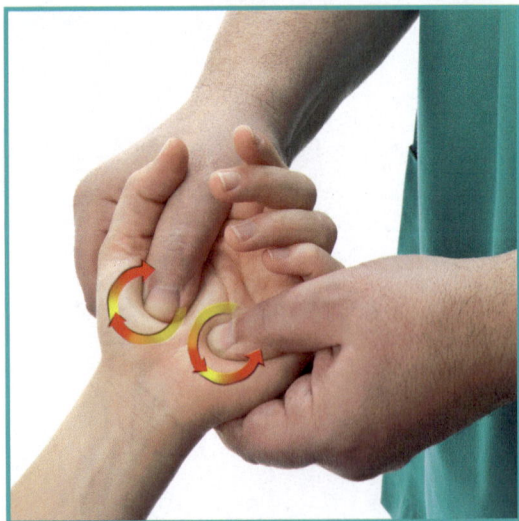

揉捏的类型

该手法的命名方式主要是以"揉捏""抽吸"加上按摩时使用的手部部位命名的，所以除了指腹揉捏外，还有以下几种类型。

① 拇指揉捏法：用拇指绕圈，在局部区域小范围画圈按摩，按摩时间不应过长，以免受伤。

② 双手揉捏法：用整个手掌和手指进行按摩，这种手法可以处理腰部和臀部的大肌肉。此技巧类似关节揉捏法，但主要利用的是指间关节。

③ 掌心揉捏法：对组织进行挤压动作。

④ 掌心抽吸法：对运动劳损和负荷过重情况非常有效。

使用准则

所有的动作都可以用一只手完成或以另

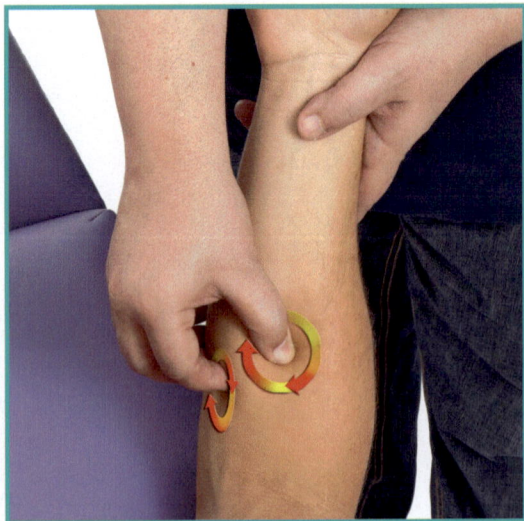

▲ **使用拇指对手部进行揉捏法**
治疗师用双手的拇指握住运动员的手掌，并利用拇指的指腹在对方的鱼际部位进行深度揉捏，力道逐渐加强且应交替进行。

▲ **在前臂处使用指腹揉捏法**
将运动员的手部放置于按摩床上，前臂半屈内面朝上，或者最多成 90 度的直角屈曲。治疗师的一只手握住运动员的手臂，另一只手进行揉捏，或者双手同时揉捏皆可。这种手法可以治疗充血，同时也能松弛紧张的肌肉。

一只手作为辅助加强使用。辅助手可以叠放在正在按摩的主导手之上，增强力量，同时也能避免主导手过于劳累。

按摩功效

- 活化和改善血液和淋巴循环，有助于血管扩张和氧合作用。
- 避免皮下组织和脂肪组织出现粘连，有助于排出新陈代谢的废物。
- 促进全面放松。
- 对治疗肌肉挛缩非常有效。
- 为长时间高强度的训练做好准备。

禁忌

这些手法是用来缓解剧烈运动后的高度紧绷状态的，但效果是阶段性的，而非一劳永逸。若不希望旧伤反复，那么按摩则应避免给运动员增加痛苦。该手法不可应用于神经丛或淋巴结部位，运动员有静脉曲张或疑似血栓的情况时，治疗师也切忌使用该手法。

按摩指征

这些揉捏手法可以改善循环，减少肌肉紧张或挛缩，处理皮肤粘连问题。同时还有助于缓解疲劳，促进睡眠和达到放松的效果，并能有效治疗延迟性肌肉疼痛（DOMS），减少或消除敏感性疼痛。

▼ **手掌抽吸法 / 大腿揉捏**
运动员仰卧，双腿分开。该手法可以在剧烈运动后，缓解大腿的充血现象。手掌的动作必须是一致的，无须用到拇指。这种方法类似于轻柔摩掌法。

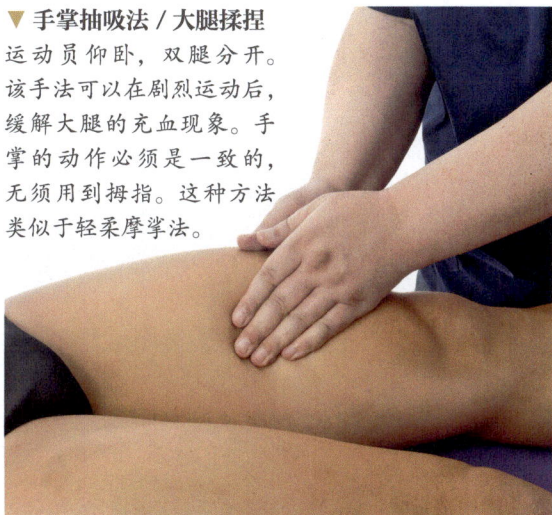

▶ **在手臂处使用掌心揉捏法**
运动员的手臂弯曲举起，治疗师一手握住其前臂，一手按摩肱二头肌。治疗师可以采用手掌的大小鱼际肌对肌肉组织进行深层揉捏。

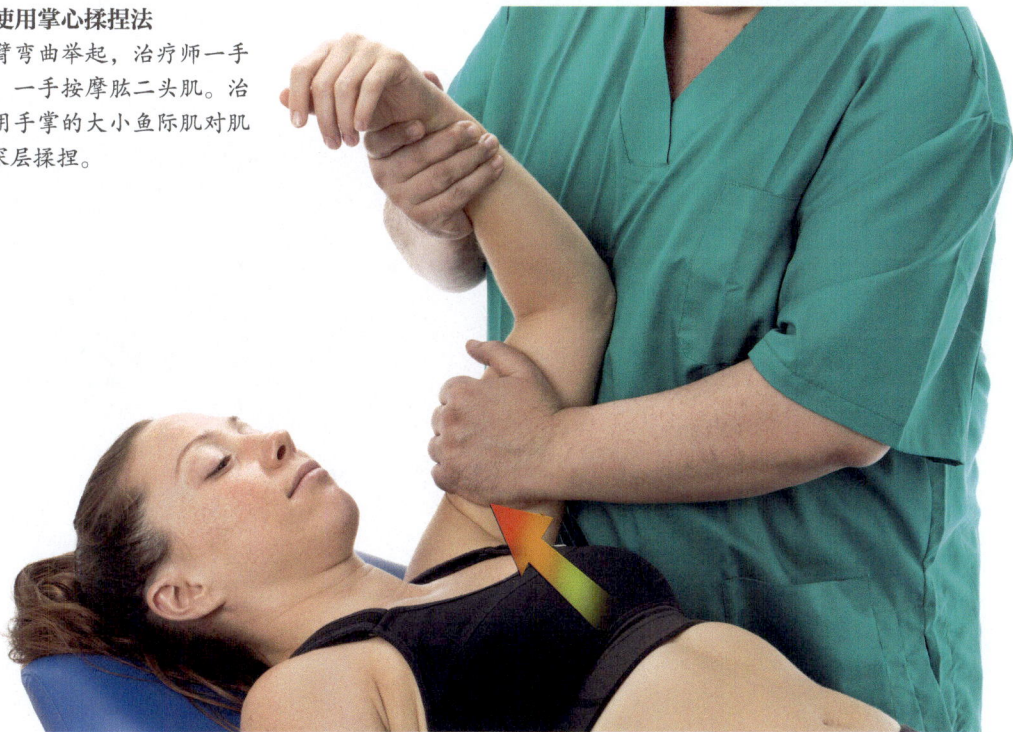

提拿滚动法 ▶

该手法主要是以提拿的技巧使筋膜外层移动，因此我们称其为"提拿滚动"。在按摩时，治疗师可以借此评估表皮的密度、品质和对疼痛的耐受度。因此，作为对皮肤测试的手法使用时，按摩速度要较为缓慢，这种测试我们称为"奇柏尔皮肤测试法"。

按摩手法和提拿的类型

根据所需效果，提拿滚动法有两种模式。

第 1 种是用两只手的拇指和其他手指的指尖捏起皮肤的褶皱，向上略微提起，提拿的程度以不造成疼痛为宜，让皮肤保持自然的波浪状。

第 2 种是利用拇指和食指捏住待按摩部位，食指同时进行（持续有节奏的）牵引或扭转动作，带动皮肤内层向不同方向移动。

在采用提拿滚动法之前，治疗师应首先评估运动员皮肤的弹性和耐受度。在测试时，不能使用任何的按摩油或乳霜，应力道轻柔，速度缓慢。

▼ 利用提拿滚动法按摩眉骨部位，时刻检查肤质和松动程度，并同时评估皮肤的敏感度。图中展示了治疗师的按摩流程，首先捏住待按摩部位，然后轻轻拉起，最后进行移动。我们可以将这种方式运用到对身体任何一个部位的按摩上。

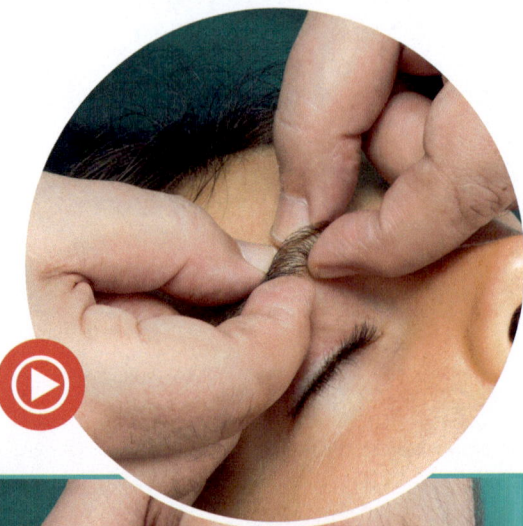

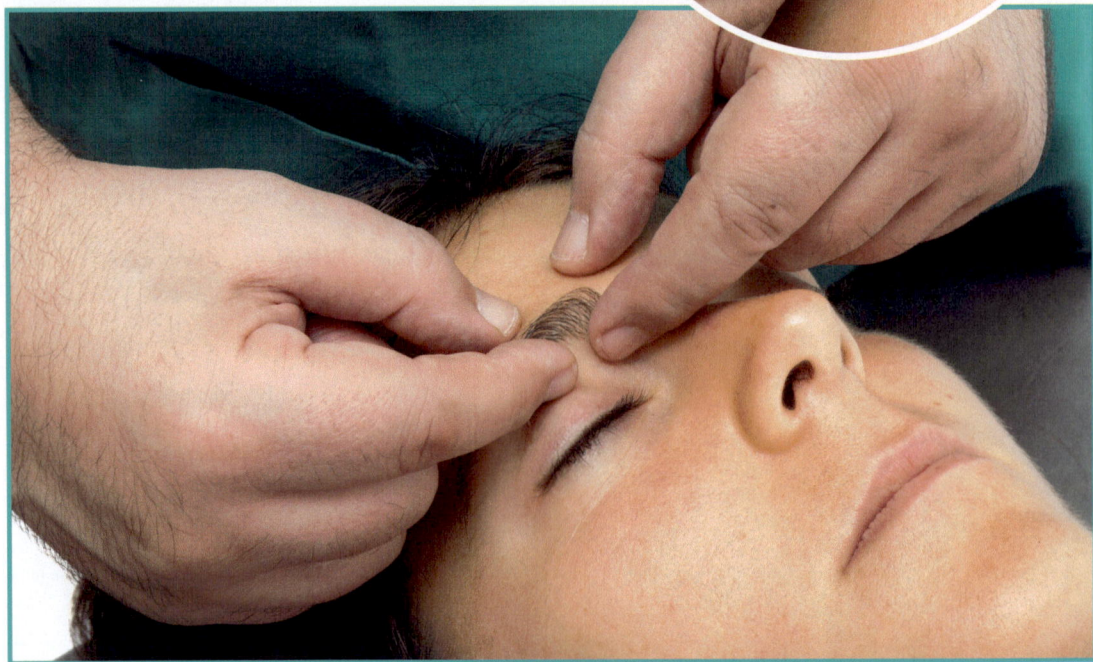

▲ 作用于背部的提拿滚动法能触及皮肤的筋膜组织。根据按摩的部位，治疗师可以决定提拿的厚度，重点是手法要让人感到舒服，在对方能够承受的痛感范围内进行提拿滚动。

使用准则

在上页所提及的两种提拿滚动模式下，皮肤组织都应保有一个较为舒适的张力，从而促进表层的滚动。该手法可用于局部区域或更大范围，并且在上述两种情形中，治疗时都能选择是否进行皮肤的牵拉移动。为了使体验更加舒适，治疗师可以用其他手指的指尖来支撑手部。

按摩指征

这种多功能的手法可以帮助治疗师探查和治疗皮肤组织出现的问题，缓解表面筋膜挛缩或过度紧张情况。同时它能有效处理皮肤粘连，对已产生的疤痕也有很好的修复效果，并且还能松动过多的脂肪组织。

按摩功效

- 推动循环反应，提高皮肤温度，激活细胞新陈代谢。
- 降低肌肉紧张。
- 降低对疼痛的敏感度，尤其适用于伸展和消除粘连，预防皮肤的结缔组织问题。

禁忌

避免体温过低时使用，否则会加剧疼痛。同时还要注意毛细血管脆弱的情况，对于敏感肌肤或患有急性炎症的运动员，也应小心使用该手法。

按压法 ▶

按压法直接接触被按摩区域，力道平稳，逐步递增，但不应过长时间地作用在同一部位。

按摩手法

手部放松，以便触诊。按压的作用不可偏移，因此最好不要使用按摩油或乳霜。按压的力道要平均分布，且力度应持续稳定。大面积按摩时，治疗师的手部应与运动员的身体呈垂直角度进行下压；小范围按摩时，下压角度则应有一定的倾斜。

按压法的类型

根据需要按摩的部位和运动员的肌肉张力，治疗师可以使用不同类型的按压法，如

我们建议治疗师在运动员结束高强度训练时就使用该按摩手法按摩，因为它能有效放松紧绷的肌肉，起到舒缓平静的作用。但是针对骨质疏松的情况，运用此手法时则要格外小心。

利用手的不同部位，拇指、手掌、拳头（支撑近端指骨或手指半屈，使用掌底部位）、前臂（前臂较为柔软的部位和尺骨）或肘部都可作为施力的"工具"。同时这个动作都可以利用另外一只手叠加，从而加强力道。

使用准则

手法间的过渡要缓慢平稳，根据呼吸的频率调整压力，呼气时可以略微加大压力。

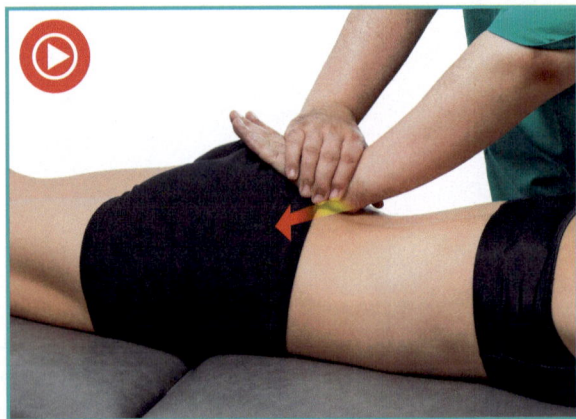

◀ 手掌按压
图中展示的是直接作用于骶骨区的手掌加强按压法。该手法除了对骶骨本身大有益处外，还可以放松下背部的过度紧张感。

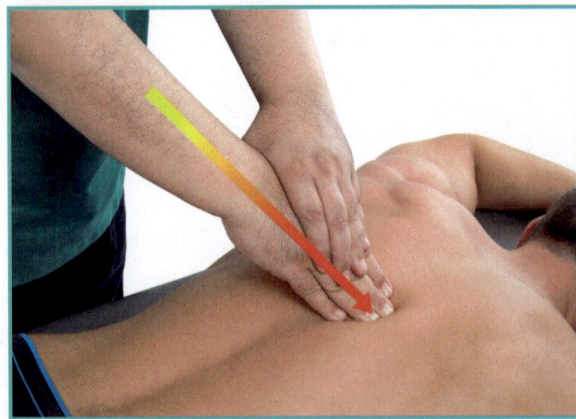

◀ 手指按压
图中展示的是治疗师利用手指的指腹，对后背的肌肉进行按压。每次按压需停留一会儿，但力道无须增加，直到手指感觉该处肌肉逐渐舒缓下来为止。

如果是单手模式（起到放松镇静效果），建议按压的时长应该是 30 秒~1 分钟，但如果是用于田径赛事期间的按摩，则需要更快的节奏，每个动作大概只有 4~6 秒的时间。至于赛前热身，整个流程就更加简短，一般 1~2 秒就要完成一个按压动作。

按摩指征

该手法能在一压一放的过程中促进静脉回流，因此可用于治疗循环系统疾病。按压四肢时，压力应由远及近逐步施加。它同时还能抑制过多的肌肉张力和减少肌肉挛缩，并且有助于帮助运动员缓解赛事前后的焦虑情绪。

禁忌

应避免在受损的关节部位或软组织处使用按压法。如果有迹象表明胸部有病变或者任何肋骨看起来有断裂的危险时，也不应该使用该手法。

▼ 手肘按压

在骶骨处，脊柱侧肌开始的地方，施加稳定和有控制性的压力。

按摩功效

■ 间断性地进行按压，能产生对皮肤表层的抽吸作用，从而促进循环。

■ 放松紧张的肌肉，起到镇静和止痛的效果。根据按压的节奏，可带动运动员的状态或全面放松运动员。

▼ 拳头按压

按压臀部梨状肌时，要保持一定的斜度，重要的是去感受深层组织的拉伸，帮助运动员消除疲劳和紧张感。

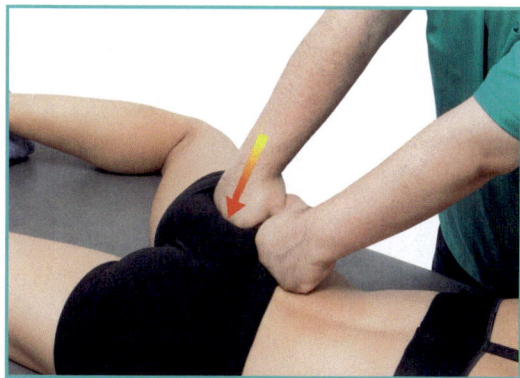

推压法 ▶

为了达到治疗结缔组织（深层治疗）的目的，现今业内已有许多切实可行的方法。由于深层组织对热、压力和拉伸都会做出反应，因此我们从目前繁多的手法中，选择了推压法进行详述，因为推压法能通过摩擦加热肌筋膜组织，一压一推之间又进行了拉伸。

按摩手法

以下介绍的按摩手法能帮助我们触及肌筋膜组织。首先治疗师应确保运动员处于放松状态，然后将手轻轻地放在待治疗的部位。仔细观察他们的呼吸，让手缓慢从容地探索受到牵制的部位。一旦发现问题所在，就可以停留于此处进行按摩。当感觉到肌肉的紧绷感在逐渐消散时，则可以慢慢撤回双手。这个过程可以一再重复，用以诊断感到僵硬的部位。

推压的类型

你可以使用手的不同部位，如指关节（食指、中指和无名指的指关节）、拳头（伸展手指，不要贴近掌心，拇指放松）、前臂（柔软区域或尺骨）或肘部。

使用准则

为了不压迫组织结构，采用推压法时，手臂应与身体保持一定斜度。虽然看似是手臂和手出力，但其实真正的力量来源于整个身体，因此治疗师要调整好身体姿势，平均施力。

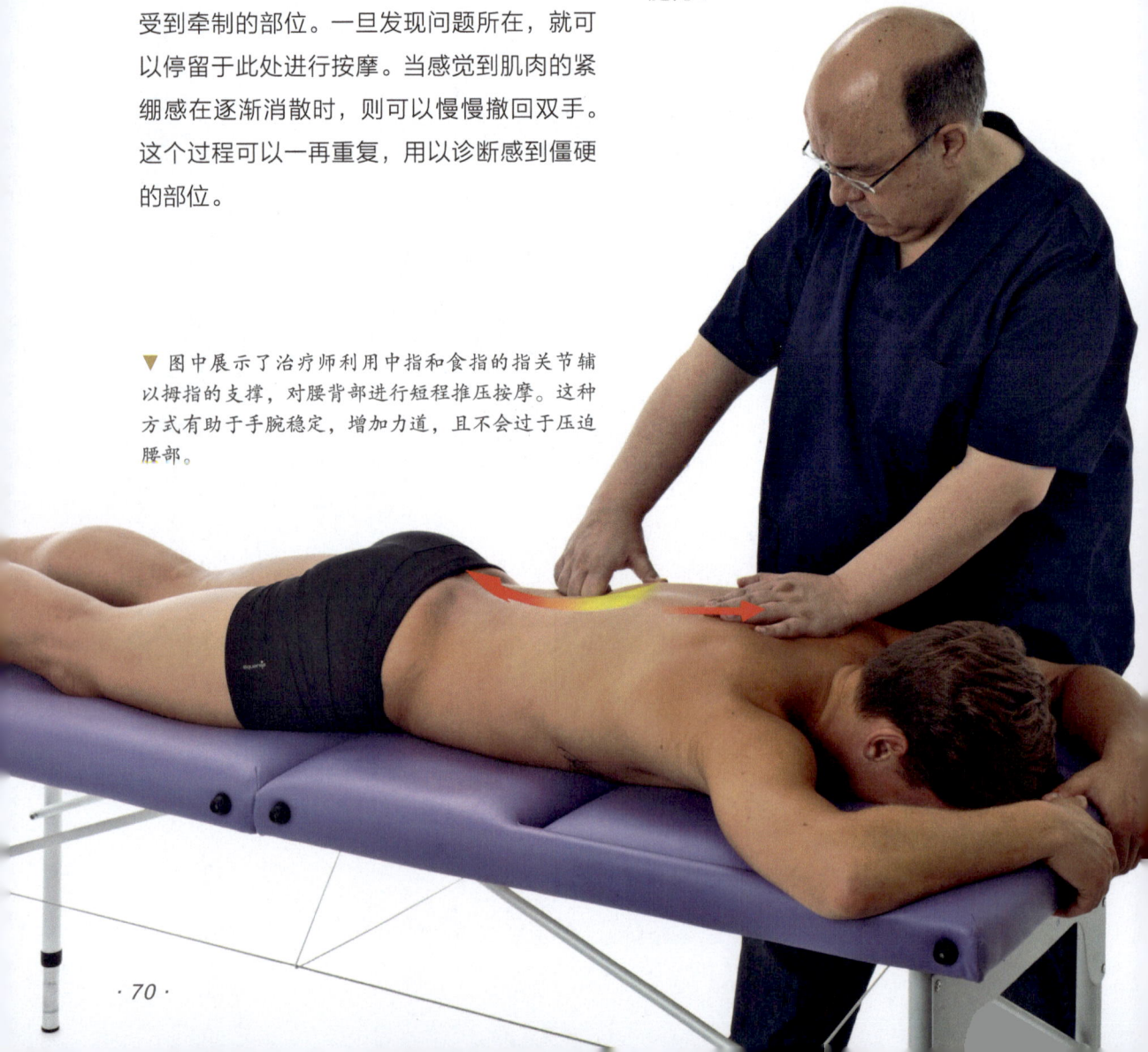

▼ 图中展示了治疗师利用中指和食指的指关节辅以拇指的支撑，对腰背部进行短程推压按摩。这种方式有助于手腕稳定，增加力道，且不会过于压迫腰部。

按摩指征

推压法能有效调整组织张力，处理肌筋膜层面的紧绷感或姿势不良现象。在动作受到限制时，或在运动员对疼痛特别敏感时，也可适用推压法。

如果观察自主反应有异常现象（如出汗增加，皮肤颜色突然变化等），建议暂停按摩，让运动员的身体自行调整稳定，并适应这些变化。

按摩功效

- 帮助运动员调整身体结构，增加组织灵活性，改善姿势和提升动作的流畅度。
- 对深层组织按摩有助于缓解肌筋膜的疼痛。

▲ 运动员侧卧，一条腿屈膝，另一条腿放置于按摩床进行伸展，拉伸组织。治疗师在运动员身后，一只手拉住运动员的肩部，另一只手施加压力，推压腰臀部紧张的组织。

▼ 这个姿势可以按摩到腿部后方的肌肉组织，当使用推压法时，运动员可以用手向腿部腘绳肌施加压力，同时弯曲臀部，方便治疗师触及坐骨部位。

关节牵拉法 ▶

牵拉是运动按摩领域中的一项关键技术，它将纵向的牵引力施加到关节部位。它的目的是在维持关节物理结构的同时，试图对这两个关节面进行适度的牵拉，因此得名：关节牵拉法。

按摩手法

在使用前，治疗师必须考虑运动员对该手法的耐受度，以及肌筋膜组织、韧带和肌腱膜的耐受度。

要采用动态支点的原理，不要压迫血管或神经，直接针对单一关节进行牵拉。治疗师不应使用蛮力或只使用手臂的力量，而应

在脊椎处使用的关节牵拉法，必须在医生的监督下进行，其疗程短，速度快。必须强调的是，这种按摩使用不当会造成关节脱位。

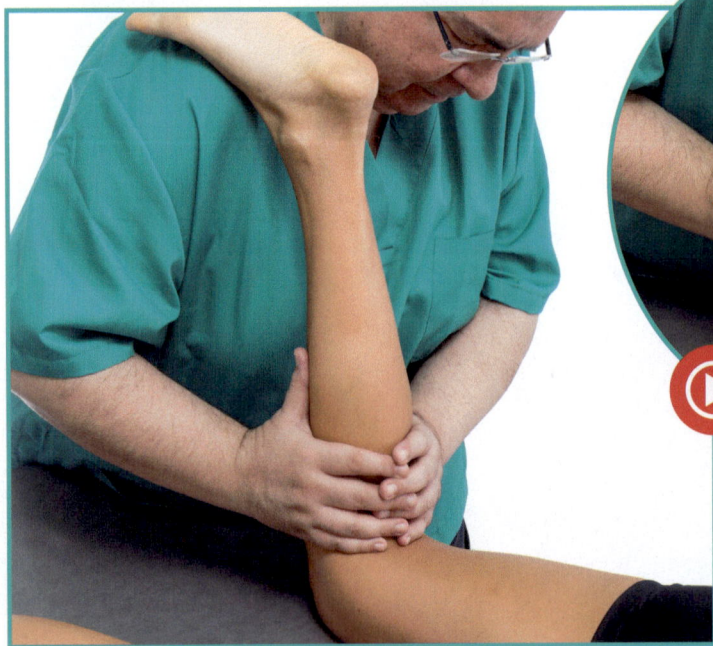

充分利用自身的体重，避免过度疲劳，导致伤害到自己的现象发生。

关节牵拉技术可以应用于全身（例如四肢），也可以部分应用于某段关节（例如踝关节）。

使用准则

上述手法主要应用于四肢，目的有两个：第一，在关节处产生减压效果；第二，松动紧绷的关节。减压的牵引力要做到缓解压力而非分离关节。相反，那些用于放松的牵引

按摩功效

- 减少关节面之间的摩擦和挤压，从源头解决关节疼痛问题。
- 促进关节软骨的发育、营养储存和吸收，维持韧带和关节囊的生理及机械特性。
- 为其他手法奠定了基础，比如关节活动法。

力则需要更大的力道，从而拉伸按摩区域，以物理性的方式分开关节面。

牵拉类型

牵拉主要利用的是重力和徒手的力道，但同时也可辅助一些相关的器具，如滚轮、护带或电磁机械等。利用重力时，治疗师要利用斜度施力，若是要借助手部的牵拉力量，治疗师则需配合位移一同进行。

徒手牵拉可以是短暂间歇性的动作，拉力逐步增加，治疗师保持牵引力几秒，然后放松，休息几秒后，再重复这个过程。

按摩指征

该手法适用于关节僵硬、关节囊和韧带收缩或肌筋膜张力过大等情况。关节牵拉法能有效缓解轻微的粘连或作为治疗肌肉挛缩的辅助手段。它还可以治疗在剧烈运动后，关节的压迫和紧缩问题（踝关节、膝关节）。

禁忌

在滑膜积液的情况下要避免使用该手法，同时还应注意的情形有：关节僵硬、关节急性发炎、软组织新伤、骨质疏松、脱臼和关节运动过度等。

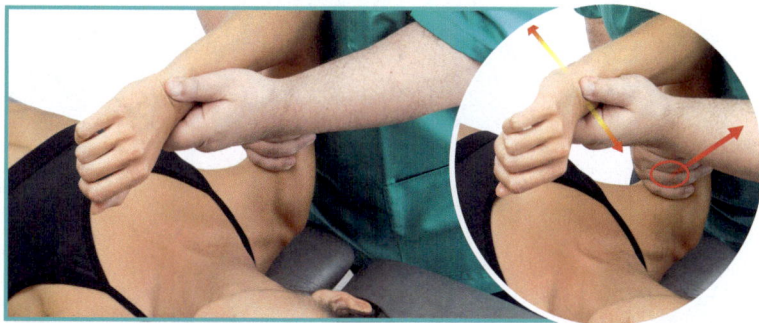

◀ 治疗师将运动员的手臂放在胸前，一只手握着前臂，另一只手抓住手臂，彼此成90度屈曲。靠近肩膀的手受到轻微的牵拉，松动关节。在治疗结束后，可以缓慢转动运动员的肩部，达到放松的作用。

▼ **增加下胸廓的弹性**

保持运动员的手臂不动，远离身体，一只手放在肘窝处，另一只手放在肋骨下方。呼气时，胸腔内压力的下降，手臂向内收紧。在整个按摩过程中，重复几组这样的牵拉以达到预期效果。胸部上方和中部的牵拉可以通过更换支撑手的位置来实现。

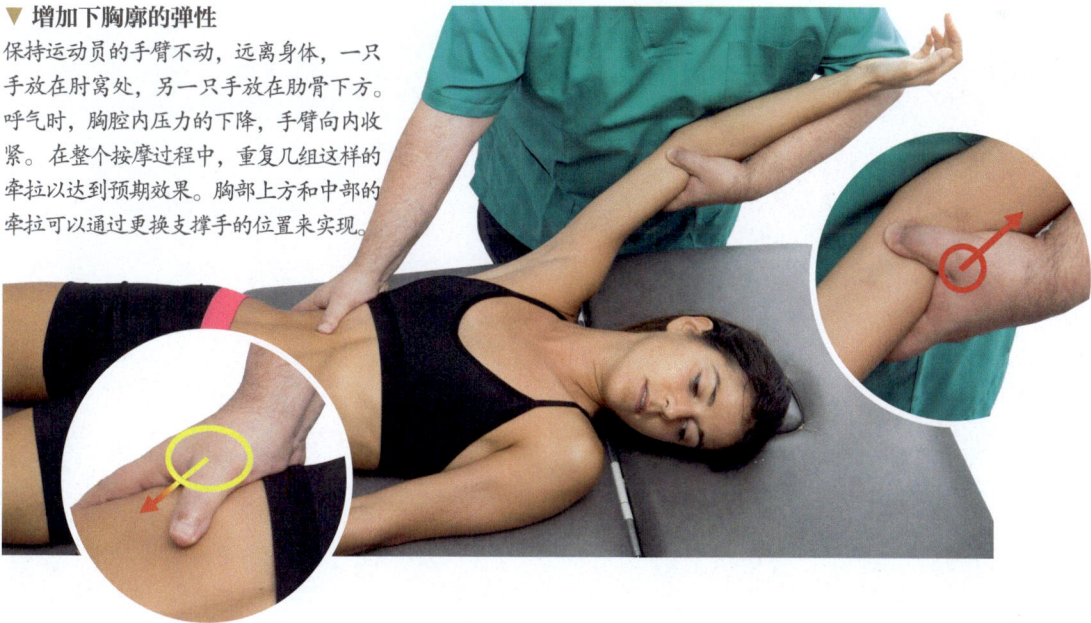

关节活动法 ▶

关节由许多组件组成，这些组件相互连接，产生动作。关节活动法是引导及帮助关节做出最大弧度或最大活动范围内的动作。

按摩手法

关节活动法主要是利用一只手握住关节组件，另一只手进行支撑固定，然后进行关节的移动。整个过程需多次重复，速度缓慢，力道渐强，持续作用于活动受限的部位。同时，可以辅以适当的牵拉。

该手法应在充分知悉运动员的身体状况后小心使用，力道不可超过运动员能承受的极限，以避免肌肉挛缩或受伤的风险。使用关节活动法时，要小心关节回弹，应重点作用于问题关节，屈曲和牵引相互结合，轮番进行。

关节活动法的类型

该手法一般分为主动活动和被动活动两种。被动活动指的是治疗师无须运动员帮忙，自己即可主导整个按摩流程。主动活动则是由运动员自己来完成动作。虽然两种类型彼

▶ **掌骨关节活动法**
运动员将手臂放在按摩床上，治疗师用双手握住运动员的手，慢慢地触及每个掌骨，进行手心—手背和手背—手心的反复按揉。这种手法能帮助运动员缓解长时间不动后的僵硬压迫感。

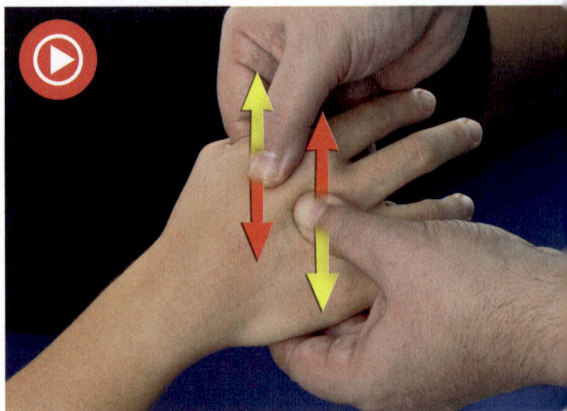

▼ **肩胛骨带被动活动法**
运动员侧卧，肩胛骨进行前后上下的移动。图1为内外倾斜或摆动运动，图2为肩胛骨肋面的运动。

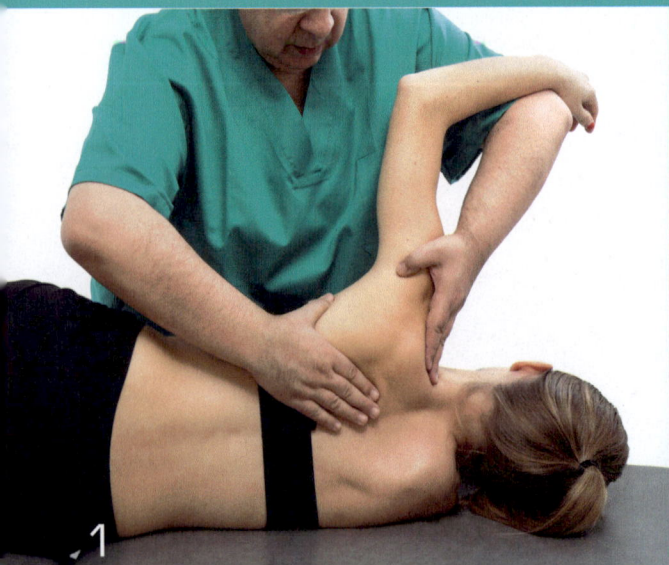

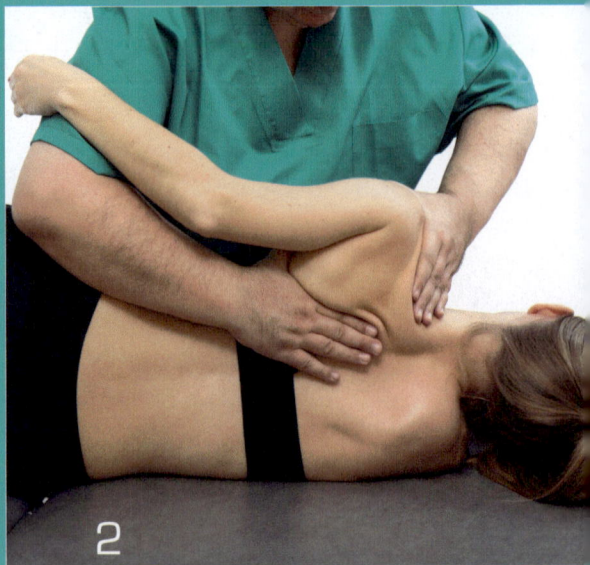

此之间可互相搭配使用，但本节将着重介绍被动活动法。关节牵拉法也可被视为一种被动式的关节活动。

使用准则

当我们需要增加关节活动度，或是缓解关节僵硬问题时，关节活动法是很好的选择。它能拉伸肌肉或肌筋膜群，减少挛缩现象的发生。

按摩指征

该手法可用于治疗循环不畅、关节和肌筋膜活动异常或受限，包膜韧带收缩，姿势问题，中度伤后术后关节运动过度和粘连问题。

每个关节都有自己的活动度，因此要分关节单独评估，并与身体另一侧的镜面关节进行比较。此外，关节的活动度取决于多种因素，如年龄和性别，以及现有的损伤、疤痕、活动减少等。

按摩功效

- 帮助治疗师触及许多关节以外的器官结构。
- 提供抽吸效应，增加循环和加强肌肉的机械能力。
- 在损伤限制了关节功能的情况下，重复之前的动作能促进关节活动并修复动作印象。能再次做到之前受限的无法做到的动作，可以大大提升运动员的士气，并更加切实相信该手法的益处。

禁忌

除去按摩的一般禁忌症外，该手法还不适用于急性炎症、近期骨损伤或骨脆性等病例，同时不适合作用于软组织新伤之上。

▶ **被动式髋关节活动法**
运动员的膝盖弯曲，治疗师用一只手抓住小腿（握住脚踝），另一只手用拳头轻轻按压臀大肌部位。接着活动运动员的腿部，使其尽可能以最大的弧度运动。这种姿势可以根据运动员需求，加强髋关节内旋或外旋时的活动度。

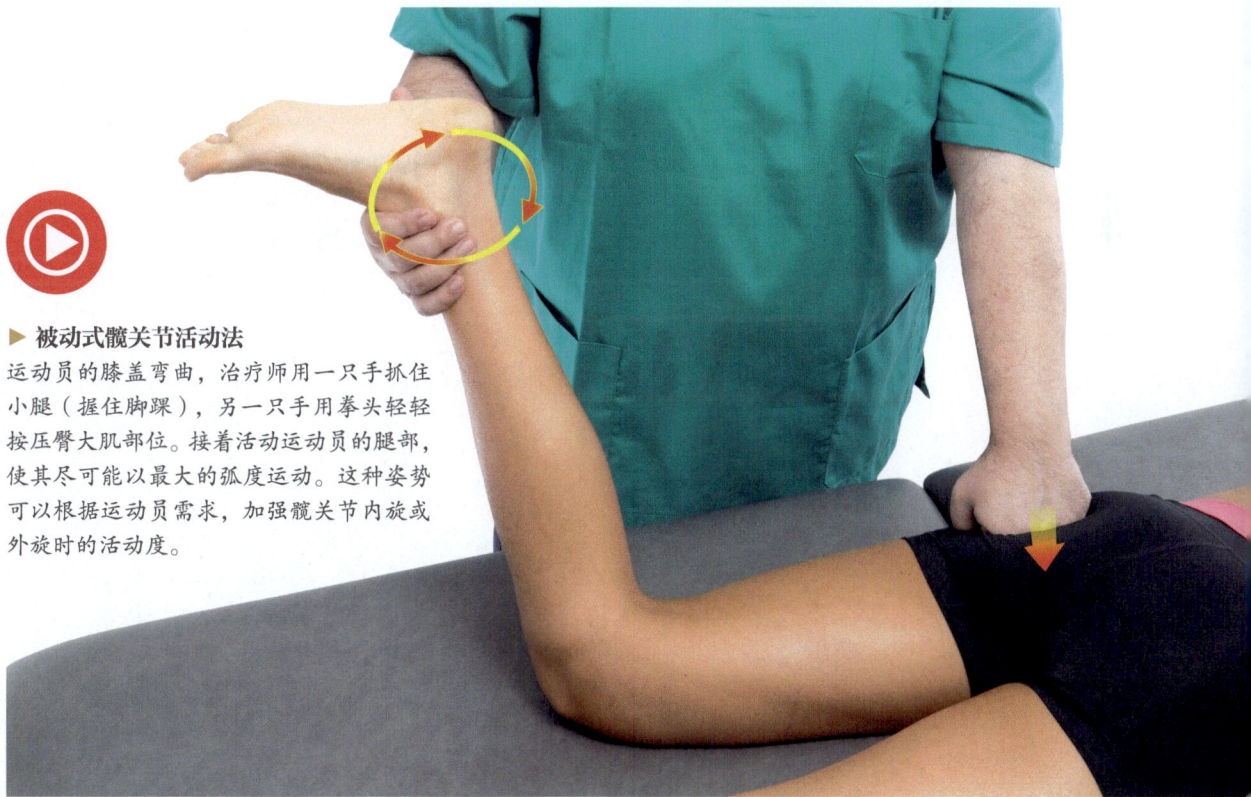

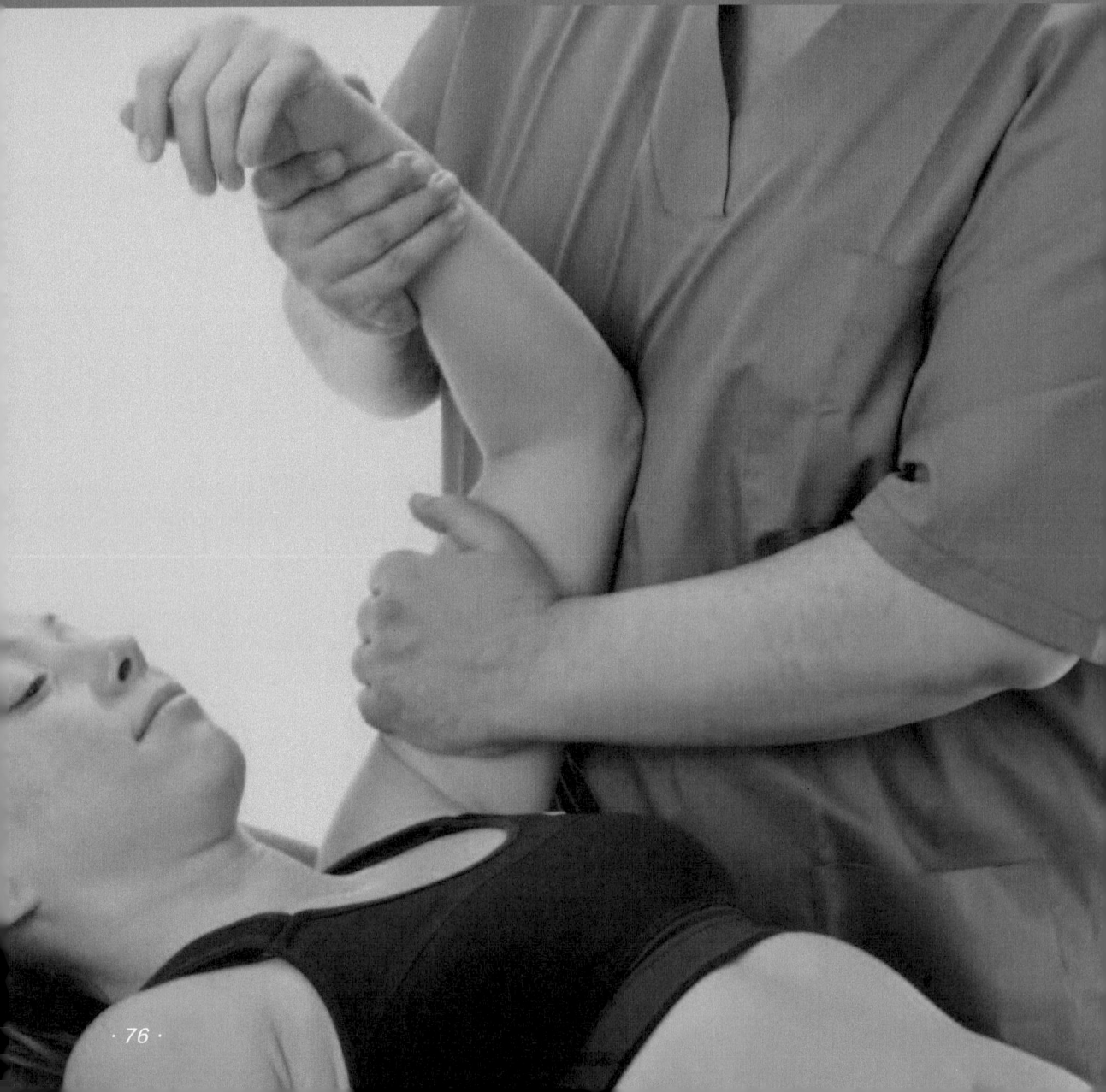

第 3 章
肌筋膜按摩法

　　运动员的物理治疗技术，尤其是运动按摩技术的发展，与解剖学和生理学的发展相辅相成，科学研究和对技术的重新定位也推动了运动按摩技术的全面发展。这种纵观全局的远见使运动按摩早已不满足于传统的肌肉按摩，而是倡导将肌肉和结缔组织联系在一起。为此，我们需要了解身体的整体系统，明白人体的肌肉骨骼系统其实就像一个公式，在这个公式中，肌肉组织、结缔组织还有神经组织彼此相连。我们将这个公式称为"神经－肌肉－筋膜链"或简称为"肌筋膜链"。这些链条可以帮助我们全面理解、分析和处理人体的姿态行为，有利于我们以整体的视角来看待肌肉的补偿作用和人体动作。

肌筋膜综述

　　"肌筋膜"来自理论建构，可以帮助我们系统全面地探索解剖学和生理学。简而言之，肌筋膜就好似一个公式，充分展现了肌肉组织和结缔组织之间的相互依赖关系。这两种组织虽然有着共同的胚胎起源，但一直以来我们都是分开研究这两种组织的。将二者结合起来有助于我们摒弃单一的分段分析法，将肌肉看作一个更加完整有效的系统。"链"一字表示的就是物体之间相互连接，环环相扣，并不断延续。这样的组成使我们不仅会关注身体构成的每一个元素，同时也不会忽视它的整体性。肌

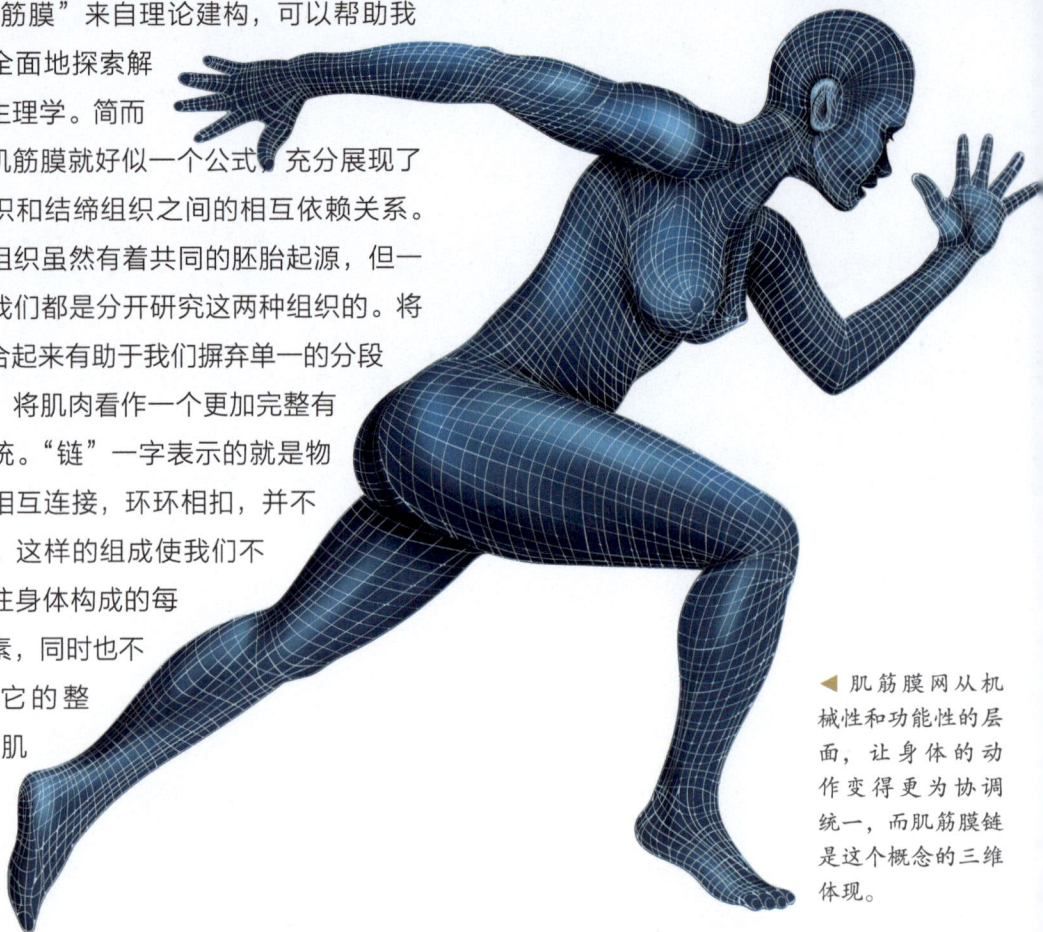

◀ 肌筋膜网从机械性和功能性的层面，让身体的动作变得更为协调统一，而肌筋膜链是这个概念的三维体现。

▼ 这张解剖图显示了结缔组织在身体表面和深层组织之间的衔接点，它们互相结合，给身体各个部位传递移动的能力和张力。

筋膜纤维网

筋膜的微血管

肌肉纤维

筋膜链很好地为我们呈现了这样的"整体运作"概念，从中我们看到了神经肌筋膜和身体不同系统互相协作，成为一个有机的整体，促成人体的每一个动作。我们所进行的任何活动，不仅活络了自身的肌肉组织和关节，还牵动着内部的静脉、动脉、淋巴系统、神经系统和内脏等，体内所有的结构都和无处不在的肌筋膜紧密相连，息息相关。

前表链

后表链

体侧链

前螺旋链

后螺旋链

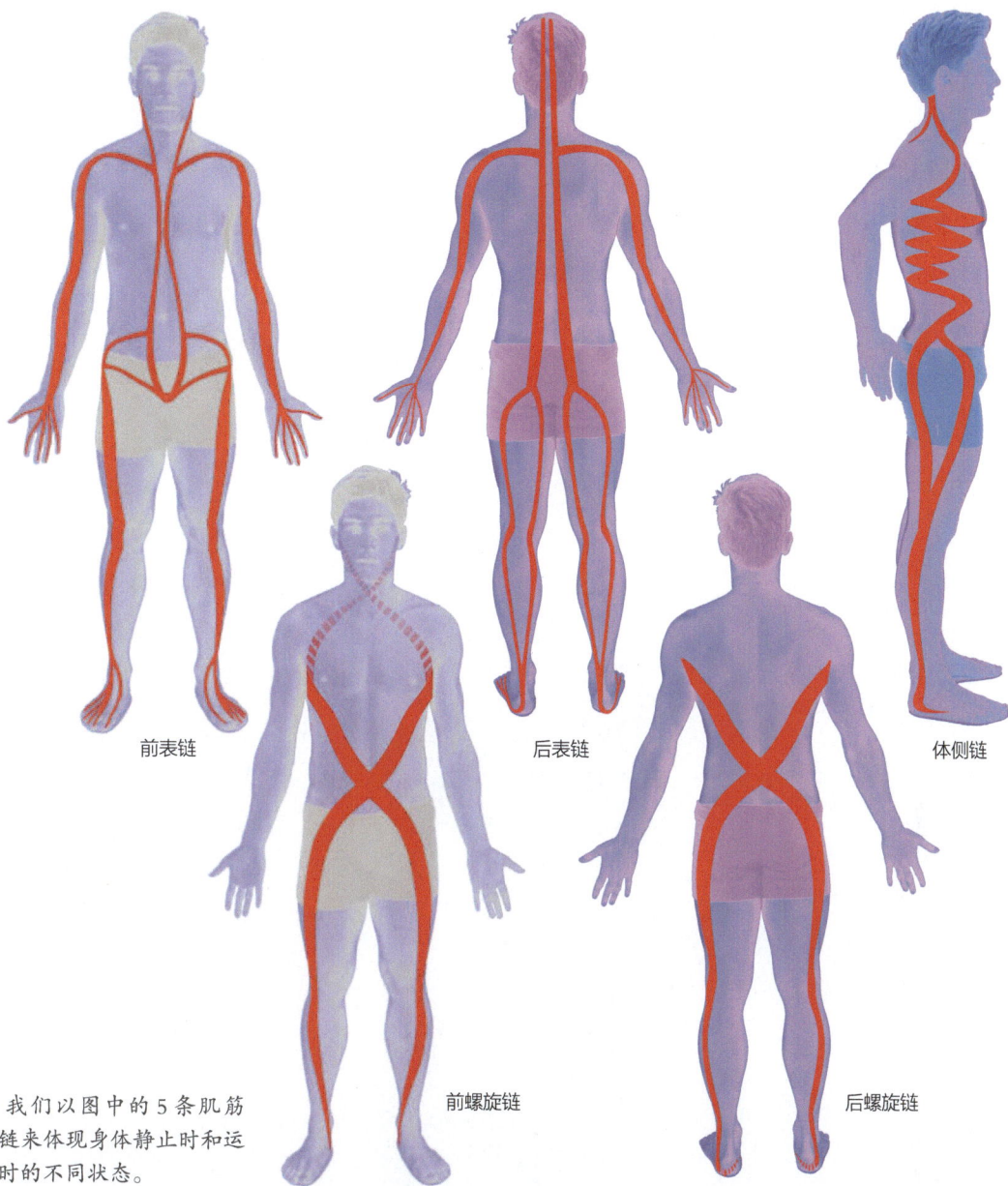

▶ 我们以图中的 5 条肌筋膜链来体现身体静止时和运动时的不同状态。

体格解析和按摩治疗的 5 条肌筋膜链

肌筋膜链让我们开始将身体看作一个有机的整体，肌筋膜网络详尽展示了人体的结构和功能。

肌筋膜链帮助我们解读自己的身体，从中我们可以了解到自主系统的相关信息，也能发现某处肌筋膜受压过大的问题，同时还能找到哪里有缩短的组织，以及哪里产生了补偿性的运动模式等。此外，它还解释了动作受限的原因，治疗师能够利用肌筋膜链制订合理的治疗方案，从而处理肌肉骨骼疼痛的问题。

本章将重点详述 5 条肌筋膜链：前表链、后表链、体侧链、前螺旋链和后螺旋链。我们将示范如何利用这些肌筋膜链进行有针对性的按摩，治疗受限的组织结构，修复整体动作和功能，消除疼痛，达到徒手按摩的预期疗效。

前表链解剖及概览

负责身体屈曲的肌筋膜链

前表链贯穿身体的整个正面，从脚趾背一直延展至头骨，它和后表链一起起到维持身体矢状面稳定性的作用。这里所指的矢状面是将身体分为左右两个对称的部分，因此，在本页中我们会提及左右两条前表链。

前表链的作用是避免人体后倾，垂直位移能激发前表链的调节能力，前表链会共同作用产生张力。前表链与后表链共同负责矢状面的运动，虽然执行的是相反的动作，但依然能相互关联和协调工作。

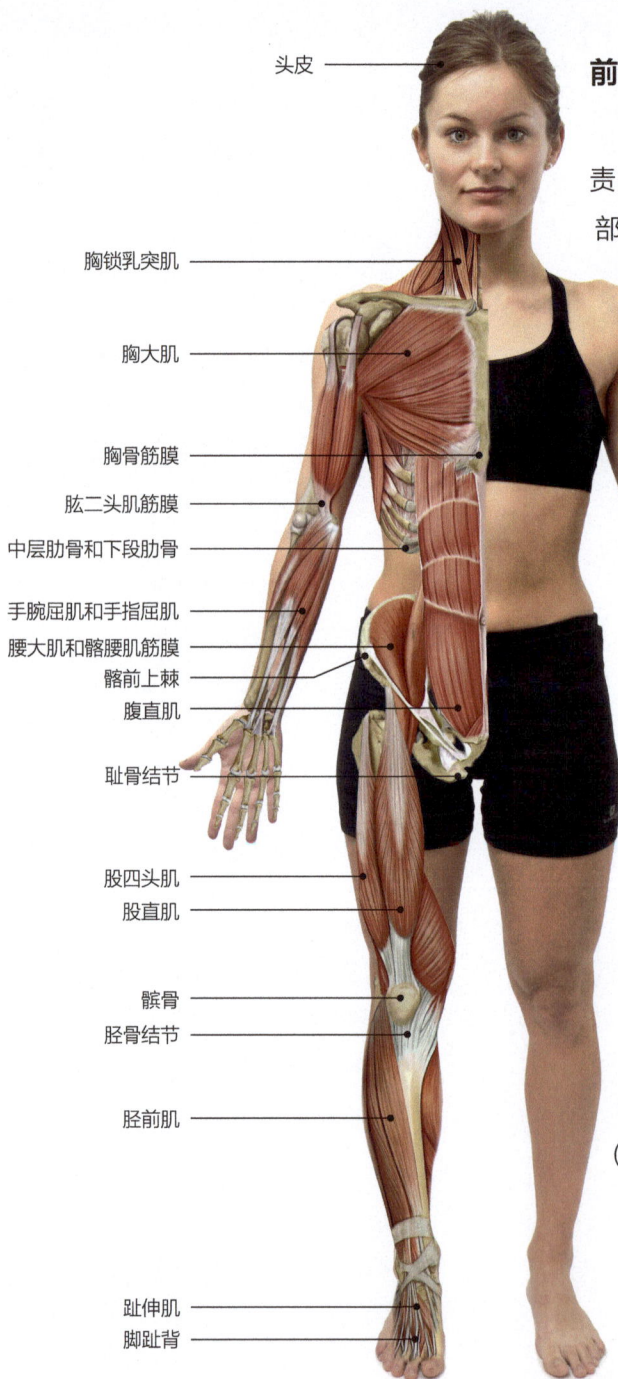

前表链的功能

从头骨的最上端开始，前表链负责头部、胸部和骨盆的屈曲。由于腹部肌筋膜的张力，前表链还负责膝盖的伸展，同时具备防御功能，保护腹腔中的内脏。

腹直肌能抬起骨盆或使胸骨向肚脐方向下降，所以我们在屈曲时可以选择腹直肌任何一端作为固定点。

前表链能够完全伸展，以便舒展或拉伸躯干，以及完成膝盖、脚踝和脚趾的屈曲。

我们走路时双脚前后交替的动作充分体现了前后表链的自我调节活动。例如，脚掌着地后迅速抬起，或膝盖和臀部的屈曲都是很好的例子。前表链的活动最能体现肌筋膜的张力（快速收缩的纤维）。

头皮

胸锁乳突肌

胸大肌

胸骨筋膜

肱二头肌筋膜

中层肋骨和下段肋骨

手腕屈肌和手指屈肌

腰大肌和髂腰肌筋膜

髂前上棘

腹直肌

耻骨结节

股四头肌

股直肌

髌骨

胫骨结节

胫前肌

趾伸肌

脚趾背

◀ 前表链中不同肌筋膜组织之间彼此关联，带动着身体正面从脚趾背到头骨的运动。

运动员前表链的补偿作用

疾病和伤痛可能导致身体正面各个部分（特别是从头部到骨盆）之间过度紧缩和贴近。

在拳击等训练项目中，防守姿势需要脊柱略微弯曲，从而将上肢收紧在胸前。这种姿势，包括出拳时的动作，会造成前后表链无法互相补偿，导致疲劳和失衡，从而产生组织异常缩短和姿势不良现象。

检测补偿作用

最常见的前表链缩短模式是肩胛骨带歪曲。患者颈部前倾，肩膀屈曲，同时胸部无力，好像泄气的气球一样耷拉着。

由于胸肌、胸锁乳突肌、上斜方肌和肩胛提肌的肌筋膜组织缩短，触诊时会感觉到这些部位的紧绷。而身体另一边的颈部深屈肌群和胸带间肌群，以及颈部和胸部的竖脊肌，则会显得疲软无力。

第二种缩短模式常见于骨盆带。患者骨盆前倾、腹部突出，腰椎向前凸起。

肌筋膜组织的过度紧张，特别是在臀屈肌、髂腰肌、股直肌、阔筋膜、短内收肌和躯干肌群等部位，体现得尤为明显。拮抗上述区域的组织也会相应地失去力量，例如腹肌和臀肌。这些情况会分别构成上交叉综合征和下交叉综合征。

有些姿势能帮助整个前表链或其中一部分进行伸展，例如跪坐在脚踝上，或摆出一些特别的姿势，如狮身人面像姿势（躯干伸展，肘部提供支撑）或拱桥式（弯曲颈部，伸展脚趾和脚踝），保持这些姿势可以扩大前表链肌筋膜的动作幅度。

动作受限

这条肌筋膜的所有部分都承受过大压力时，身体就无法自然挺直，伸展的动作也会受到限制，特别是当站立时，因为肌筋膜组织的力量是从下（脚部）向上移动的。

◀ **前表链收缩**
这个关节活动动作可以弯曲躯干和臀部，增加腹内压力，还要配合踝关节背伸和脚趾伸展。

下肢列车第一站：脚掌和小腿

手法	工具
◆ 直接按压法	◆ 指节
◆ 纵贯摩擦法	◆ 指尖
	◆ 手肘

通过对脚掌和脚踝的牵引和压迫，治疗师可以观察和评估它们与髋关节的相互关系。按摩脚背时我们经常会发现脚背外侧有一小块肉质肿块（尽管并非所有人都有这种问题），如果这种现象存在的话，它与脚趾伸肌的缩短有关。

评估活动反应

在前表链上开始徒手按摩时，要从观察脚掌、脚踝和腿部不同关节的活动性开始，评估它们在运动过程中的行为能力。

脚掌的评估

治疗师对运动员双脚的评估要基于其当场呈现的活动能力。运动员仰卧在沙发上，双腿伸直，治疗师用双手握住其中一只脚，轻轻牵拉，然后顺着足底屈曲的方向（从脚趾和脚踝周围向下拉）在每个脚趾关节和脚踝处施加压力。

评估时要针对个人的身体特性才能获得准确的结果。治疗师可以通过比较两只脚，然后决定哪些地方在按摩时需要加强，同时也可拉伸脚趾和脚背的伸肌腱，探测踝部支持带。谨记，双脚都应得到同等的关注，才可评估出硬化、僵硬或无法伸展的部位。

按照前表链的模式，下肢的运动一般从脚背开始，就好像这是山脚，治疗师可以沿着脚背缓缓向着臀部爬上去。

腿部的评估

在下肢肌腱的前部（胫前肌、趾长伸肌

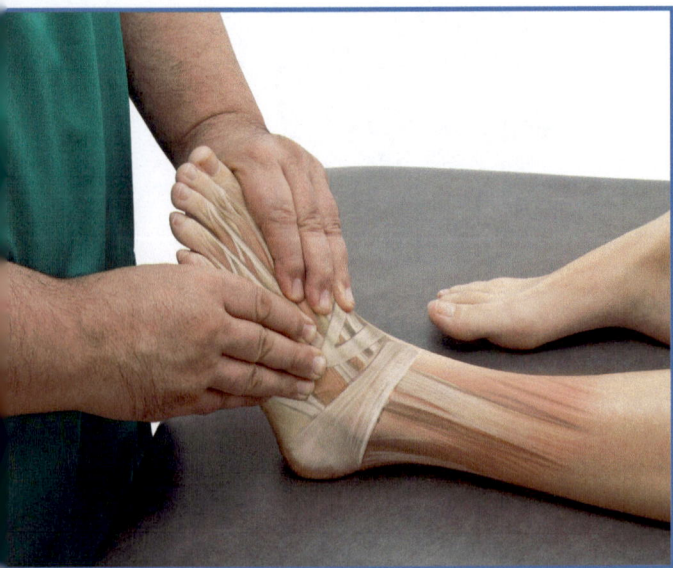

▲ **脚背按摩**
治疗师可以请运动员移动脚趾和脚背，并同时进行按摩。摩擦手法需要配合脚趾关节（趾间关节）和脚背关节（跖骨间关节、跖跗关节和跗横关节）的动作。在处理爪型趾或类似病变时，此手法效果显著。

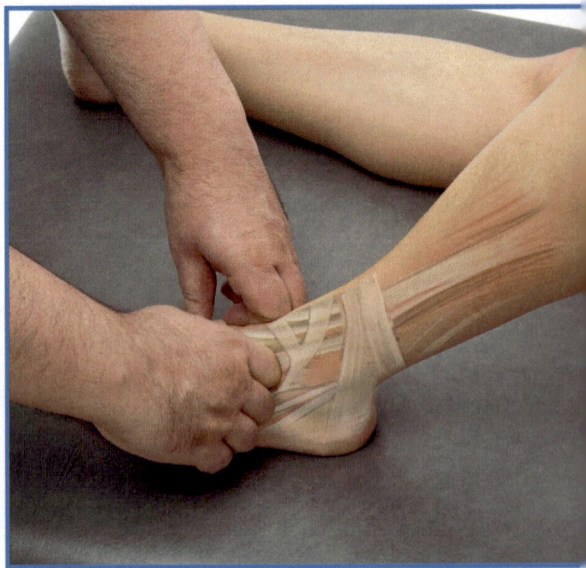

▲ **踝关节前部的支持带按摩**
这个区域的张力会限制足底屈曲动作范围，如很难踮起脚尖。在骨折、扭伤解除固定后或外科手术后的恢复期间，都可采用这种按摩手法。

和第三腓骨肌）接受按摩时，这个部位的触诊相对比较简单。当运动员抬起脚踝并将脚尖向内（背伸和内翻）时，治疗师可以通过触摸感知胫骨前肌的肌肉和肌腱。

抬高（伸展）的脚趾有助于治疗师观察拇趾和其他脚趾的长伸肌。伸肌腱藏在胫前肌下方，一直延伸至膝关节下方的突起部位（胫骨结节）。

精确解剖

内踝前的胫骨前肌（背伸）与外踝后的腓骨肌（跖屈）之间有骨间膜、肌间隔和结缔组织外膜。

这种隔膜一直延展到腓骨顶端，从外踝向上移动手指可以感觉到它的存在。如果双脚进行上下移动，就能更清楚地感受到这个空隙。

踝关节外翻和背伸的动作有助于治疗师观察到第三腓骨肌的肌肉和肌腱，但有时在一些人身上也可能看不见。

主动运动的按摩手法

大部分按摩动作是在运动员休息时进行的，有时是治疗师在进行按摩时被动地活动运动员的关节。但治疗师也可以在运动员进行一系列主动运动的同时进行按摩，这更有助于观察受限的部位。然后基于观测结果，治疗师可以告知运动员应该使用哪个动作，该如何活动身体部位，以及活动幅度可以达到多大，让运动员自己去感知、接纳和融合这些"新的"动作。

▲ 小腿前侧按摩
运动员跖曲足底以进行胫骨前部的按摩。在运动员保持踝关节和脚趾屈曲的同时，治疗师可以利用指关节按压胫骨干和腿前间隔肌肉的部位。

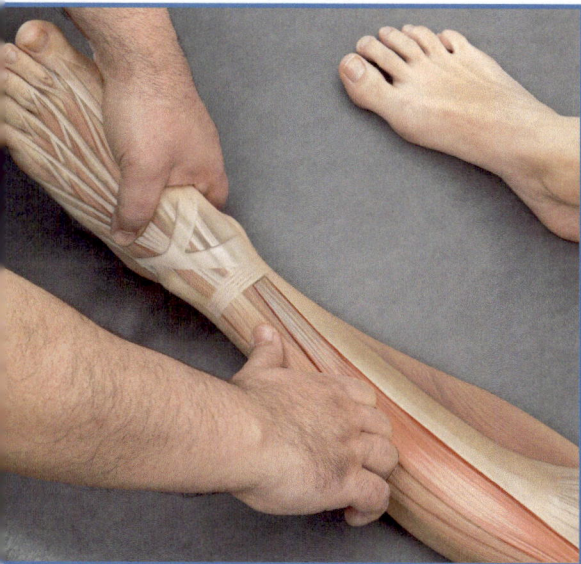

▲ 腿部按摩
治疗师利用肘部滚动进行施压，该手法适用于肌肉发达或紧绷的运动员，但要注意控制力道，不要持续作用于同一部位，小心造成损伤。

下肢列车第二站：大腿和骨盆

手法	工具
◆ 按压法	◆ 前臂
◆ 纵贯摩擦静压法	◆ 手部
◆ 振荡运动	◆ 指尖

连接部位和移动部位

在骨盆和大腿的肌筋膜组织中也可观察到前后表链所建立的紧密自我调节机制。这些组织承受着身体巨大的压力，稳固地连接在一起，维持身体的稳定，帮助人体完成站立、走路、跑步或跳跃等动作。

行走和肌筋膜链

行走时，足跟撞击地面的力部分会被软组织吸收，特别是膝关节伸肌和髋屈肌能起到缓冲作用。它们就好像弹簧一样帮助身体抵消力

的冲击，避免进一步的关节屈曲。尽管如此，在足跟接触地面的过程中，身体还是会因撞击产生凹陷。

走动时，直到脚从地面抬起那一刻之前，足底都要承受巨大的负荷。在迈步阶段，只有脚掌前部与地面接触，身体会因此稍微抬高。这些轻微的下降和上升会向相关联的髋部传递弹力。

当腿部向前迈进（大腿屈曲）时，同侧的髋骨则向后旋转。后表链预先紧缩，为下一步做好准备：脚部着地，又再次抬起。

此时，另一只脚则进行相反动作：大腿（髋部）伸展，同时同侧骨盆向前翻转，形成髋关节外翻。前表链发挥"弹簧"作用，筋膜链中同步交替的操作充分展示了身体运动所需的协调性。

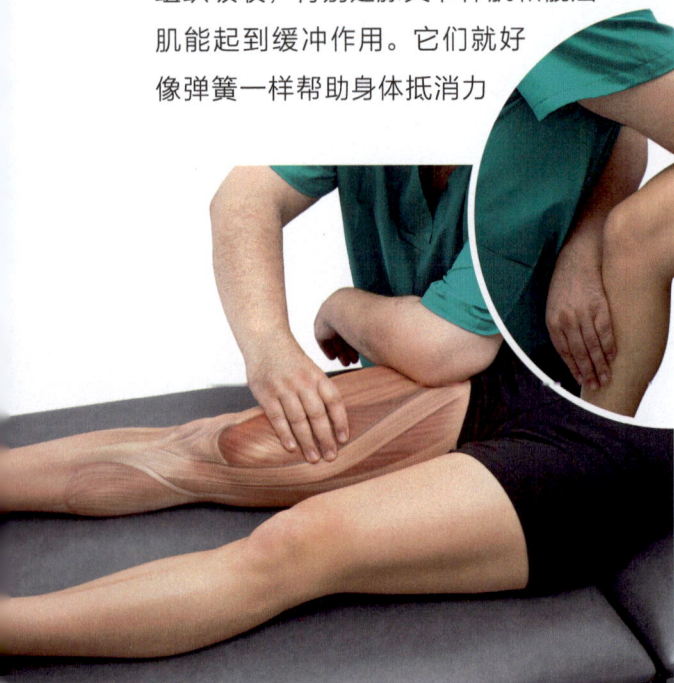

▲ **大腿侧面按摩**

运动员的膝盖和臀部伸展，治疗师把一只手放在膝盖上，利用指关节或前臂滚动运动员的大腿。也可以同时使用另一只手在大腿上做来回振荡，从而缓解压力。

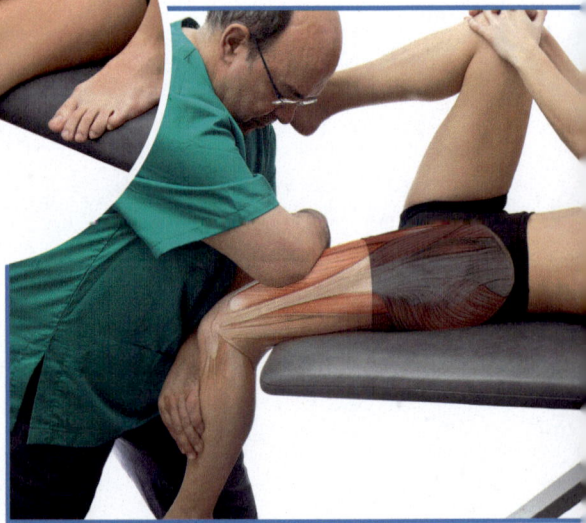

▲ **大腿正面按摩**

运动员大腿的一部分悬挂在按摩床外，臀部伸展，膝盖弯曲拉伸。另一条腿抬起，脚放在治疗师的肩膀上。该手法的作用力是向上的，此时治疗师用另一只手来回按摩运动员弯下的那条腿（髋关节外转和内转）。

髋部和腰大肌的姿势

髋部筋膜是牵制前髋位置的筋膜组织。通过观察它的稳定性，以及评估髋关节和腰椎曲度，我们可以了解一个姿势是否舒适。托马斯测试可以用来获取关于髋屈肌缩短的信息。

髋屈肌的评估

运动员仰卧，四肢平放，一条腿垂在按摩床沿，治疗师用双手握住运动员贴近胸部的那条腿。

如果悬在床沿的大腿不能和按摩床保持平行，甚至无法紧贴床沿，这可能是髋关节屈肌群紧缩的信号。

当整条腿悬在床沿外时，如果膝盖无法

注意事项

- 不要按摩肚脐以上的腰肌部位，避免损害肾脏组织。

- 避免压迫腹股沟韧带，以防损伤其中的神经。尽量不要压迫到任何你能感觉到动脉搏跳动的区域。

- 当应用该手法时，避免引起腹膜结构的疼痛，并保持按摩手指放松，利用自然的张力。治疗师可随着运动员的呼吸节奏缓慢移动手指，并时刻关注对方的感受，直到摸清所有的肌肉组织。直到此时，才可开始使用摩擦手法。

弯曲超过 45 度，则说明股四头肌的股直肌过度紧绷和缩短。

在托马斯测试中，治疗师的一只手应放在按摩床和运动员的下背部之间，以观察骨盆的位置和腰椎前凸的程度。

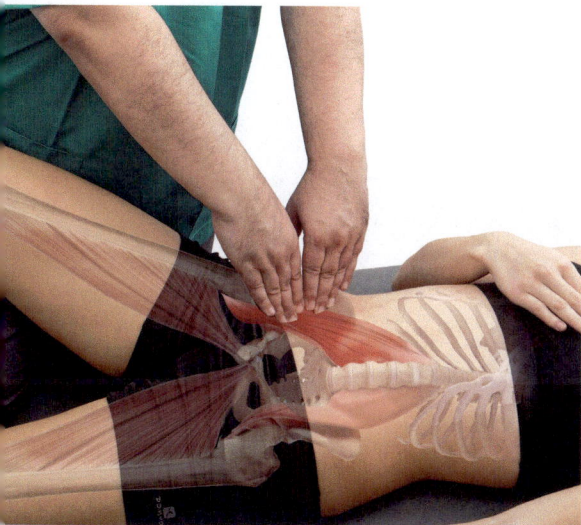

▲ 腰大肌按摩

髂肌和腰大肌位于腹部腹股沟韧带以上，徒手即可触及。此时运动员仰卧，膝关节弯曲，双脚放置于按摩床上进行支撑。如果要更好地观察肌肉，可以请运动员抬起一边的脚，这样会使腰大肌紧绷，能更好地进行肌肉的评估。另外，治疗师如果要对髋骨或髂骨进行触诊，最好慢慢地将手指插入髂前上棘。

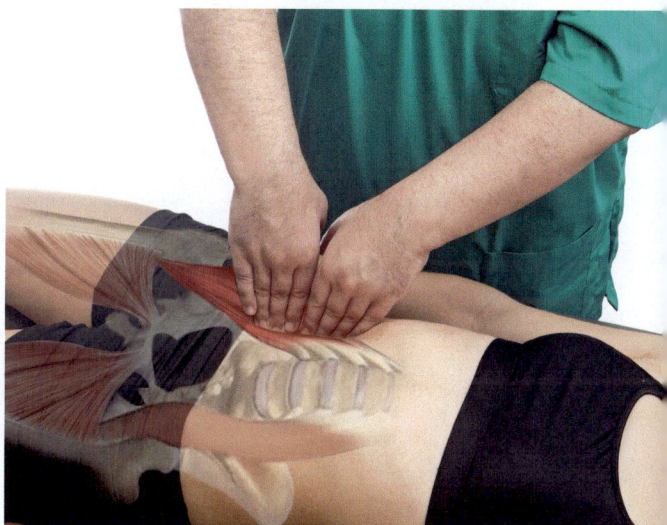

▲ 髂骨肌筋膜按摩

在平躺按摩的最后阶段，运动员可伸展腿部肌肉和筋膜。治疗师要顺着髂前上棘的侧边滚动表皮，这样手指就可以缓缓地进入髂窝。

上肢列车第一站：腹部和胸部

手法	工具
◆ 反向滑动按压法	◆ 指节
◆ 按压法	◆ 指尖
◆ 纵贯摩擦法	

注意事项

避免按压腹部区域中能感受到动脉脉搏的部位，如降主动脉。治疗师可利用手法触碰这些部位，但绝不可施加压力。

在超重人群中，深层组织的压力会导致呼吸困难和腹部后缩（骨盆后倾和腰椎屈曲）。脊柱伸展运动（例如"狮身人面像"姿势等）可拉伸缩短的腹部筋膜，同时，还可以在伸展中加入摩擦动作和揉捏手法，使这些技巧彼此融合。

连接区

腹部连接着上下半身，双脚通过肌筋膜组织与躯干相连。同时腹部区域还包含着重要的内脏、神经、血管和淋巴。

腹部的评估

腹直肌可分为3层：浅层的筋膜，覆盖在腹直肌表面；中层是肌肉本身；而深层是附着在肌肉群后的筋膜。评估这3层组织的紧张度有助于我们更好知悉腹直肌的状况。

如果腹直肌是平坦的，则说明压力主要集中在浅层和肌肉内部。如果肌肉肿胀，则需仔细评估肌肉自身的张力，以确定深层筋膜是否缩短。

胸腔和呼吸

治疗师应对胸式呼吸时的肋骨运动进行评估，估计其移动能力，换而言之，即评估上肋骨吸气时向上和向前的运动，以及呼气

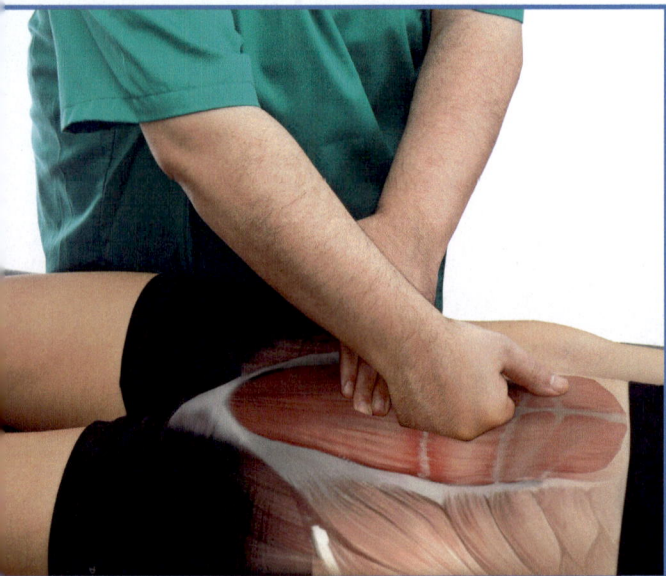

▲ **腹直肌按摩①**
治疗师的左手向下进行摩擦，右手的指关节则施加向上滑动的压力。通过这种方式，治疗师利用了相对的作用力，拉伸筋膜和释放肌肉的紧张感。

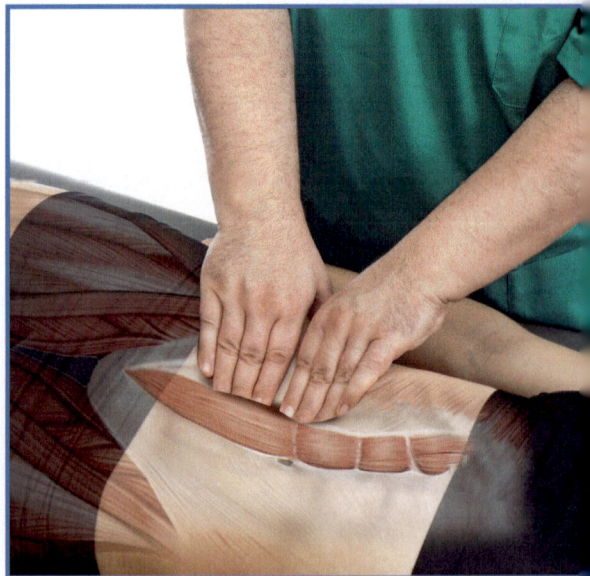

▲ **腹直肌按摩②**
从腹直肌开始一直到第五肋骨的腹肌韧带部位，每一块肌肉，每一条肌筋膜都要仔细按摩。背部的按摩可从肌肉的外侧边缘开始，顺着筋膜外层向上提起。

时向下和向后的运动。

胸部的评估

下肋骨的呼吸动力学指的是在吸气和呼气时下部肋骨会向外扩张。

治疗师通过触诊，要了解哪些部位的动作受到限制，进而要集中按摩该区域。

腹直肌的边缘靠着第五根肋骨，治疗师可以利用伸展的手指进行移动性按摩，也可以通过手掌底部将其向头部的方向慢慢推动。另外，尽管腹直肌只延展至胸部，但肌筋膜却贯穿了整个胸骨区域，覆盖胸骨本身，包裹着胸骨和胸大肌间的肋软骨关节。

> **注意事项**
>
> 如果胸腔过度紧绷或有先天性畸形，例如胸骨区域的胸部凹陷或过于突出，按摩会变得更加困难。治疗师应从侧面着手，由外及内触及组织，并时刻关注运动员的呼吸节奏。

主动运动的按摩手法

在胸部区域，运动员会进行一系列的呼吸动作以辅助按摩，这些呼吸动作会改变胸腔或腹部的体积（该变化在照片中很难观察到）。一旦确定了僵硬和运动受限的区域，治疗师就会根据运动员的呼吸节奏，在运动员呼气时进行按摩。

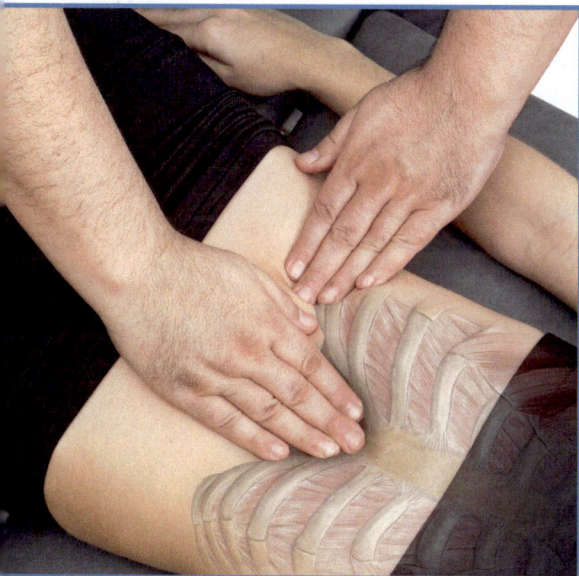

▲ **胸腔和肋骨按摩**
为了放松身体前下方，治疗师可先按摩肋骨周围，然后再按摩胸骨部位。

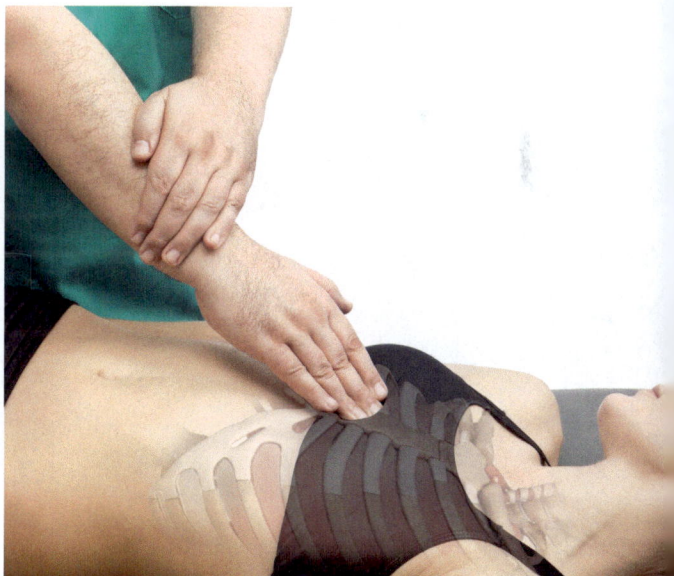

▲ **胸部和胸骨区域按摩**
摩擦胸骨组织，包括胸骨与胸大肌内侧边缘的胸肋软骨组织。这个动作推动组织向上（颅骨）方向和向侧面移动。

上肢列车第二站：头部和颈部

手法	工具
◆ 按压法	◆ 指尖
◆ 提拿法	◆ 双手
◆ 揉捏法	

头部

前表链负责躯干在运动或静止时的屈曲，但基于其生物构造的特性，却会在头部和上颈部产生牵拉过度的问题，因为当前表链深入乳突位置时，它会引起下颈部的弯曲，从而导致上颈部的过度伸展。

头颈部的评估

通过观察运动员的整体姿势，治疗师可以了解运动员身体中线是否垂直，即身体是否平衡。但更为重要的是，运动员自身的感觉如何。治疗师要先注意整体外观表现，然后再评估失衡的地方在哪里，例如，头部是否会向前倾斜或向后倒，头部的位置如何，它与肩膀的关系如何，是否与肩膀平衡等等。

侧位视图（侧面）也可以让我们看到颈椎的弯曲程度，发现异常，如头部或肩部是否前倾。最后评估动作的幅度和质量。

通过对呼吸的观察，治疗师可以了解肋骨起伏有无异常。良好的起伏动作表明前表链控制功能良好，胸膈肌和骨盆膈肌之间互动关系和谐。

注意事项

治疗过程中，治疗师可以用指尖推动颈部外侧筋膜，但注意不要影响到颈动脉。要时刻关注运动员脸色的变化，或者咨询其有无颅内压增高的感觉。

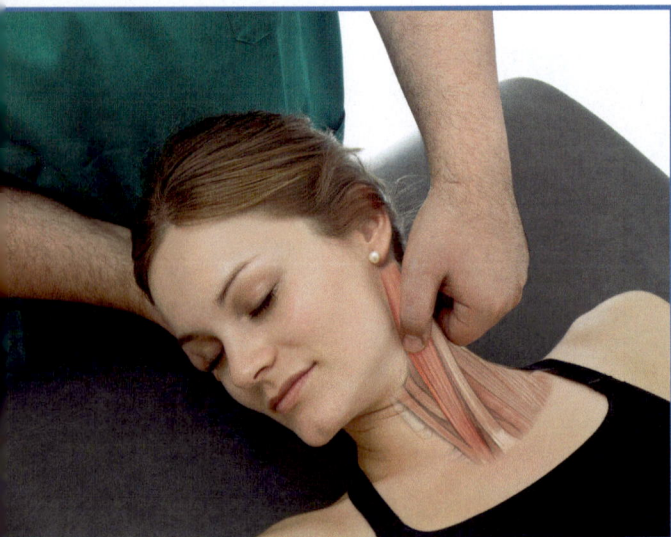

▲ **胸锁乳突肌按摩**
按摩胸锁乳突肌时，右手可以将运动员的头部稍微抬起以便更好地触及组织，同时放置在头部的左手向下进行摩擦。压力不是集中在颈部本身，应该是围绕颈部向前或向后。

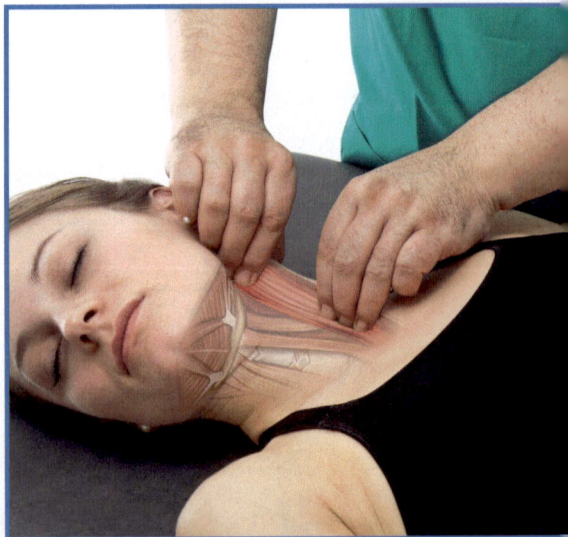

▲ **颈部外侧按摩**
颈部前外侧区域使用提拿手法按摩。运动员的头部转向一侧以便治疗师确定肌肉的位置，然后治疗师会用双手的食指和中指触碰这块肌肉，以横向的形式进行提拿以放松肌肉，并顺着肌肉滑动手指。

锁骨

还有一项非常重要的评估，就是评估两侧锁骨的情况。因为它们与整个颈部密切相关，所以进而会影响到肩胛骨、上肢和胸腔上半部的状态。

颅骨：肌筋膜中枢

颈部和胸锁乳突肌的筋膜连接在一起，形成一条韧性组织带，连接头皮的前额和枕骨区域以及颅骨的上部。

颈部的评估

头部姿势前倾的运动员，两条胸锁乳突肌会肿胀起来，沿着头骨后部形成一条纽带，徒手可以轻松触摸到受限的部位。

摩擦、抽吸、摩挲、头皮牵引等手法都可用来放松组织结构的过度紧张，并能确保头部功能的正确运作。进行按摩技巧的一个关键区域位于枕骨、颞骨和顶骨交会处的颅骨点。

> 值得注意的是，前后表链在颅骨后部相交，因此要从枕骨到额骨仔细观察头皮，把所有紧绷的部位都找出来，尤其是那些细微的，纺锤状的痛点。治疗师会通过渐进式的指尖压力对这些疼痛的区域进行治疗，然后在结节中心施加压力，作用 1 分钟左右，直到硬块消失。

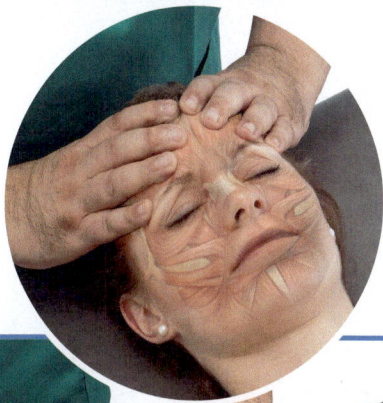

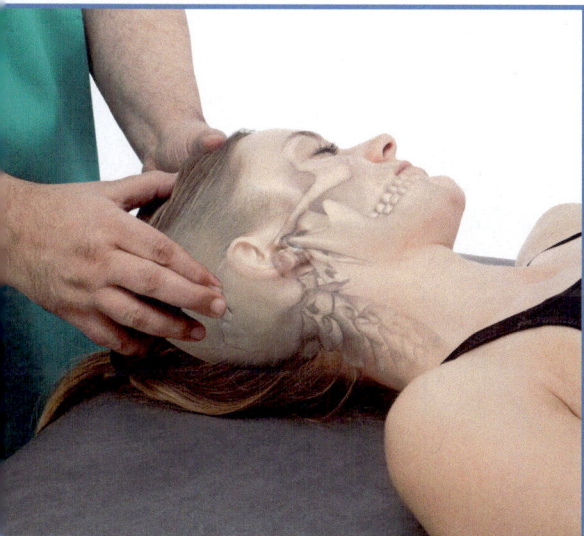

▲ 颅骨区域按摩

这个区域应该小心处理，因为要在颅骨的敏感点施加压力，特别是所谓的星点区域，也就是颅骨的顶骨、枕骨和乳突区域的交汇处。治疗师可以按摩颅骨的不同部位，用指尖按压这些点的中心，并反复与运动员确认其感受。

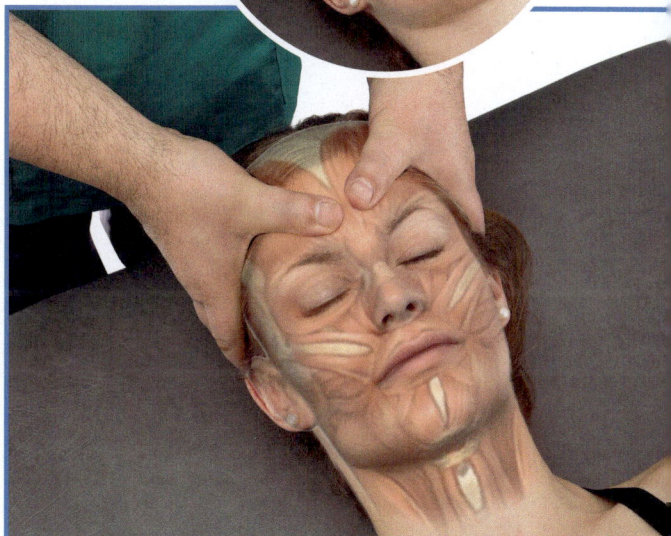

▲ 头骨和头皮按摩

这个区域应该小心处理，治疗师双手十指分开，用力抽吸，类似挤压的手法，小心谨慎，力道稳定。这种按摩对治疗头痛很有用。

上肢列车第三站：手掌、手臂和躯干

手法	工具
◆ 反向滑动按压法	◆ 指节
◆ 按压法	◆ 指尖
◆ 纵贯摩擦法	

躯干组织

首先治疗师应评估胸大肌是否有紧缩现象。在观察过程中，治疗师可能会注意到胸大肌缩短导致的驼背姿势。

躯干的评估

运动员平躺在距离按摩床边缘几厘米的地方，胳膊举过头顶，自然悬空。如果肌肉没有缩短，手臂应该能够往后伸展到与身体平行的位置；如果手臂的背面无法碰到按摩床，我们就可以确定胸大肌已经出现缩短和紧绷的问题。

另一种方法是在病人站立时，握住他的手腕，让他把身体向前倾斜。如果动作受到限制，运动员会体验到一种过度牵拉感，这也表明肌筋膜组织已经缩短。

当然，治疗师可以通过检查腋前缘的张力状态，探测胸肌的状况，进而对躯干组织的状态进行评估。

注意事项

◆ 这是一个血管、淋巴细胞和神经非常丰富的区域，且这些组织都位于浅表层（例如臂神经丛是直接位于锁骨上面，还有头静脉，也会经过三角胸肌间沟等）。

◆ 考虑到胸大肌的肌筋膜部分起源于乳房和腋窝的外侧边缘，而乳腺又位于胸大肌的浅筋膜上，因此按摩必须非常缓慢和柔和。

◆ 治疗师可使用薄纱布保护手指，同时避免指甲损伤到运动员的皮肤

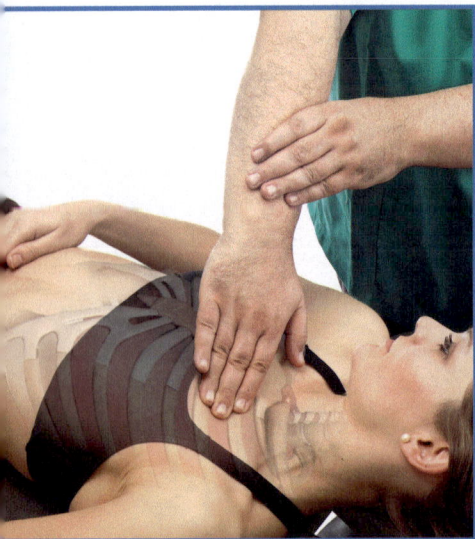

▲ 胸大肌筋膜按摩

用手指和尾侧手掌放在肌肉上进行滑动按压。如果该区域异常紧绷，也可使用指关节进行按摩。

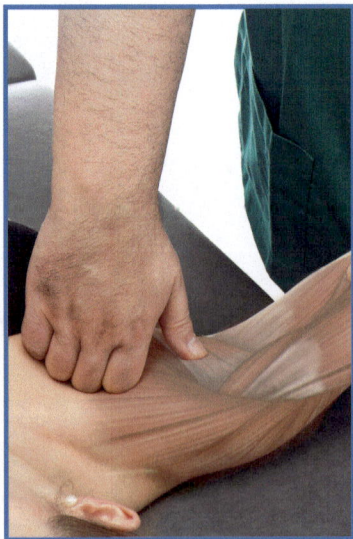

▲ 胸大肌按摩

首先治疗师要腾出按摩的空间，为了做到这一点，治疗师要腾出放置在头部一侧的手，抓住运动员的手臂，另一只手用指关节对绷紧的肌肉纤维进行滑动按压。

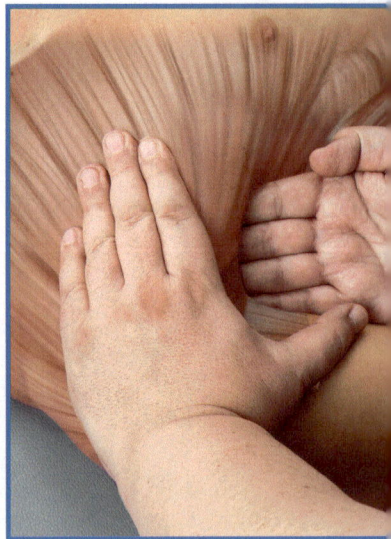

▲ 胸大肌后部纤维按摩

运动员平躺时，治疗师可以对该部位进行按摩，但可能会引起运动员不适，所以建议要缓慢进行。

手臂和手掌的控制力

上肢强大的表达能力，以及双手的多功能性，将我们与外部世界紧密联系在一起。

事实上，大多数运动所需的要素，如力量的搭配、灵活性、敏捷性和控制力，都需要依靠手臂和手掌来完成。

肌筋膜链从解剖学和功能层面提升了身体的延续性，上肢和下肢充分配合。手臂通过结缔组织连接到躯干，而这些结缔组织又连接到头骨、颈椎和颈部，再经由锁骨和肩胛骨一直延伸到腹部。

肌筋膜链在手臂和前臂之间以扁平肌腱的形式依附于腱膜，直到最后成为掌筋膜。

缓解手臂区域紧张的肌筋膜组织，能有效提升肩带的运动，从而更好地控制和管理手部的功能。

注意事项

◆ 对前臂内侧施加压力时需格外谨慎，特别是在尺神经沟区域、肘部和腕部，因为腕管内有正中神经。

◆ 避免在手掌处直接压迫钩状骨的突出部分，因为那是尺神经所在的位置。

◆ 在对上臂进行按摩时，要格外注意手臂内侧，大约在肱骨中部及其内侧位置，也就是肱二头肌和肱三头肌之间，其中的血管神经组织中，除了上述的正中神经和尺神经外，还有动脉和静脉，因此按压时必须非常小心。

▼ **手臂按摩**
对肱二头肌进行横向摩擦，从隔膜或肌肉内隔膜开始按摩。

▲ **前臂和手掌按摩**
在前臂内侧使用纵贯摩擦法（图1），在掌筋膜使用滑动按压法（图2），这些手法必须缓慢进行，才能达到放松组织和减轻压力的效果。

后表链解剖及概览

负责伸展的筋膜链

后表链具有伸展作用，它能使身体挺直，避免屈曲收缩姿势，可以防止人突然向前跌倒（头朝下跌倒）。

当膝关节伸展时，后表链负责将整个背部的组织连接起来。相反，当膝关节屈曲时，后表链则分为了两段：一段从脚趾脚底到膝盖，另一段从膝盖到头部。

身体向前弯曲的程度，以及膝盖是伸展的或是屈曲的，这些状态都会影响到后表链的伸展性。

后表链的功能

在矢状面上，前后表链共同作用来平衡身体。

人体有两条后表链，一条在右，一条在左，在其他肌筋膜链能够发挥自身作用之前，两条后表链必须达到平衡。后表链主要负责张力运动和保持姿势，它可以缓慢收缩纤维，并产生更多的静态动作，从而达到控制身体姿势的效果。

运动员与后表链缩短的问题

后表链的缩短主要是因为过度伸展姿势

▼ 后表链各组织的联合协调有利于挺直和伸展身体，避免屈曲和收缩的姿势。

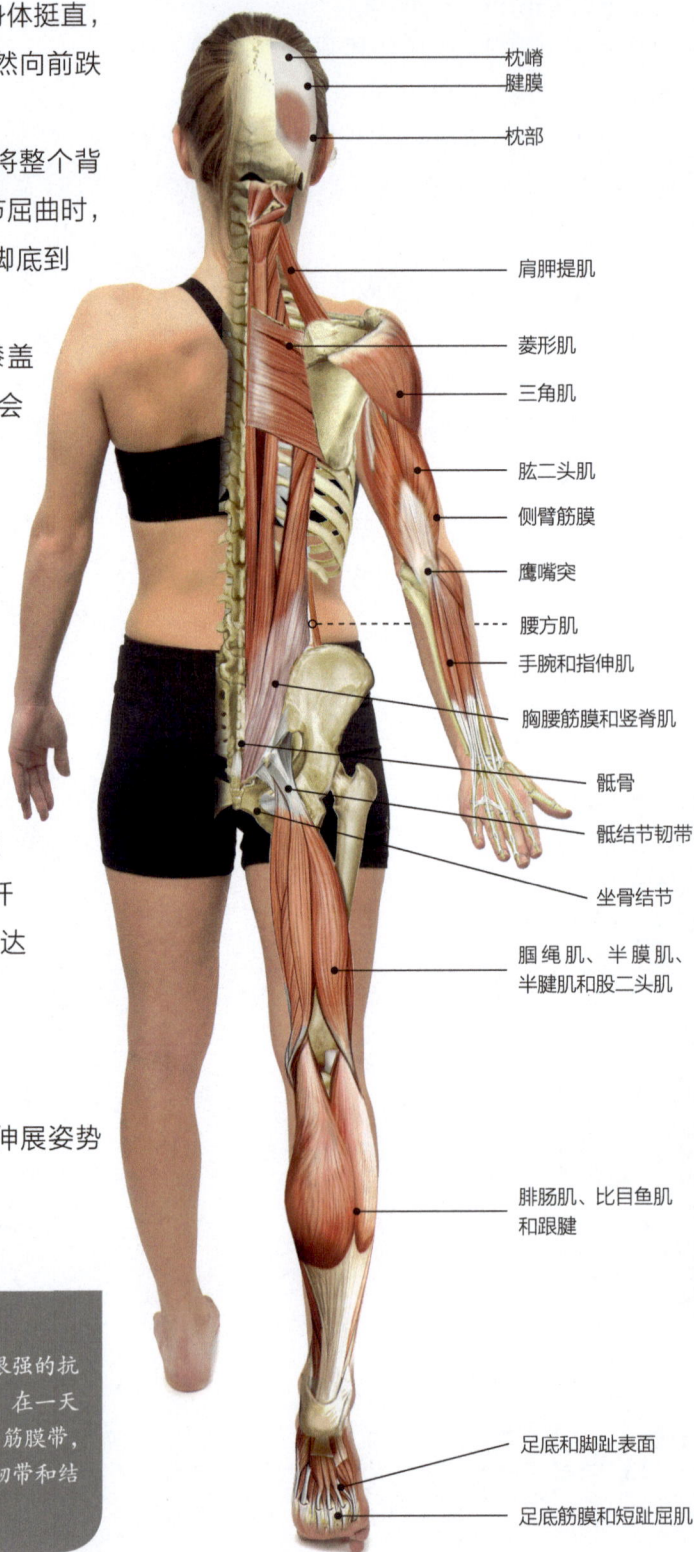

枕嵴
腱膜
枕部

肩胛提肌

菱形肌
三角肌

肱二头肌
侧臂筋膜
鹰嘴突
腰方肌
手腕和指伸肌
胸腰筋膜和竖脊肌
骶骨
骶结节韧带
坐骨结节

腘绳肌、半膜肌、半腱肌和股二头肌

腓肠肌、比目鱼肌和跟腱

足底和脚趾表面

足底筋膜和短趾屈肌

后表链的肌肉部分富含红色纤维，具有很强的抗疲劳能力，能够帮助人体抵抗重力作用，在一天中维持站立的姿势。该链条中遍布坚固的筋膜带，例如跟骨、跟腱、腘区肌腱、骶骨结节韧带和结构复杂的胸腰筋膜都属于后表链。

造成的，例如颈部或脊髓的过度前凸。在运动员中，膝关节过度伸展可能是上述问题的后遗症。

恰当的按摩手法可以治疗颈部和腰部的前凸问题。这个问题经常发生在游泳运动员身上，因为这种运动的性质会要求运动员的后表链不断处于工作状态，特别是背部区域。

检测补偿作用

评估后表链是否缩短的第一步是分析运动员的行为动作。治疗师可以让运动员身体前屈，用手触碰脚趾，仔细观察他们是否能完成这个动作。之后治疗师可以对背部的轮廓进行评估，包括弓起的姿势。最后，还要测量手指离地面的距离。

若运动员无法达到预期目标，也就说明后表链存在某种程度的缩短。治疗师需要确认的是，哪一段的后表链缩短情况最为严重。

按摩策略

为了按摩椎旁结构，治疗师必须仔细定位到不同脊柱节段的位置。

注意事项

评估前提：在评估其他筋膜之前，首先要确保前后表链的平衡。

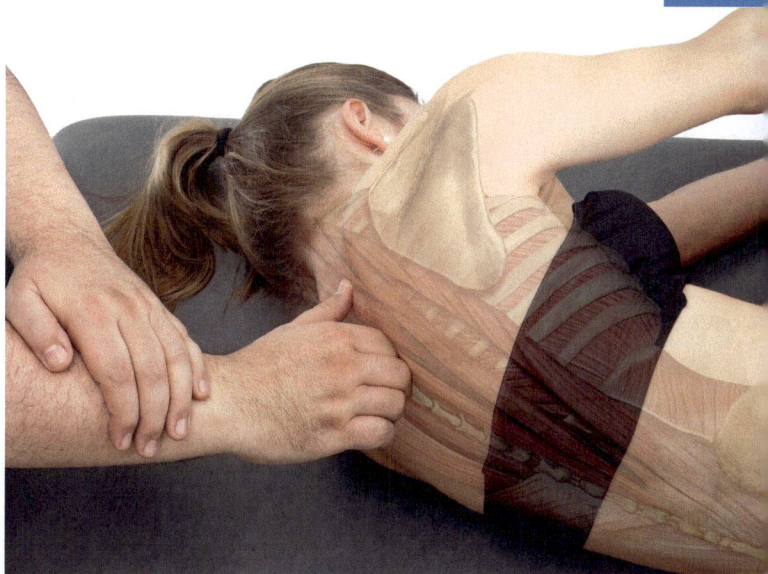

▲ 脊柱前凸区按摩

前凸按摩的目的和后凸一致，都是为了提高运动能力和缓解过度紧张。为了实现这一目标，治疗师应使用拉伸组织的手法，让僵硬部位变得更有弹性。

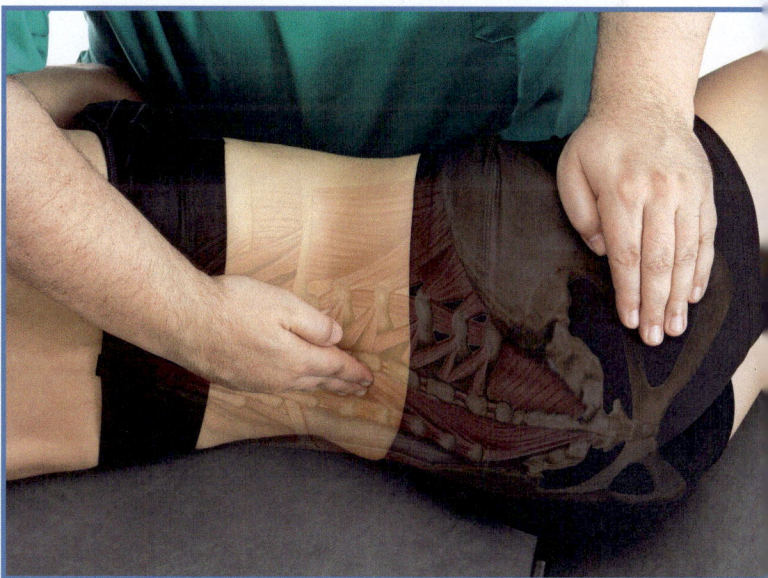

▶ 脊柱后凸区按摩

后凸区（后弯）使棘突更加突出，治疗师可以通过间接地按压增强其柔韧性，缓解过大的压力。

下肢列车第一站：脚掌和小腿

手法	工具
◆ 摩擦按压法	◆ 指节
◆ 横向摩擦法	◆ 拇指
	◆ 指尖
	◆ 手肘

注意事项

避免使用过多按摩油，否则治疗师很可能因为手滑而无法顺利施展推拉和伸展的手法。

评估活动反应

如果在之前的屈曲试验中，运动员的小腿无法同足底支撑面保持垂直，这意味着腿部后表链中的肌肉有缩短情况。

换句话说，当身体向前弯曲时，脚底和腿后部的肌肉及筋膜的张力使得小腿无法和脚掌垂直，也就是说，脚掌和小腿之间的角度会一直往后拉开扩大。

脚掌的评估

针对脚掌的评估，可以从足底筋膜开始，除了进行内侧比较外（从大脚趾到脚跟），也要进行外侧比较（从第五脚趾和第五跖骨基底到脚跟）。

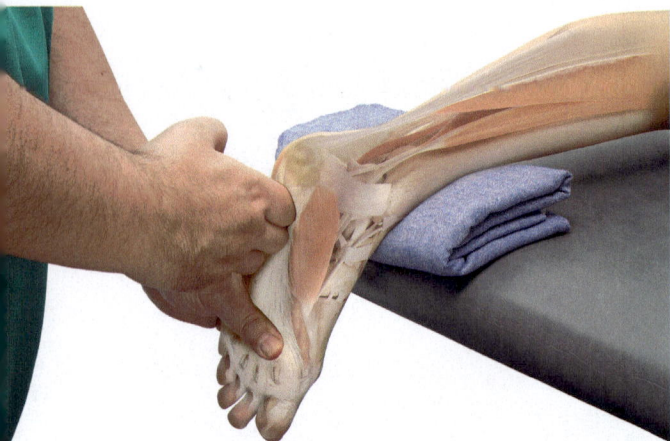

足底筋膜是一种覆盖在足底拱顶上的组织，在跑步的过程中，脚步撞击地面的动作会拉扯和撞击到该组织，导致其发炎。这种情况在跑步运动员中非常普遍，被称为足底筋膜炎。若没有及时治疗，则会出现跟骨骨部的钙化现象，也就是众所周知的"骨刺"。

如果从大脚趾到脚跟的距离缩短，内足弓增高，这很可能意味着脚内侧边缘的组织有缩短情况，应进行治疗以调整张力。

相反，如果第五趾与足跟之间的距离减小，内侧足

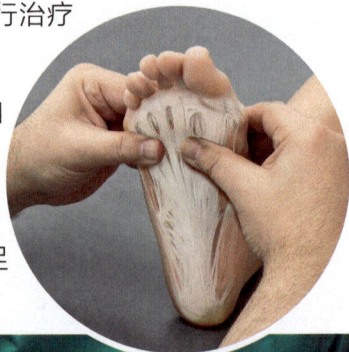

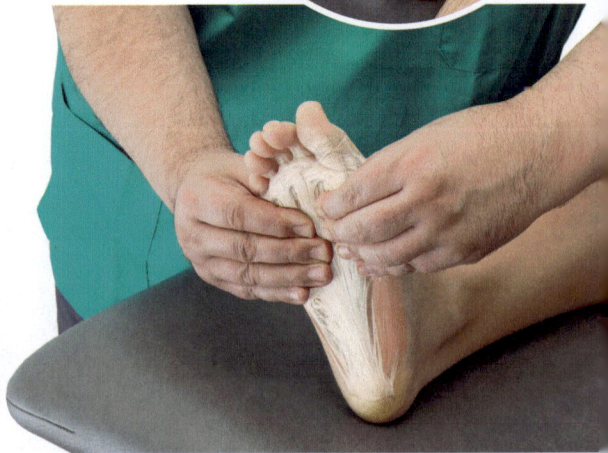

▲ **足底按摩**
治疗师用指关节或第二指骨对该部位摩擦，也可使用肘关节进行横向或纵向的摩擦，从跟骨一直按摩到脚趾，从而放松组织。此时治疗师的另一只手握住运动员的这只脚，通过弯曲和伸展运动来增加灵活性。

▲ **足底和足弓按摩**
按摩足底及其横弓，治疗师双手握足，用手指内侧关节对足弓进行提拿动作，该手法也可应用于足底。

弓塌陷，外侧足弓增高，则说明足底筋膜外侧的缩短现象更为严重。

评估策略

跟腱是一个紧实有力的结构，它是足底筋膜的延展组织和集中点（在踝关节后面）。也是腓肠肌和比目鱼肌的肌腱。

触诊时，治疗师应对左右肌腱进行仔细对比，从而找出它们稳固和敏感的部位，进而判断两边肌腱所能承受的力道有无差别。

腓肠肌穿过踝关节和膝关节，与两个关节保持功能性的关系。因此在评估其张力程度时要注意到这一点。

在弹性测试中，踝关节背部弯曲，膝盖则保持伸展，因为这两个部位的动作正好是相反的。脚踝弯曲度应该能达到直角，但如果在踝关节还没有弯曲成 90 度时，就已经

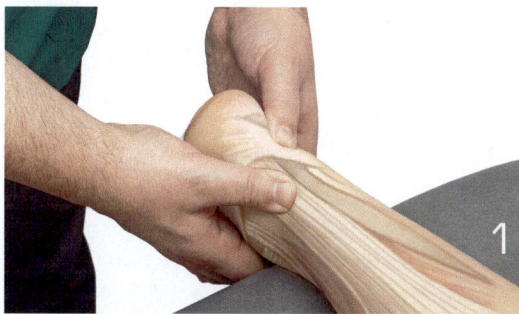

▲ 跟腱按摩
治疗师可用拇指（图1）或指关节（图2）纵向或横向摩擦该部位，在运动员可忍耐的范围内，治疗师会要求其执行弯曲和伸展的动作来配合按摩治疗。

注意事项

放松踝关节后面的韧带至关重要，治疗师可从踝关节向跟骨处缓慢而深入地进行摩擦，这种按摩手法是为了改善运动员骨盆前倾的问题。

出现不适或疼痛，则说明肌肉出现缩短问题。

比目鱼肌只穿过踝关节，因此要评估比目鱼肌时，膝关节要屈曲，治疗师观测踝关节的柔韧性。如果后者无法弯曲成直角或者小腿后方出现疼痛不适，则表示比目鱼肌过度紧缩。

精确解剖

比目鱼肌是比腓肠肌埋得更深的肌肉，这是一个张力性和姿势性的肌肉。站立时，有些人会出现膝盖反曲问题（膝盖向后移动），这通常都是因为比目鱼肌缩短了，从而导致患者下蹲时，脚掌无法完全平放在地面上。

▼ 腓肠肌带按摩
一只手固定小腿，用另一只手的指尖横向摩擦紧绷的肌肉（图1）。横向摩擦法中（图2），治疗师也可同时使用两个拇指按摩，在拉伸练习之前进行这种按摩能有效预防受伤情形。用肘部摩擦整个肌腱，从小腿中部一直按摩到脚跟。

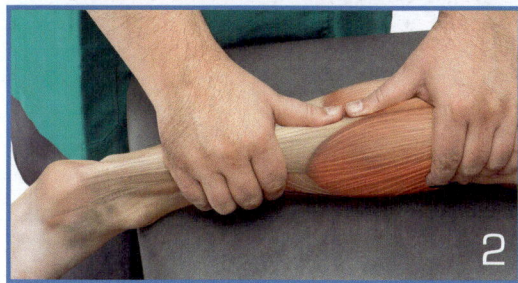

下肢列车第二站：大腿和骨盆

手法	工具
◆ 斜压摩擦法	◆ 前臂
◆ 摩擦牵拉法	◆ 拇指
	◆ 指节

连接部位和移动部位

在比赛中，后表链组织的张力决定了大腿、小腿和脚部的推进作用。

我们观察到，膝盖无法伸展的运动员，他们的踝关节、髋关节、骨盆或其他部位会被迫增加运动量，以达到补偿作用。

此外，这也会导致能量消耗的增加，使组织超负荷受压，致使运动员更易疲劳。

身体的移动与大腿后侧组织

如果运动员出现髋屈肌缩短现象（参见前文的托马斯测试），那么就要进行跟腱测试。在该测试中，运动员可将不需要检查的腿屈曲，放在按摩床上或地板上，骨盆放置于中立位置。如果髋屈肌没有缩短，无须检查的那条腿就可以伸直。

在这两种情况下，接受测试的那条腿要保持伸直状态，然后抬腿至极限。如果腿部无法抬高到 80 度（接近垂直状态），则说明出现了一定程度的腘绳肌群缩短问题。

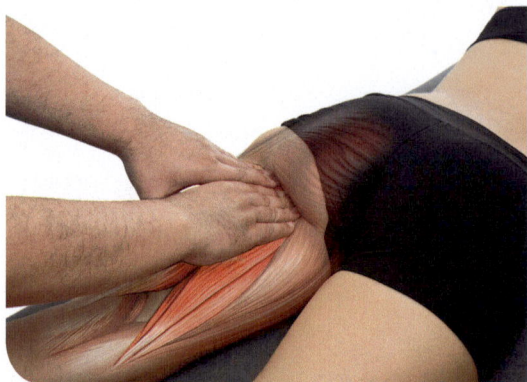

▲ 坐骨区按摩

该区域按摩的关键是施加持续的压力，压迫坐骨，即压迫大腿后部肌肉组织的附着区域。治疗师可用双手指尖纵向摩擦，也可用无名指和食指横向摩擦。

▼ 腘绳肌区按摩

运动员仰卧，臀部屈曲，腿部搭在治疗师的肩部上。治疗师利用前臂对大腿后侧肌肉组织进行适度拉伸，并在大腿外侧（股二头肌）和内侧（半膜和半腱肌）大力摩擦。

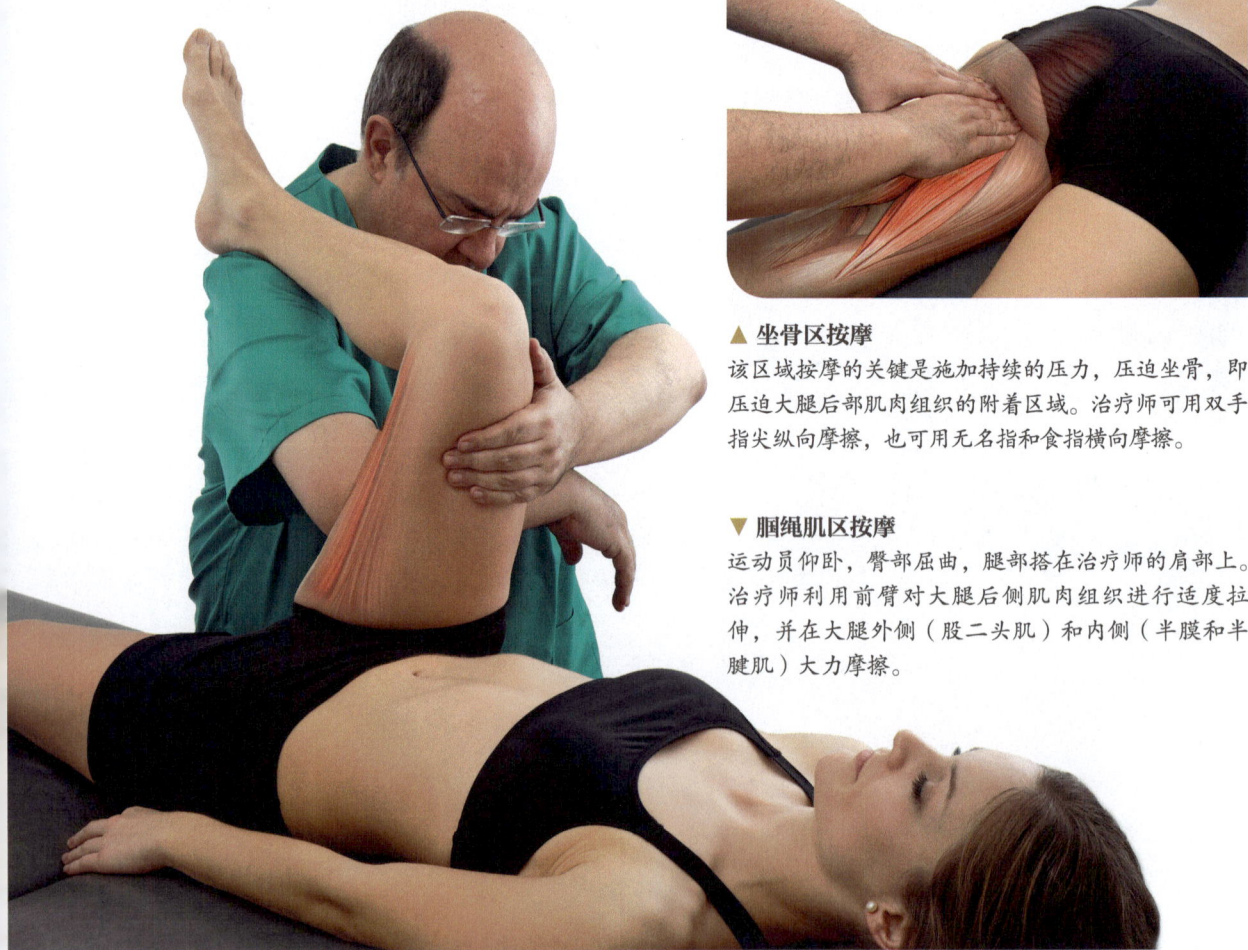

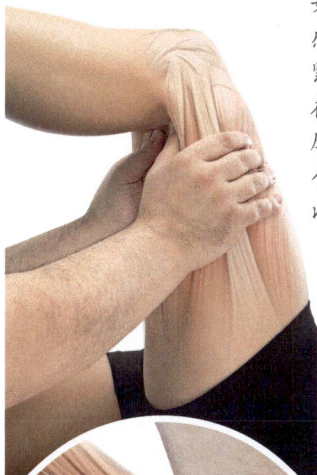

◀ 腘窝区按摩

如果在探查过程中感受到腘窝部位的紧绷，治疗师可以在牵拉手法中搭配摩擦操作（即用两个拇指向外摩擦，以放松该区域）。

大腿与骨盆的关系

腘绳肌和骶结节韧带之间依靠筋膜紧密联系在一起。事实上，在解剖学上是不可能把这个韧带从相关的结构中分离出来的：韧带面是骶筋膜和脊柱竖肌，韧带下是坐骨股骨群。

韧带的深层组织起着支撑作用，帮助人体维持关键的站立姿势及维系骨盆的完整性。相反，表面纤维则起到传递运动信息，做出活动和收缩等动作的作用。

左右韧带之间的不稳定将导致骶骨扭曲，并随着脊柱的其余部分移动。

评估策略

我们只要从坐骨结节向骶骨下角斜向移动，就能轻松触及骶骨结节韧带。

通过触诊，比较左右两侧韧带的张力，治疗师可以确定哪一侧的僵硬程度更为明显。收紧的韧带需要更多的按摩，以调整撑住骶骨的张力。

重要的是，治疗师要注意这条韧带是深入臀大肌，并嵌入骶骨外膜边缘的。

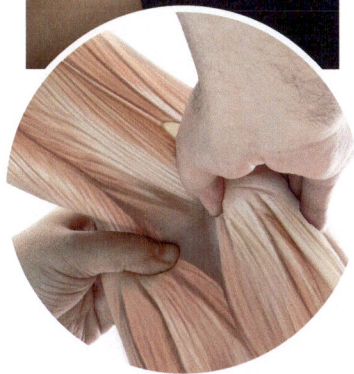

如果运动员有骨盆前倾的现象，韧带则会承受下推的压力。如果骨盆后倾，则压力方向相反。

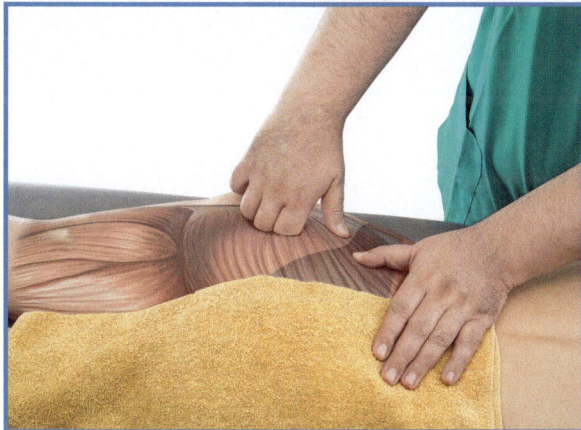

▲ 骶结节韧带按摩

利用摩擦的压力，用指关节对骶结节韧带、尾骨和骶骨区域进行按摩，消除该部位的紧张感。按摩能在皮肤之间挪出空隙，并且活络组织。

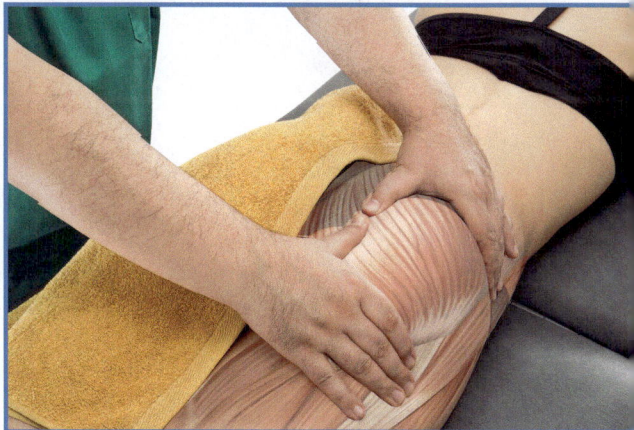

▲ 骶骨按摩

治疗师可用双手的拇指在强壮的臀肌组织内侧边缘进行按摩，并要密切留意骶骨边缘的变化。

上肢列车第一站：腰部和胸部

手法	工具
◆ 斜压摩擦法	◆ 手掌
◆ 推压法	◆ 前臂

连接区（前后区和上下区）

重要的骨盆部位或是胸腔向后倾斜，可能导致腰椎受到过大的牵拉。如果髋屈肌比正常情形有所缩短，这可能导致髋关节伸展能力下降。

注意事项

尾骨排列会因外伤而移位。在运动员允许的情况下，治疗师可在一侧或另一侧的纤维区进行按摩，帮助其恢复。

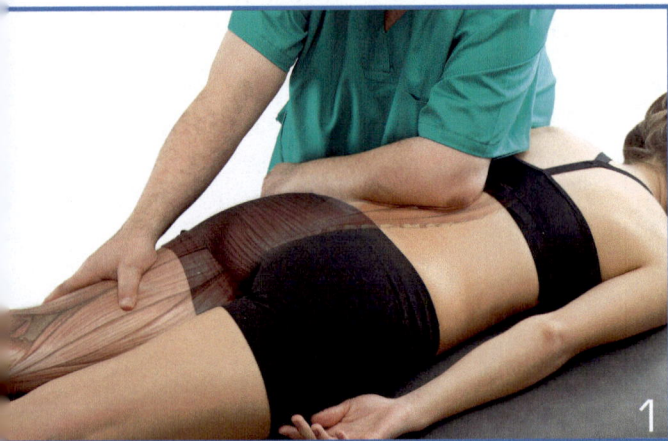

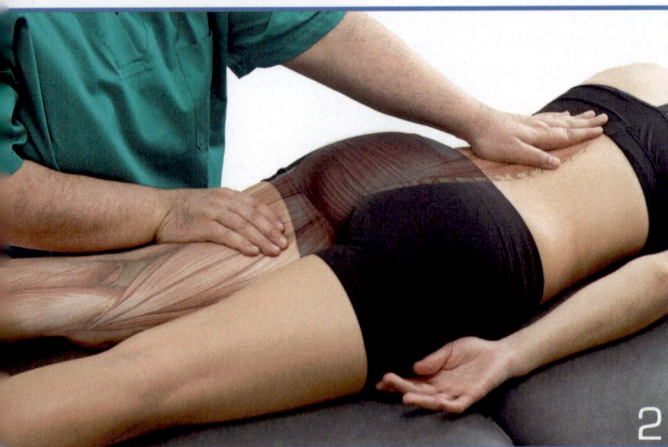

在这种情况下，治疗师有可能认为这种动作受限情况是正常现象（例如，行走时，没有从髋部迈步，而是从腰椎开始伸出下肢）。治疗师应当在问诊观察时，仔细检查迈步后的摇摆动作，查看腹部有无凸出问题。

评估策略 1

如果髋关节屈肌的长度正常，但骨盆依旧倾斜则表示腰椎过度伸展，那么在迈步时，步幅会相对较大。相反，迈步的初始阶段（弯曲）动作幅度就会相应地变小。也就是说走路的步伐，在伸展时比在屈曲时大。

此外，走路时，骨盆会转动，进而带动其他动作，迈开脚步。这个转动一般是向上，朝着脊柱的方向旋转。在这个过程中，根据每个平面的运动能力，每个脊柱节段会呈现出不同的变化。

> 按摩骶骨可起到彻底放松的效果，因为筋膜组织覆盖了这个区域，并维系着其与髂骨和腰椎的密切关系。

◀ **腰椎旁区域按摩**
用手掌或前臂在椎旁区域进行推压，身体同侧的下肢可以通过向头骨方向牵引按摩（图2）来活动其紧张的肌肉，或者利用前臂往尾部（向下）方向摩擦（图1）让肌肉紧绷。

注意事项

由于腰方肌与膈肌相连，因此这块肌肉出现问题时，可能会导致呼吸功能障碍，尤其是在呼气时情况更加明显。腰部的过度紧张会引起下肋骨和髂嵴的疼痛。

评估策略 2

运动员坐下，后背伸直，双脚踏地，从头部开始，逐步弯曲整个脊柱，让所有的椎骨一节一节地弯曲。治疗师从背后观察这些动作，通常可以发现有些僵硬的区域，几块脊椎骨会同时移动，就好像黏在一起似的。

在这种情况下，治疗师的诊断非常重要，因为当治疗师在该区域施加压力时，可以帮助运动员意识到问题所在，同时按摩也可助其恢复屈曲和运动能力。

治疗师通常会在椎旁，即在棘突和横突之间进行按摩。

腰椎不是用来进行旋转的，它的形态赋予其最适合的运动能力是伸缩。因此，骨盆旋转时应该把力道传到更高的区域，特别是胸部。

▼ 椎旁胸区域按摩

治疗师在沿着椎旁进行按摩时必须考虑脊柱不同节段的位置。与后弯曲区相反，肌肉从中线向外移位。治疗师会在此处施加压力，帮助组织向棘突靠近并向中心移动。脊椎在组织中由于张力而凸出，这就是为什么按摩会使它们收缩的原因。

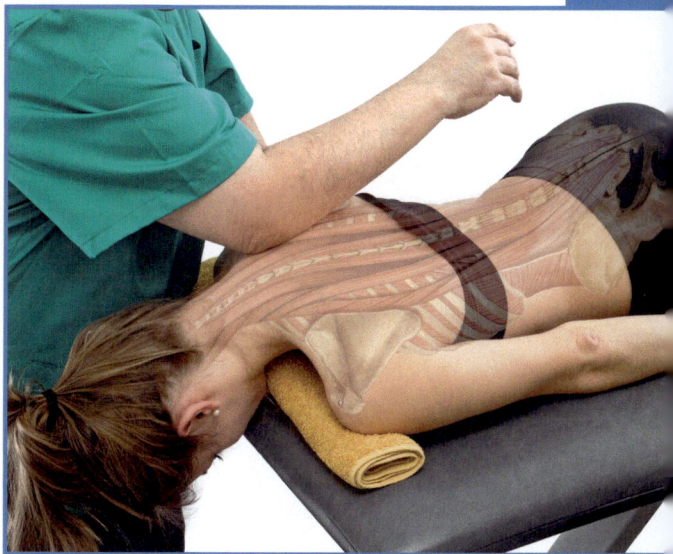

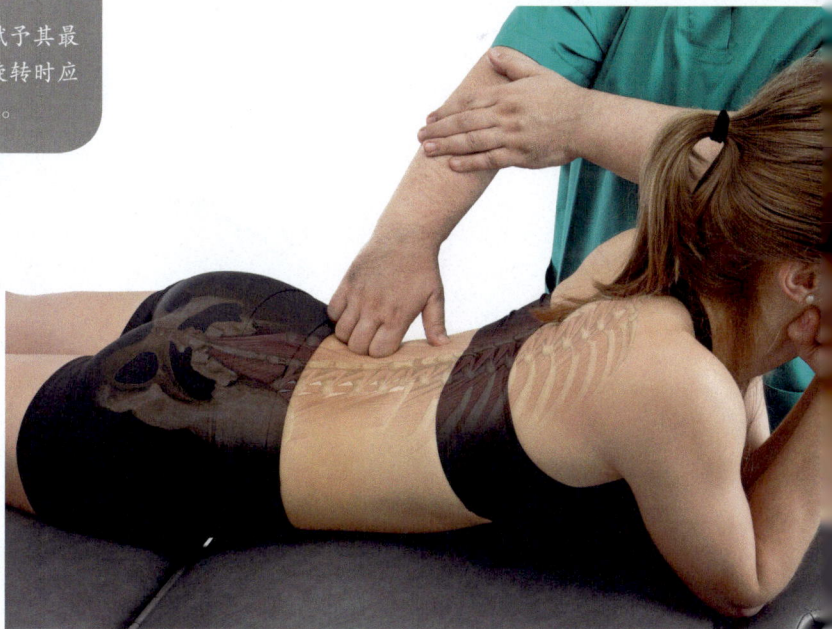

▶ 腰椎旁的背部区域按摩

相反，如果椎骨太深（前弯），按摩的方向应该是从中心到周围，从浅层到深处，目的是调节组织张力，为椎体后方调整留出空间。

上肢列车第二站：头部和颈部

手法	工具
◆ 推压法	◆ 拇指和指尖
◆ 摩擦法	
◆ 静态按压法	

视觉与动作之间的联系

与身体协调和空间位置相关的头部运动影响着整个肌肉组织的张力，同时，头部运动除了影响躯干和上肢的肌肉外，颈椎的反射动作也影响着眼睛。

脊柱各式弯曲（脊柱后凸、前凸、脊柱侧凸）是为了保持头部和颈部的正常姿势，从而眼睛能够维持在一个固定的横向视野上。

身体的应压反应会通过自然的防御动作体现出来。无论创伤是身体上的还是情感上的，在反应模式（耸肩，头部伸出，膝关节屈曲等）上都是相似的。

姿势指标

胸椎前倾或伸展说明后表链的功能出现异常。这些肌筋膜链对我们活动的影响很大，要求我们要不断对其进行评估，因为受限的动作将导致身体负荷过大（因缩短而造成肌肉紧张），会迫使螺旋链进行内转或外旋，从而起到补偿作用。

在这种情况下，有很多方法可以帮助紧张的组织放松下来，包括正确地牵引和伸展颈部组织，同时也可以搭配按摩一同使用。

枕下肌肉组织含有丰富的感觉受体，它与眼球的运动相关，也负责其他背部肌肉的协调，它在整体协调中发挥中心作用。按摩这个深层肌肉组织可以让治疗师缓解运动员颈部深层组织的紧张，特别是对于头部前倾或颈部习惯性过度伸展的运动员非常有用。

评估策略 1

斜方肌和肩胛提肌将颈部和上肢联系在一起，但是这组肌肉也容易出现力量不足的问题，一般有两种类型，首先是缩短，其次是紧张。当运动员处于仰卧位时，治疗师可

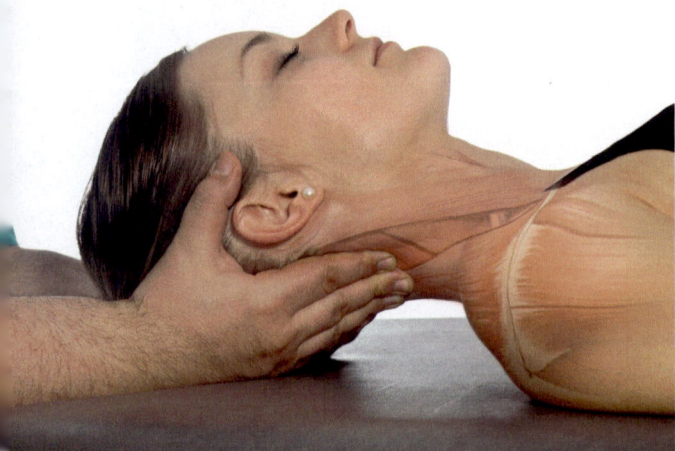

▲ 颅骨按摩①
治疗师双手并拢，向上提升，缓缓牵引颅骨。

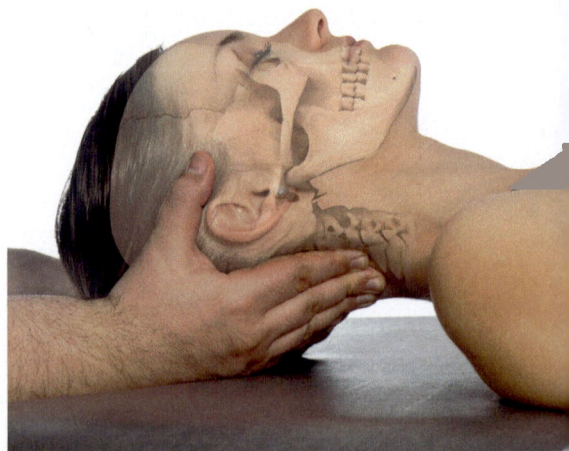

▲ 颅骨按摩②
将双手置于运动员头部之下，采用上述手法，调节枕下区域的过度紧张感。

以将他们的头颈部偏向一侧，评估其肩胛提肌和被拉伸的斜方肌。接着将肩膀向下推向一侧，如果推动时感觉非常轻松，那么肌肉没有缩短。但如果感到动作突然卡住，且没有回弹，则说明肩胛提肌有可能已缩短。

评估策略 2

运动员趴着，姿势类似于做俯卧撑，当胸部接近地面时，评估肩胛骨动作的极限。在观察时，如果发现肩胛骨向着头部的方向向上移动，呈"振翅"状（从胸部肩胛骨内缘脱离），表示稳定肌群（菱形肌和斜方肌内侧肌）可能变弱了，上颈部肌肉（斜方肌和肩胛提肌）缩短。

注意事项

在颈部按摩时，可以使用图中所示的手法，它们可以调整深层平面，消除紧张感。

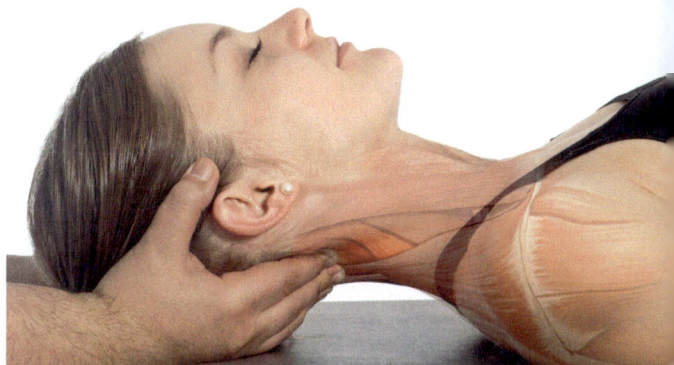

▲ **颅骨按摩③**

按摩位于颅骨线以下的枕下深层肌肉组织（半棘肌和头夹肌），这将帮助头部前倾或慢性颈部过度伸展的运动员达到放松的效果。

▼ **颅骨按摩④**

在耳朵后部（乳突）和枕骨边缘（枕骨嵴）以及头皮上进行摩擦。探寻运动员疼痛的部位，进而施加稳定和持续的压力来消除疼痛，但要小心不要引起令运动员无法忍受的疼痛。

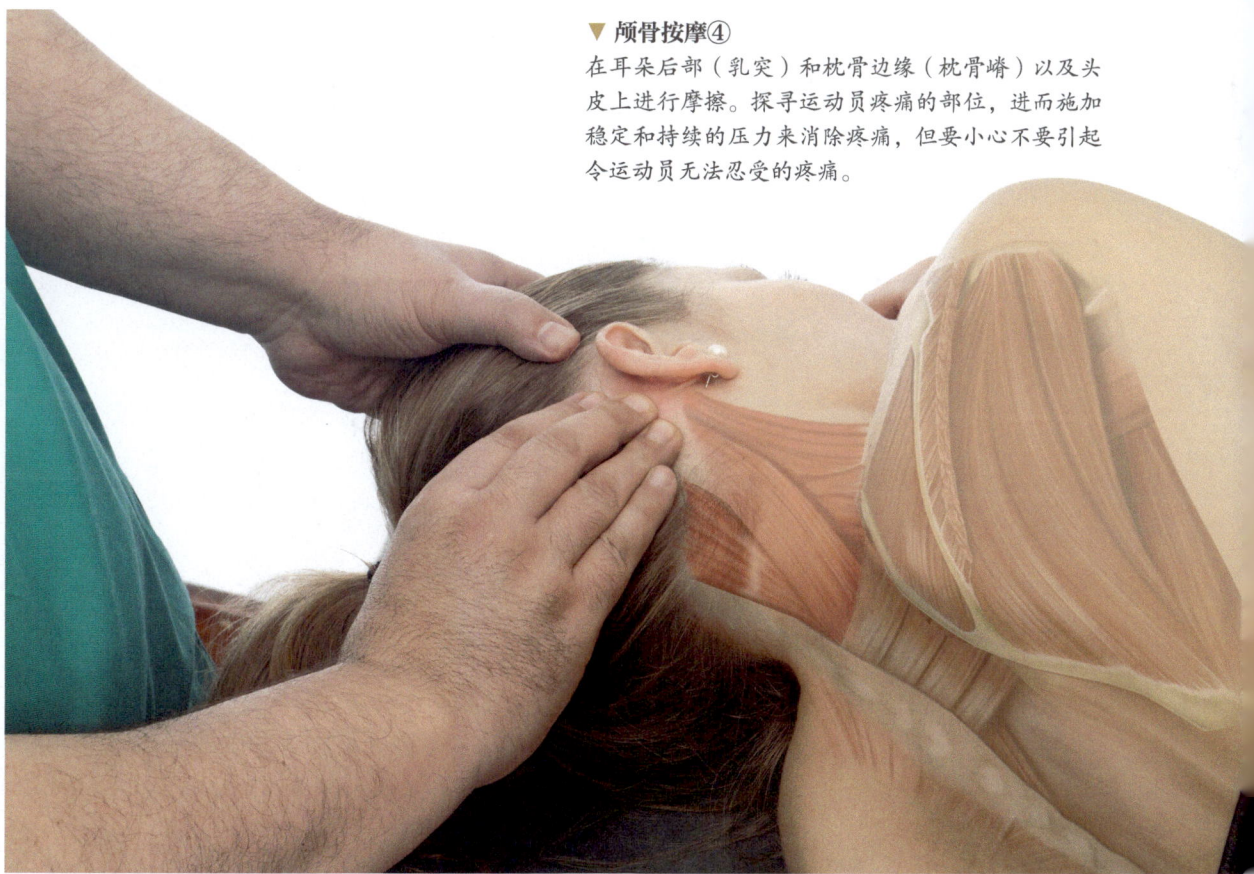

上肢列车第三站：颈部、肩部和前臂

手法	工具
◆ 深层摩擦法	◆ 指尖（第一节和第二节指骨）
◆ 摩擦法	◆ 指节

关系网的结构

当治疗师在对颈部、肩部和上肢进行评估时，一定要明确这些部位在解剖结构和功能上的整体联系。颈部筋膜通往手臂筋膜，常常受压过度。脊椎的 C5、C6 和 C7 椎骨结构帮助上肢抵抗重力并同时承载着上肢的重量。肩膀想要保持正确的姿态，还取决于躯干和头部的良好平衡。

评估策略

当我们在治疗网球肘、肩部肌腱炎、腕管综合征等局部病变时，也应该先进行肌筋膜系统的整体力学评估。这些损伤通常与附近区域的创伤有关（无论是直接的、间接的还是过度使用造成的），且都是因补偿机制而产生的问题。

注意事项

◆ 有慢性肩胛骨带和肩关节问题的运动员很少接受肘部以下的治疗。然而，应该记住，所有肌筋膜都是相互连接，并贯穿四肢的。我们大多数人摔倒时，都有摔伤过手和手腕的情况。每当我们评估这些部位时，都应该考虑这一点。

◆ 以汽车事故导致的"挥鞭式颈部受伤"为例。在碰撞的瞬间，驾驶员紧紧地抓住方向盘，制造的冲击力通过受伤的手向肩膀和颈部传递，其根源问题主要出在手部，但这经常被治疗师忽略，他们只将注意力集中在颈部和肩部。

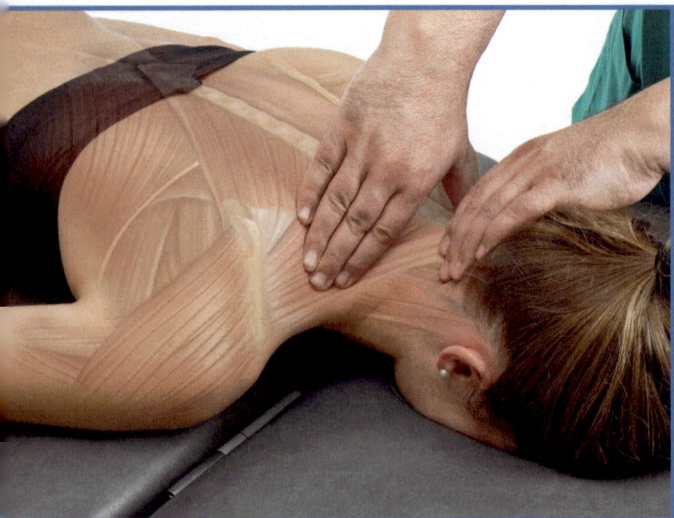

▲ 颈部 - 颈椎按摩
自颈下部位向肩胛骨方向进行肌筋膜深层摩擦。

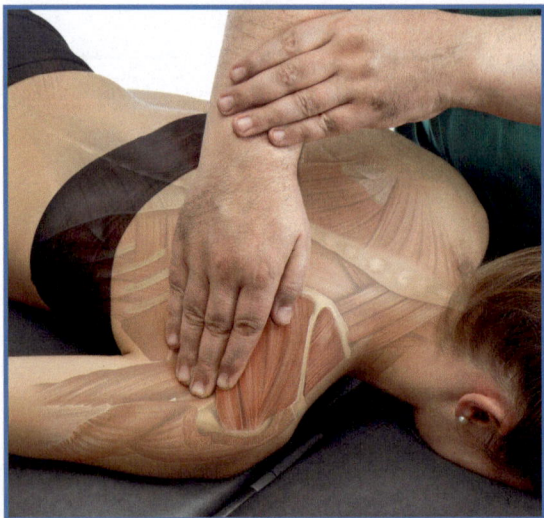

▲ 三角肌按摩
在三角肌的后外侧进行肌筋膜深层摩擦。

按摩概览

在处理上述情况时，若治疗师忽略手腕及双手在内的整个肢体的处理，则很有可能导致难以根治的后遗症，哪怕当时看来这些肢体部位同原始伤害无关，但事实上它们才是真正的损伤源头。

按摩策略

手臂按摩包括肩胛骨带、颈部、颌骨和躯干，我们一般建议从骨间膜开始进行按摩治疗。首先运动员将手臂伸直，放在按摩床上，前臂内旋，手掌张开。治疗师通过指关节或肘关节施加压力，沿着前臂在桡骨和尺骨之间滑动。

治疗师的力道主要去往两个方向：一个在骨骼之间（直接与骨骼接触），另一个从中线扩向外侧的组织。采取的手法主要是摩擦和推压，避免用力挤压血管或神经结构。

动作搭配

治疗师逐渐向手腕方向进行按摩，然后是腕骨、掌骨，最后是手指。在按摩过程中，我们可以要求运动员进行肘关节的屈伸运动。结合推拿（被动）和运动（主动），骨间膜和腕管疾病能得到有效治疗。

上肢外侧皮肤较内侧皮肤厚，毛发较多，这是因为后侧更容易受到摩擦、冲击，更容易与外部环境接触，也再次证实了组织的外形反映着它的功能。

▲ **前臂按摩①**
单手揉捏前臂，调整释放第一层肌筋膜过多的压力。

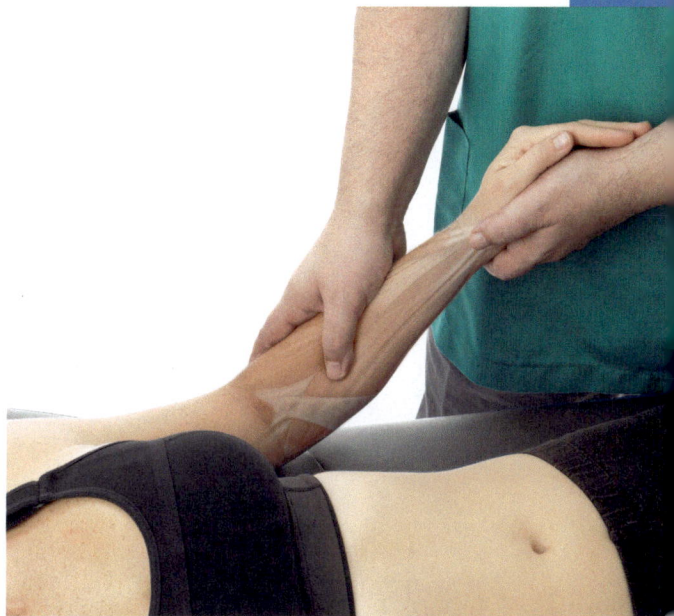

▲ **前臂按摩②**
用手的指关节在前臂和手指的背侧摩擦活络组织，另一只手将运动员手腕和手指向下拉动，从而增加手部的柔韧度和灵活性。

体侧链解剖及概览

维持身体平衡，负责横向运动的肌筋膜链

体侧链沿着身体的两侧延伸。体侧链从脚的内侧或内侧边缘开始，沿着外侧或外侧边缘继续，进而上升，穿过脚踝的外侧，通过小腿和大腿的外侧边缘到达骨盆。

这条链是一系列互相交叉的链条组合，它们沿着身体侧边，从前到后，又从后到前，在身体不同的层面穿梭，最终抵达头部，到达耳朵的高度。

如前所述，体侧链也可分为两个部分，即左侧链和右侧链。为了了解它们的机能和稳定性，我们必须对这两段链条有所区分。

体侧链的功能

体侧链的功能是控制身体冠状面的运动。它的功能是从外部稳定主要关节，包括髋关节、膝关节和踝关节等，有助于躯干向外弯曲（侧向弯腰），下肢向侧面抬高（外展）以及踝关节向外运动（外翻）等。

腿部的筋膜组织和腓骨肌主要负责支撑足底外侧纵弓（足弓外侧）。

同时体侧链还负责侧向运动（即身体向左侧和右侧倾斜），稳定躯干和头部，控制和调整躯干的旋转运动等。

躯干的任何侧向运动或下

颞骨

乳突

头夹肌和胸锁乳突肌

第一、二肋骨

肋骨

肋间肌

腹外斜肌和腹内斜肌

髂嵴

髂前上棘

阔筋膜张肌

斜方肌

髂后上棘

臀大肌

髂胫束

胫骨外侧结节和胫骨平台

腓骨头

腓骨肌

脚底第一跖骨和第五跖骨

◀ 体侧链显示了肌筋膜经纬交错的框架结构，其贯穿整个体躯干的前后两面，串联整个身体。

肢的侧向抬高都会导致体侧链一侧拉伸，另一侧收缩。

检测补偿作用

体侧链负责横向弯曲或侧向倾斜，若肌筋膜有一侧受到限制，出现过度的紧张和缩短，这就有可能导致身体任何部位（如胸、柱、骨盆等）出现侧屈的姿势。

因此，体侧链张力的增加，会导致肌筋膜结构受限，对等的另一侧在做倾斜动作时也一样会受到限制。

体侧链从髋部开始交叉来回分布，与螺旋链融合在一起，我们会在之后的章节中详述二者的关系。

如果我们从前面观察一个人，当他走路时，重心主要放在支撑腿一侧，我们会看到当脚后跟着地时，同侧髋部内屈。这意味着体侧链一侧负重，导致骨盆往另一侧下沉。骨盆下沉会导致同一侧链条向上撑开，力道随之上传。当患者走路或跑步时，治疗师应当评估两侧链条的协调性，这将有助于他们检测到任何现有的异常和补偿情况。

▼ 利用肌筋膜中储存的力量，运动员可以跳起来，向侧面伸展以接住球，同时还能控制和稳定自己的动作。

体侧链在人体行走时发挥着重要的作用，它支撑着一侧的肢体，而另一侧肢体则相应抬起。它能维持身体横向的稳定性，防止身体朝任何一边倾倒。此外，我们的两个内耳和体侧链位于同一身体线上，共同维持着身体的平衡和稳定。

下肢列车第一站：脚掌和小腿

手法	工具
◆ 推摩法	◆ 指节
◆ 按压法	◆ 手肘
	◆ 指尖

评估活动性和稳定性

足部对人体的站立姿势和所有相关运动（跳跃、跑步、踢腿等）都至关重要，因此我们需要对脚进行详细评估。尽管如此，运动员在训练中常常忽略这个部位，其重要性时常被低估。事实上，足部一个微小关节的问题，都会导致足部生物力学失衡，引发补偿机制，从而改变整个机体的功能。

脚趾灵活度下降，如爪形趾、槌形趾等，就是非常典型的足部病变案例。因此，这些细小的关节在保持脚掌最大灵活性及力量上发挥着非常重要的作用。

从生物力学的角度来看，脚掌外侧承受着更多的身体重量，而这需要很好的灵活性和均衡的稳定性。崎岖不平的地形对脚掌的承压能力是极大的考验，足部（脚的内在肌肉）和腿部（腓骨肌）外侧肌肉组织的协同联合作用能制约脚侧和脚踝的活动度和灵活性。

脚掌的评估

脚掌的内旋能力是根据一只脚与另一只脚之间的差距和灵活性来评估的。双脚由脚踝和脚的外缘支撑，运动员采取仰卧姿势，双腿伸展，开始往内旋，其中包括将两只脚的脚底向内，此时就好像两只脚底"注视着对方"。如果感觉到有强烈的限制，尤其是在腿的外部和下部、踝关节的外部和脚的外部边缘出现紧张的感觉，这表明这部分的外侧链可能已经缩短。

此外，治疗师也可从小腿外侧、脚的外踝和外缘部位对腓骨肌腱进行触诊。为了在触诊过程中更清楚地评估它们，运动员需要将脚和脚踝向外翻转（外翻）以抵抗治疗师手的阻力。如此，我们可以在脚踝处的腿外侧看到肌腱的显露，同时肌腱也会非常明显地出现在外踝的后面和下面。治疗师应对两只脚进行比较，查看有无硬化、僵硬、不可伸展和疼痛的部位。

▲ 足底内侧按摩
从大脚趾的底部和内边缘开始进行摩擦和揉捏，包括脚底板部位，在最敏感的部位用轻微的力道（不引起疼痛）使用摩擦手法。

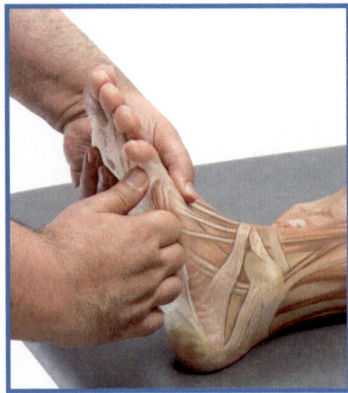

▲ 足侧按摩
在脚踝外侧或边缘以及踝关节进行推摩，放松脚踝，按摩时要绕着外踝，进行前面和后面的按摩。

▼ 足底按摩
俯卧位能有效帮助治疗师进行足底按摩，可以更容易触及足底外侧纵弓以及第一和第五跖骨底部。足底按摩使用的是三维式的按压手法，用手肘进行划水式动作，软化组织，使其更加灵活，同时也要避免过度刺激或造成疼痛。

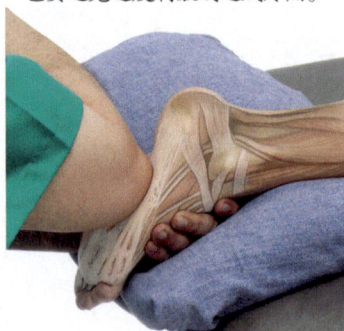

评估策略

　　治疗师要对体侧链进行评估，沿着小腿的外侧间隔，一直到膝盖的部位。通过比较两条腿，治疗师可以了解它们各自所承受的压力和自身的张力。如果有明显差异，可以推断较为僵硬的那条腿可能承受了较大的压力。这项评估可以请运动员仰卧在按摩床上进行。

　　当然这个测试也可以请对方按照平常的站姿进行，或者请运动员踮起脚尖，依靠在墙上。这样一来，体侧链需要努力维持身体的侧面平衡，进而在触诊时，就能更容易发现身体较为僵硬的部位。

精确解剖

　　腓骨第三肌，又称第三腓骨肌，属于腿前肌群，但目前该说法仍然存在许多争议。

　　有些专家认为它其实是腿后屈肌，负责腿部外展和外翻的动作。当脚趾抬起（背伸）时，它产生协同作用（肌肉激活）。最近的研究表明，第三腓骨肌具有的功能比我们现已知的功能还要多得多。

　　从正面观察的话，外踝或胫骨肌的位置比内踝或腓骨肌要低。这就说明为何我们的脚踝在扭伤时通常都是向内旋转而非外旋。要治疗这种伤势，除了要针对扭伤本身进行修复外，还需要恢复因扭伤而丧失的平衡能力。两腿的支撑力不同也会导致腿部长短出现变化。因此，足内翻时，腿会看起来长一些，反之，足外翻时，腿则看起来较短。

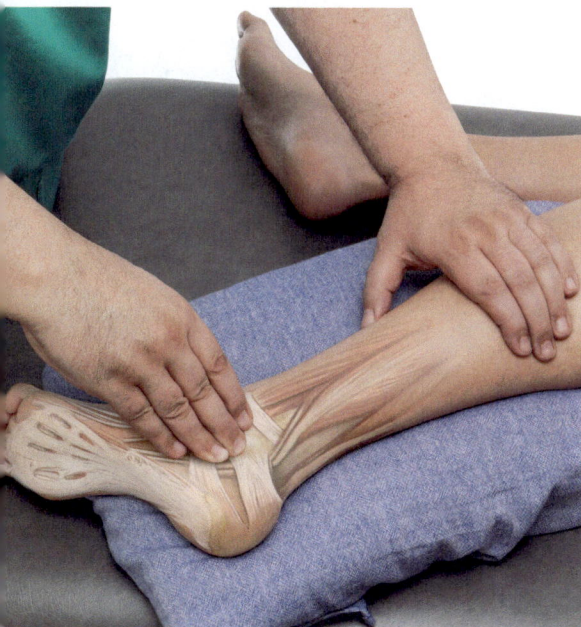

▲ 脚踝按摩

治疗师在脚踝的外侧边缘以及脚踝周围还有脚后跟处进行摩擦。如果运动员踝关节外翻（往侧面转动），我们可以很容易在踝关节后面看到腓骨肌腱。

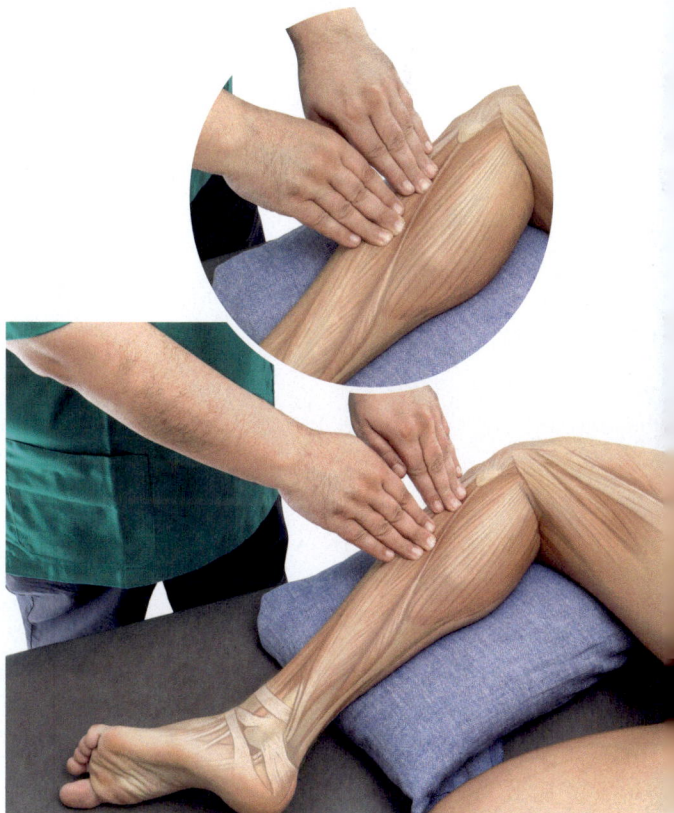

▲ 小腿按摩

沿着小腿进行横向摩擦，将前后侧隔室分开。如果运动员在按摩过程能做到踝关节的屈曲和伸展的动作，则能帮助挛缩的肌肉放松，有效解决组织缩短的问题。

下肢列车第二站：大腿和骨盆

手法	工具
◆ 推摩法	◆ 手肘
◆ 横向摩擦法或纵向摩擦法	◆ 指节
◆ 推压法	

连接部位和移动部位

走路时，身体用来减少能量消耗的方法之一就是使身体向承重脚的一侧倾斜，而骨盆则会向相对放松的另一侧肢体（不支撑身体的肢体）轻微下沉。因此，在承重肢体侧的髋部产生了相对的内收。

将大转子（髋关节的外部突出物）推向体侧链会迫使该链条从身体内部开始拉伸。大腿外侧是髂胫束，这个结构可以承受相对内收引起的张力，让髂嵴和股骨分离。

当我们向前迈步时，这个过程包含多个步骤。髂胫束承受的压力主要来自上述的被动式外展动作，但又因为其同臀肌（臀大肌和臀中肌）的协同作用，会产生更多的张力。臀部肌肉收缩，放慢脚步，缩短步伐，反过来又收紧了嵌入的髂胫束，髂胫束要承受重心转移的力量（髋部类似的内屈动作），由此进入另一个阶段，之前支撑身体的腿开始承受压力。

股外侧肌群筋膜链的检查

运动员采取侧卧姿势，躺在按摩床上，其中一条腿弯曲以保持稳定，治疗师则抓住待检查的腿部。然后，请运动员将这条腿伸直，向外展开，直到髂胫束覆盖大转子。这时要抓住运动员的脚踝和膝盖，保持正中位置，不要进行任何拉伸、内收或外展的动作，

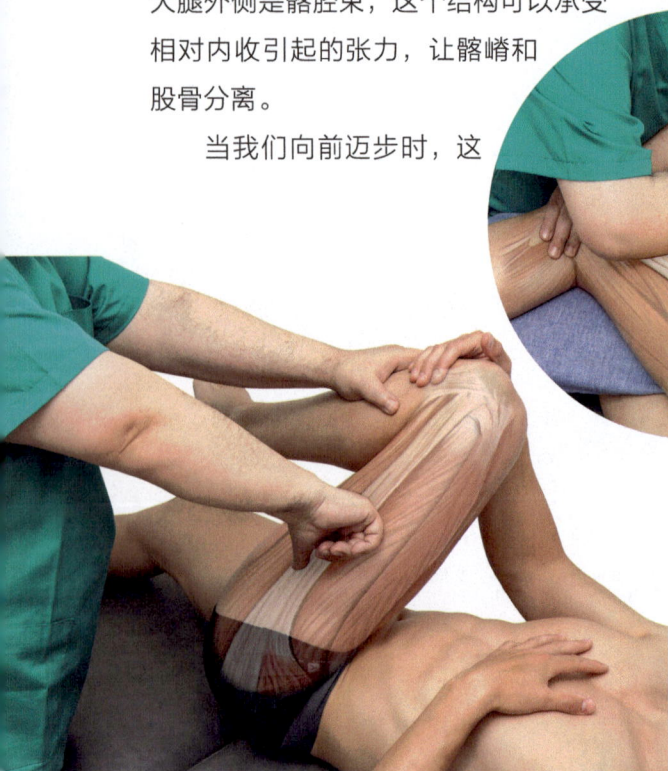

▲ 大腿按摩①

髂胫束的按摩非常重要，该部位经常出现动作受限和筋膜缩短的问题。运动员处于仰卧位，在进行大腿内收（闭合）时，用一只或双手握住膝盖。治疗师同时用手指、指关节或前臂沿着大腿外侧面进行推摩动作。

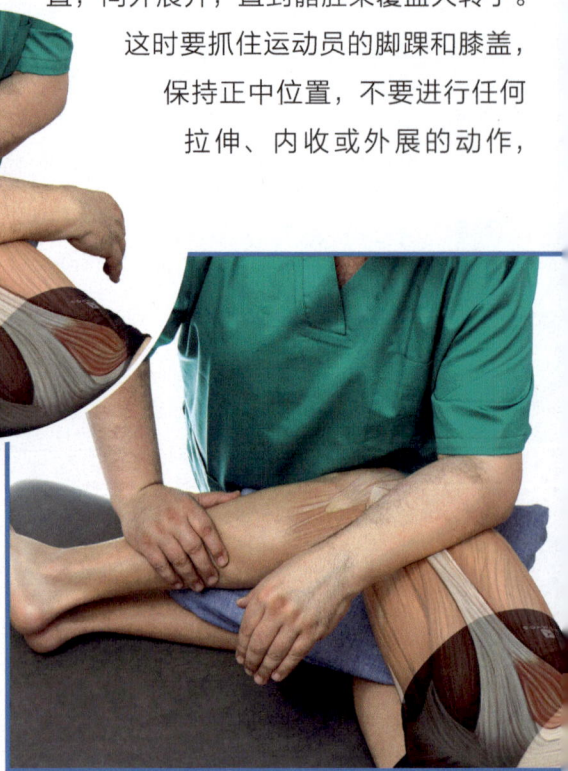

▲ 大腿按摩②

进行阔筋膜按摩时，运动员可侧卧，治疗师可利用指关节或者考虑到大腿面积有限，也可用前臂（更佳）对该部位进行推摩。在治疗过程中，应该重点将阔筋膜的前后结构，即股四头肌的股直肌肌腱和臀部肌群，区分开来。

慢慢弯曲膝盖至 90 度。

抓住踝关节，弯曲膝关节，然后移开支撑膝关节的手，让它自然地回落。如果膝盖悬在空中或几乎不下降，则说明髂胫束缩短。在测试过程中，为了保证评估的准确性，必须保证运动员是处于放松状态的。

骨盆与腰椎的关系

一个简单的测试可以评估骨盆和腰椎间的活动能力。这个测试主要观察的是骨盆相对于上腰椎的"下沉"程度。运动员站在治疗师面前，双脚与地面平行，分开至臀部的宽度。然后治疗师要求运动员弯曲一个膝盖，同时保持他们的脚在地板上。这个动作会导致骨盆在膝关节屈曲的一侧"下沉"。对侧的腰椎应该在 L3 骨节的位置发生侧向倾斜。如果下腰部不能自然倾斜，那么弯曲的部位将是脊柱比较靠上面的骨节。

评估策略

髂嵴是腹肌群的源头，腹内斜肌从髂嵴边缘伸出，其来自嵴峰，腹横肌则嵌入髂嵴的内部深处。因此，在髂嵴两侧遍布着许多重要的结缔组织，治疗师要仔细评估两侧的密度，再利用摩擦和拉伸的手法，帮助体侧链进行延展。

骶骨的基部可能会由于腿部长度的结构变化而倾斜。这会导致脊柱向一边倾斜，迫使组织缩短，产生的后果是它会让运动员有种错觉，认为自己的椅子歪向一边，或者好像是在斜坡上行走。

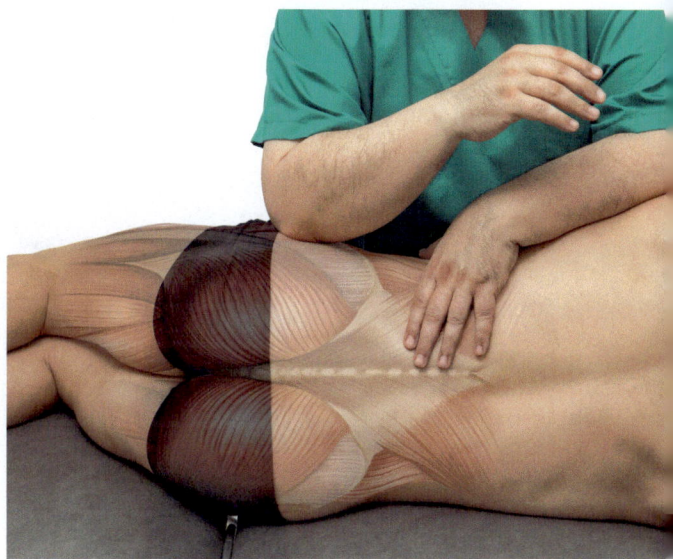

▼ **骨盆按摩①**
按摩臀部肉多的地方时，要沿着骶骨边缘，顺着纤维方向进行横向的摩擦，另外，也可以往下肢的方向进行纵向按摩。

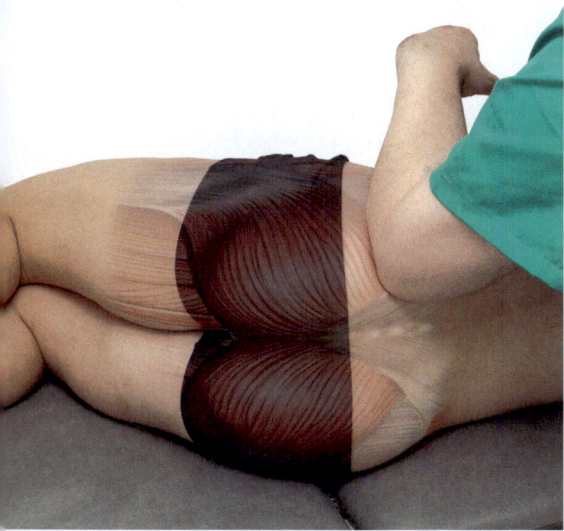

▲ **骨盆按摩②**
运动员侧卧，治疗师从脊柱前、后两侧向髂嵴进行按摩，缓解紧张感。治疗师的前臂在腰部开始按摩，一路往下，直到髂嵴的骨质边界。在此运用推压手法，向尾侧离心方向进行刮推，朝着骶骨按摩。运动员可以进行手臂抬高、前倾、骨盆后倾或者活动下肢等小动作，辅助按摩。

上肢列车第一站：腰椎和胸部

手法	工具
◆ 刮压法	◆ 指尖
◆ 推摩法	◆ 指节
◆ 牵引法	◆ 手肘
	◆ 前臂

连接区域

外侧肌筋膜结构会影响呼吸和手臂的运动。横膈膜把腹腔和胸腔分开，决定肋骨的位置和张力，而肋骨张力能调整横膈膜所占据的空间，由此看来，肋骨和横膈膜在它们的结构和功能上彼此反馈，互相制衡以达到稳定。也正是基于这种稳定性，覆盖在胸腹区域的肌筋膜框架得以协调，从而保证了动作的流畅性和可持续性。

当腹筋膜失去力量时，腹筋膜倾向于向侧面移动。其原因有很多：例如，不良的饮食习惯，肥胖（缺乏运动），过度训练，外伤，手术疤痕等。 这些问题都会影响呼吸，导致使"束腹带"无法提供有效支撑，使隔膜"活塞"无力，没有足够的能量来维持人体健康。

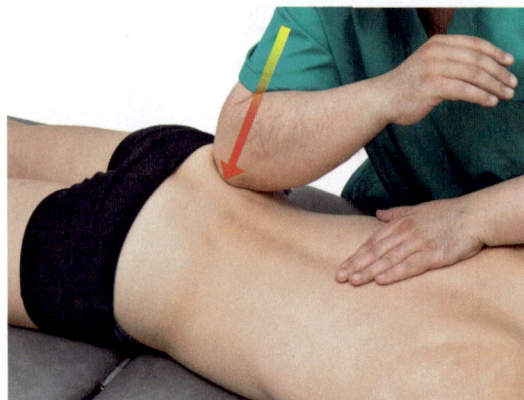

▲ **腰椎按摩①**
运动员趴着，治疗师利用肘部在臀大肌内侧边沿施加压力，沿骶骨外侧边沿，顺着肌纤维的方向进行横向和纵向的按摩。

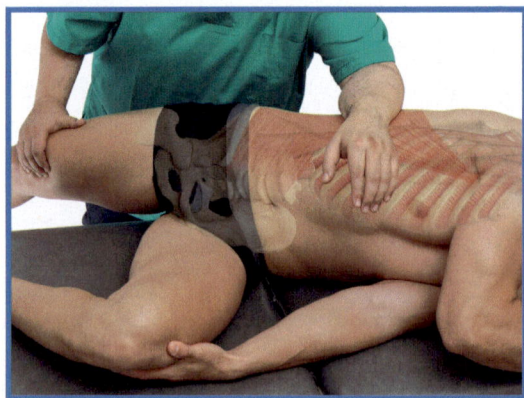

▲ **腰椎按摩②**
当骨盆和肩带向相反的方向旋转时，可以运用图中按摩手法，图中的运动员，大腿向后伸展，治疗师则用前臂向后拖动大腿，并利用手肘摩擦腰椎侧面。

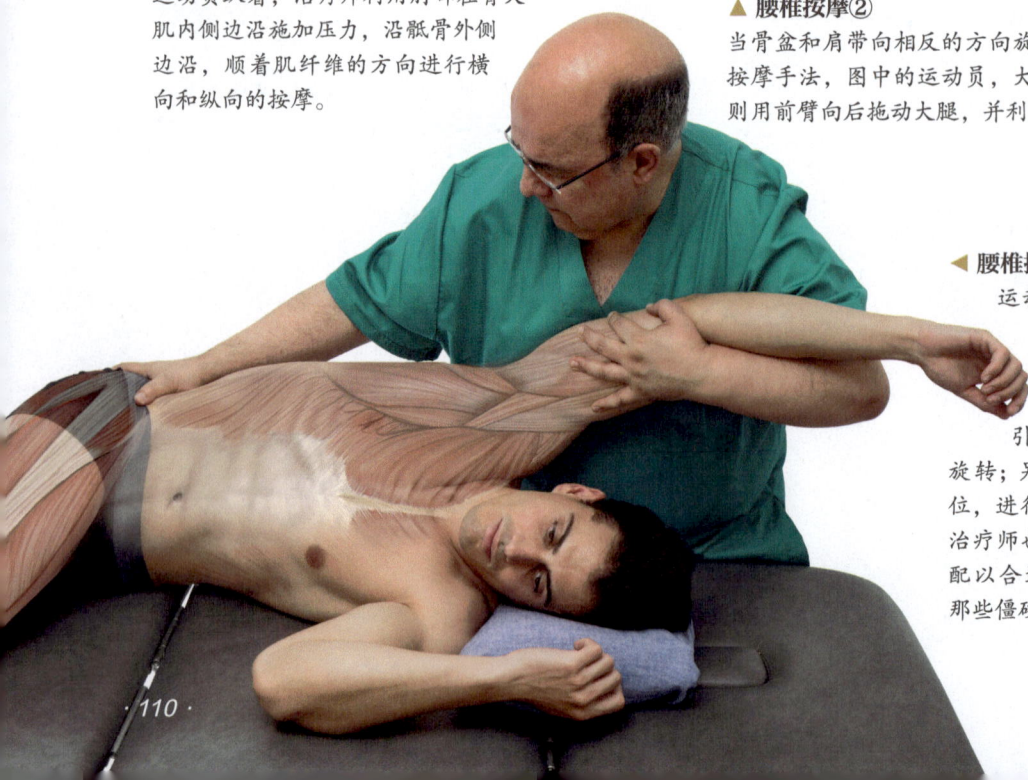

◀ **腰椎按摩③**
运动员侧卧，大腿向前，该侧骨盆旋转。治疗师用一只手抓住他的手臂，进行牵引，使躯干和肩带向后旋转；另一只手放在不同部位，进行大幅度的旋转动作。治疗师也可利用指节或手指，配以合适的按摩手法，活动那些僵硬、动作受限的部位。

骨盆和胸部的关系

行走时骨盆和胸部的相关性可明显体现出来。当脚后跟着地时，骨盆转向伸展的腿（即将开始向前摆动的腿），这造成了骨盆和胸腔之间的相对旋转。前后螺旋链负责控制这种旋转活动。然而，体侧链，由于其从腰部交叉成 X 形，因此，会与螺旋链之间相互贯穿，共同产生现在这个动作，并且控制这个动作。身体两侧的重心斜度（骨盆和躯干的侧向倾斜）也为冠状面的运动提供稳定性，使身体具有旋转能力，并在身体向左右倾斜时保持动作的整体性。

骨盆和胸腔之间的交替旋转受到两侧的斜向力控制和限制，两侧腹斜肌所提供的力量，借由不同层面的调整，让胸部与骨盆充分合作，保持身体平稳。

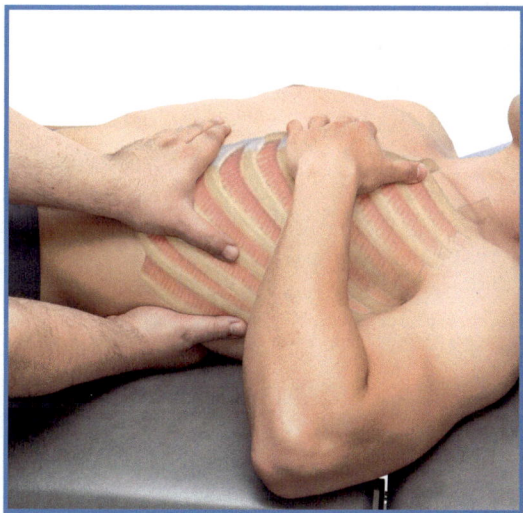

胸部的肋间肌群

肋间肌的角度与腹斜肌的角度相似，肋间外肌和肋间内肌通过控制每个肋间段的相对旋转来传递源于骨盆的旋转，甚至在行走和呼吸时亦是如此。

和腹斜肌一样，肋间肌肉组织也会在横向运动（旋转）平面中与螺旋链协作。然而，它们在体侧链上的深层位置，有助于其稳定前倾动作，尤其是稳定颈部下侧。

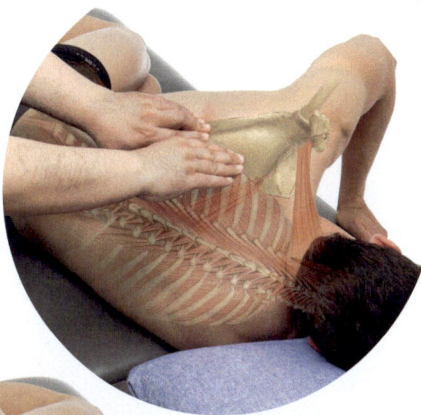

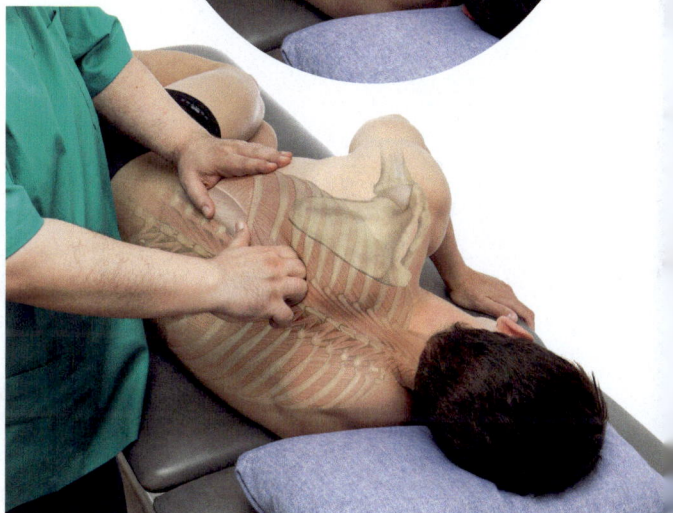

▲ 胸部按摩①

首先，运动员要懂得辨别胸肋前后移动的动作。为了做到这一点，治疗师把他的一只手放在运动员的胸前，另一只放在胸后。这有助于治疗师在运动员呼吸时感知前后肋骨之间的交替运动。注意：这个动作与其说是按摩技巧，更像是增强运动员身体意识的练习，也能带来身心放松的效果，颇有益处。

▲ 胸部按摩②

运动员侧卧，膝关节微屈。治疗师位于运动员身后，用手慢慢地向胸腔施加压力。在吸气过程中，韧带与肌肉在鼓起的肋骨之间摩擦。当运动员试图伸展时，治疗师可以沿着肋骨进行上升式的摩擦按摩，这样有助于展开肩胛骨，锻炼到胸部。注意：运动员在每个部位按摩结束后都要做几次深呼吸，以更好地提升按摩的功效。

上肢列车第二站：头部和颈部

手法	工具
◆ 刮线式摩擦法	◆ 指尖
◆ 推压法	◆ 指节
◆ 手指揉捏法	

胸式呼吸

斜方肌可见于头部和颈部，它们嵌入第一根肋骨起到颈部稳定器的作用，它们还具有维持姿势的作用，它们也常常被认为是肌筋膜肌肉。因焦虑、疲劳或恐惧而呼吸过度的运动员，其斜方肌可能会非常紧绷。

评估策略 1

这些肌肉可以通过把手放在肩膀上和将指尖放在锁骨上来进行评估。运动员吸气时抬起肩膀，若耸肩高度到达了耳朵的水平高度，这表明斜方肌可能已经缩短了。

评估策略 2

另一种评估这些肌肉的方法是要求运动员将一只手放在腹部，在肚脐上方，另一只手平放在胸部。开始呼吸时，治疗师观察放置于胸前的手是否先动。如果这只手向下巴方向移动而不是被推向前，这说明该运动员

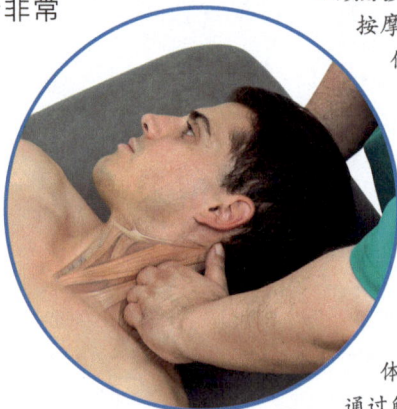

◀ **颈部按摩②**

按摩各个组织嵌入骨骼的部位非常重要，从乳突开始，顺着枕嵴，按摩到后枕骨隆起处（像按摩髂嵴一样）。这个动作可以深度放松所有筋膜结构和颈部肌肉，包括最深的枕下结构，并起到排毒作用。这些由于液体淤滞而增厚的区域可以通过触摸检测到。

▼ **颈部按摩①**

运动员侧卧，枕头放在头下放，如果治疗师打算使用伸展技巧的话就无须枕头。用一只手稳定肩膀，往尾侧方向轻轻牵拉，用手指或指关节按摩脖子的一侧，同时运动员将他们的头稍微转向远离治疗师的方向，抬起下巴或者抬起头。

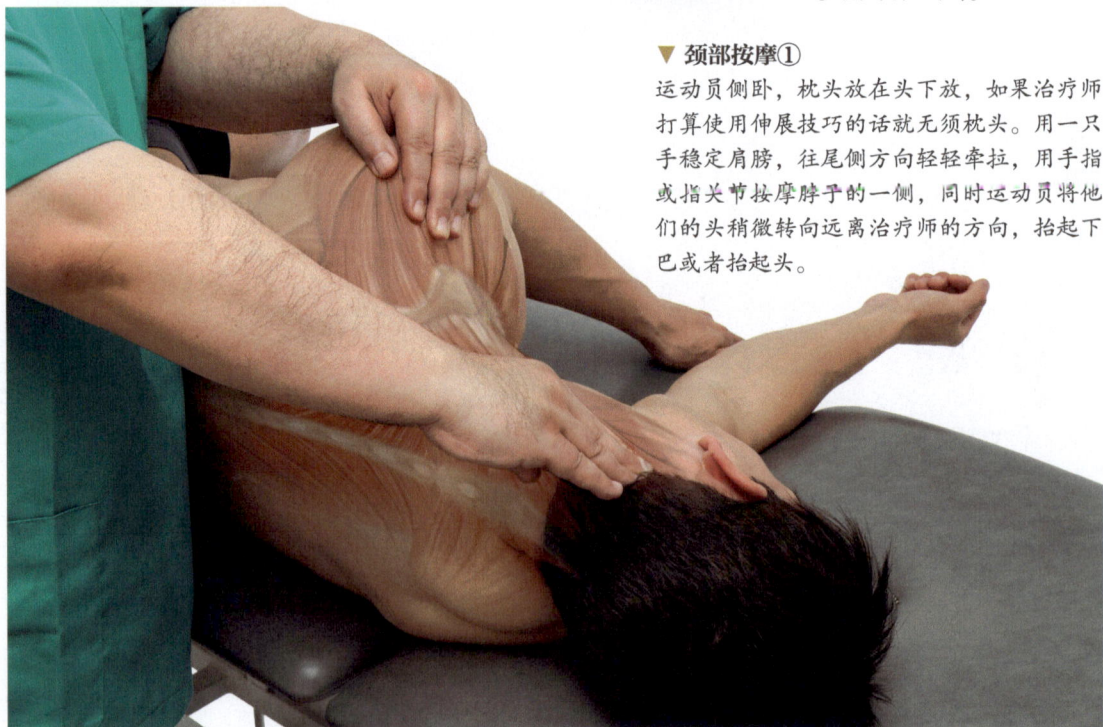

是在用胸式进行呼吸，这是因为他的斜方肌和其他参与呼吸的肌肉（如胸锁乳突肌）都已经缩短了。

精确解剖

体侧链从肋间肌伸出，穿过斜方肌，最终到达脊柱。斜方肌与肋间肌位于同一深度平面。事实上，它们都深深嵌入肋骨，特别是在前两根肋骨处尤为明显。

从 C2 骨节到枕骨的上颈椎部分比从 C3 骨节到 C7 骨节的下颈椎部分活动度更高。斜方肌没有伸到颈椎最上部的 C2 节段枕骨，这样，头部就可以不受过度的束缚，眼睛和耳朵因而能向四方探查。

头夹肌和胸锁乳突肌虽然是体侧链的一部分，但它们算是比较表层的组织，起到的主要功能是运动，而不仅仅是为了稳定。胸锁乳突肌在胸骨和锁骨以及乳突和枕骨附近的表面很容易用徒手触及。

治疗师若把手放在运动员的头上，就可以感觉到头夹肌。治疗师将手指放置于乳突隆起的下方和稍后方，运动员转动头部，治疗师的拇指施加一定的阻力，如此一来，很可能会发现运动员头部同侧肌肉正在收缩。治疗师也可以同时比较该区域两侧的张力状态。

脊椎横向运动时，会出现反射动作，脊椎轻微波动都会带动全身的上下起伏。当小的横突间肌收缩时，对侧横突间肌则得到拉伸。当小的横突间肌被拉伸时，对侧横突间肌会被迫收缩，如果把它拉直，之后又会再度产生收缩，这种反复收缩的模式发生在脊柱的所有节段。鱼类，在水中游动时也有类似的动作。人类维持着自动反射，这种反射在没有大脑参与的情况下运作。当婴儿开始学习爬行时，我们可以在他们身上看到非常明显的横向摆动动作。随后当孩子开始学习直立行走时，走路中典型的伸展和旋转更好地完善了这个动作。

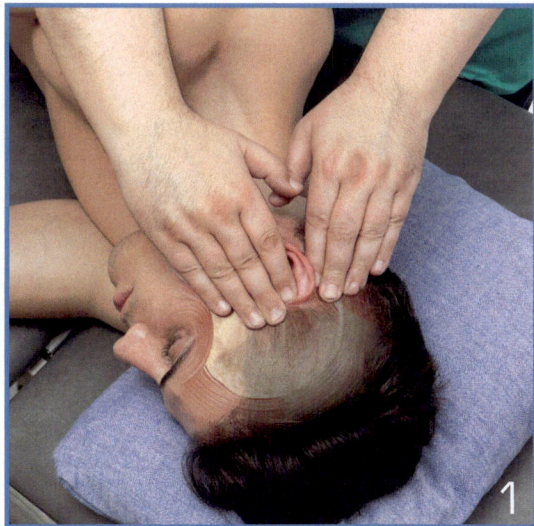

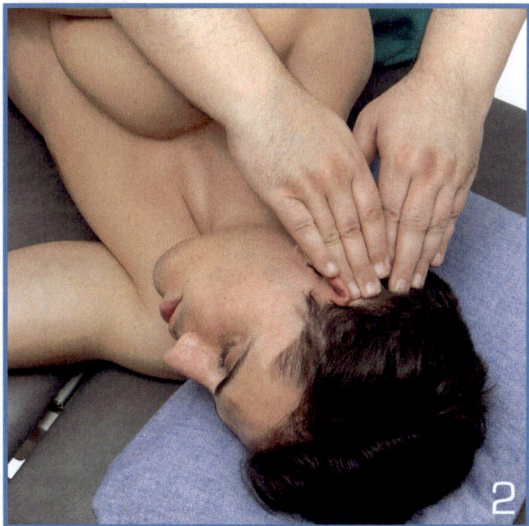

▲ **头部按摩**
双手并拢，手掌向外伸展，指尖置于颞下颌关节区（图1）或枕骨肌筋膜（图2），即耳朵上方和后方。治疗师利用细小的推摩动作（大约1厘米范围），活动疼痛区域，将组织上推至头顶，动作缓慢，使患者有时间在整个疗程中得以放松。

前螺旋链解剖及概览

整合性肌筋膜

前螺旋链，顾名思义，它就好像螺旋一般旋转环绕着整个身体。因此，其中包括许多原本属于其他肌筋膜链的结构。然而，在实际操作环节，除了在之前章节所提及的按摩技巧外，我们还将介绍其他一些特殊的手法用于对该肌筋膜链的按摩。

和其他肌筋膜链一样，前螺旋链也有两个部分：一条在左，一条在右。左右前螺旋链的结合形成一个假想的 X 形。

前螺旋链到了胸部的高度后开始出现转折，在一个表面平面和另一个深平面上分别形成一条通道，使骨盆周围有更大的活动空间。

螺旋链与轴心

前螺旋链位于冠状面，扭转运动模式是我们发现前螺旋链的契机。在前螺旋链组织的分布中，以身体中心线为指标，会有一条斜线轴。这条轴带动着所有的扭转运动，按

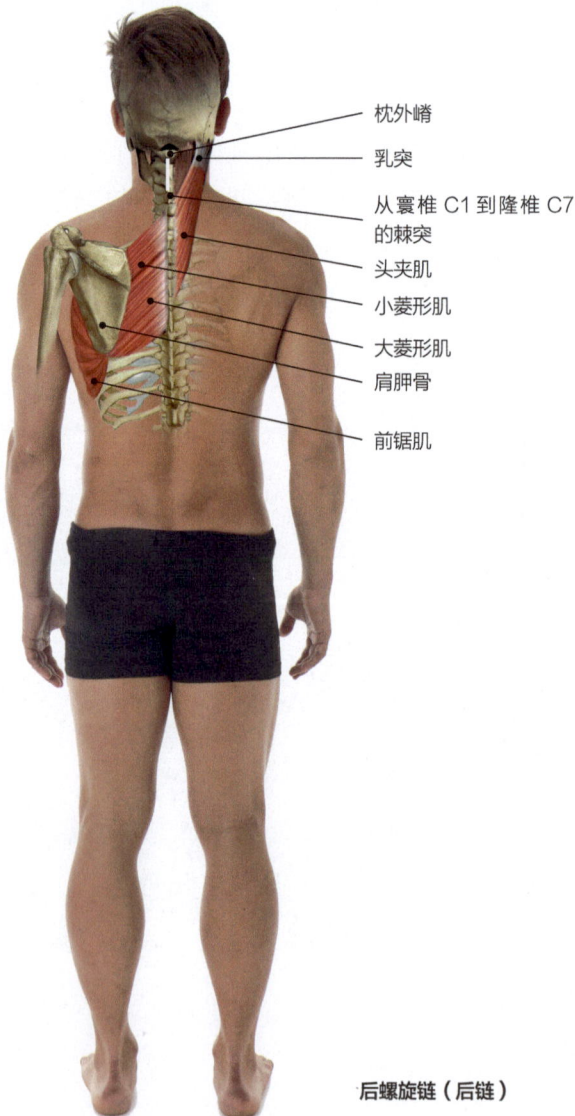

前螺旋链（前链）

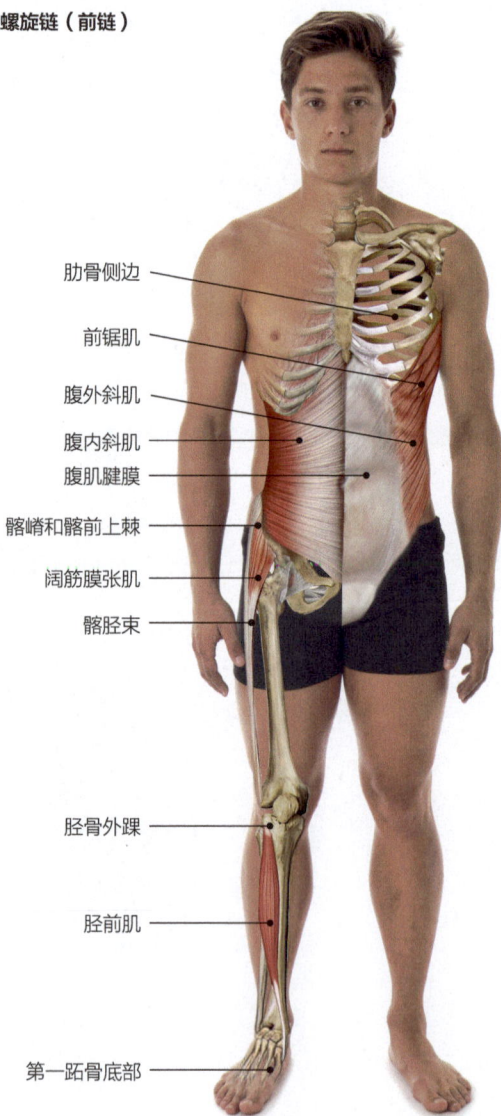

肋骨侧边
前锯肌
腹外斜肌
腹内斜肌
腹肌腱膜
髂嵴和髂前上棘
阔筋膜张肌
髂胫束

胫骨外踝

胫前肌

第一跖骨底部

枕外嵴
乳突
从寰椎 C1 到隆椎 C7 的棘突
头夹肌
小菱形肌
大菱形肌
肩胛骨
前锯肌

后螺旋链（后链）

▶ 前螺旋链的运动顺序

当动作开始时，左侧肩带和右侧骨盆分开，尽可能分开到极限，然后回缩，让右侧肩带接近左侧骨盆，此时动作结束。注意：为了更好地进行观察，治疗师可以要求运动员换另一侧的手和肩膀也做出该动作。

部就班地开始和结束。前螺旋链在不同层面上引导着身体的动作，因此前链拉伸时，后链收缩，反之亦然。

前螺旋链的功能

前螺旋链是由骨骼、关节、肌腱、结缔组织（筋膜）和肌肉组织的肌筋膜连续体形成的一条物理通路，它的功能是产生动力和位移。

在前螺旋链缩回时，手和手臂通过螺旋链的肌筋膜框架产生的扭力，会往另一侧的脚靠拢。

它强大的运动／开合能力在肌筋膜框架中产生了大量的弹性能量，为技术动作提供了爆发力，如跳跃、投掷或网球发球等。这种储备能节省巨大能量（不容易疲劳）以及产生更强的力量（提高效率）。

能量和力的来源

肌筋膜链的运动能力越强，弹性能量的积累和动力的产生就越为高效。一个最常见的例子就是走路。步行导致腰椎（骨盆和肩胛骨）分离，这种扭转运动提供了一种弹性能量，使我们走路时用力更少。什么时候你会感到疲惫呢，是悠闲地在商场逛街时还是快步赶路时呢？

组成肌筋膜链的各种结构都会不断调整自身的张力和压力，以组织身体的运动。它们的适应和整合都是为了实现以下 3 个目标：稳定，经济和舒适。身体的神经运动都遵守着这 3 个准则，并遵循生物肌张力整合系统所描述的模式。

检测补偿作用

当螺旋链受到影响或局部张力过大时，它会迫使其他链采取一系列补偿措施，会在其他平面上出现新的动作，并会在横向平面上与前螺旋链产生的动作重叠。这会导致身体失衡，变得不协调，导致关节运动能力丧失和产生不适感，从而影响体内各个结构。

策略

为了拟定治疗方案，治疗师需要仔细观察肌筋膜链的动作意图，以及评估其活动的程度和力量的品质。

例如，在探寻骨盆的不对称部位时，压力较大的那条螺旋链就是我们要治疗的目标。这种不平衡会扰乱身体机能，影响正常功能，因此会出现相应的运动功能障碍。

下肢列车第一站：脚掌和小腿

手法	工具
◆ 推摩法	◆ 手指、中筋指骨
	◆ 指节
	◆ 手肘
	◆ 前臂、尺侧部位

评估活动性和稳定性

脚跟着地时，肌筋膜链下端的小腿部位会由于踝关节的外翻而骤然拉长，这种张力的变化是由脚后跟撞击地面和重力的相互作用所引起的。这些张力和压力的变化不仅会影响到胫骨前部，为了应对和调整压力，也会影响到周围的软组织。

大多数负责接收应力变化信息的本体感受器都集中在肌间隔内和其周围。从本质上讲，这些部位经历的变化大多属生物力学范畴，因此这些部位拥有许多机械感受器，也在情理之中。

所有这些都说明了为什么矫正是非常有必要的，我们要考虑本体感受对于伤害方面所传达出的信息，这些损伤可能和运动相关，也可能基于其他原因，但都会影响到脚踝和腿部的功能。

评估策略

为了评估胫前肌的弹性，我们可以首先分析踝部外翻的程度和动作的质量，在踝关节和小腿的前部出现的紧绷程度也应该作为要考察的一部分。

当然，也有一些有趣的测试，比如治疗师会要求病人单腿站立，从而评估前螺旋链下方区域的负荷稳定性。这些测试有助于我们找出身体不稳定的部位，从而发现神经肌

> 肌电图研究表明，胫前肌最活跃的阶段，就是脚底即将离开地面时。本体感受器"指示"了当进入迈步阶段时，肌肉会带动脚步运动，把脚抬起来。

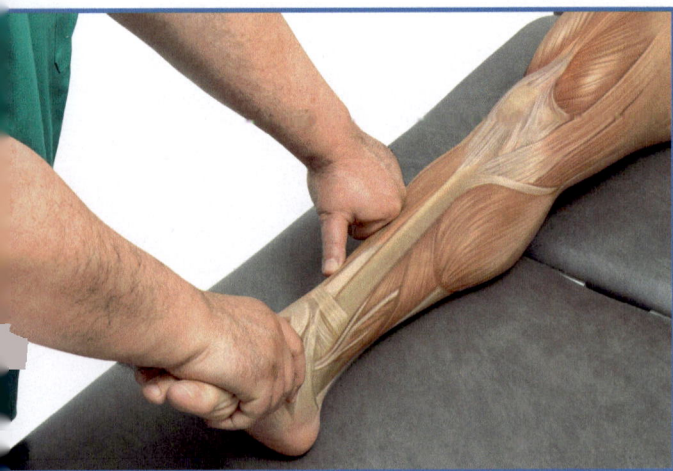

▲ 脚掌按摩①
保持踝关节处于外翻状态，牵拉胫骨前肌腱，治疗师用指关节或手指进行摩擦和拉伸，也可配以纵向或横向的按摩手法。

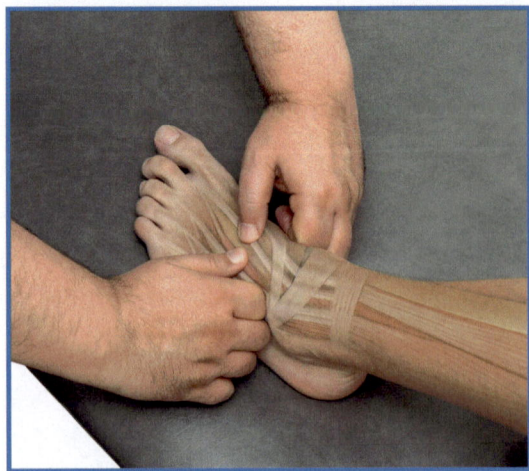

▲ 脚掌按摩②
用手指、指关节甚至前臂，按摩位于踝关节之间的软组织。当一只手进行按摩时，另一只手可以活动脚踝，当然运动员也可配合按摩，被动或主动地做出这些动作。

站立时，比目鱼肌（后链）负责调整轻微的前向不稳定现象，但是这个调节纤维不会显示在胫前肌的肌电图上。相比之下，当后退时（上半身向后），胫前肌的活动则非常明显，因为肌肉正在控制这个动作。此外，当胫前肌出现问题时，走路就会感到无力。

肉控制机制失灵的问题。最后也可增加一些关于机械动力方面的测试，如跳跃、旋转等。

评估策略

运动员的两只脚都是由内侧边缘和脚踝进行支撑的，治疗师会要求运动员做出足部外翻动作，将两只脚的脚底向外移动，确保两只脚底不是"面对面"，而是"背靠背"。如果动作受限，以及在外翻动作中腿前部、脚踝前部和脚背出现紧张感，表明该部位的前螺旋链肌群可能有缩短。

治疗师将继续沿着小腿的前间隔一直检查到膝盖。比较两条腿的状况，关注它们的张力情况和紧张程度。

在前螺旋链中，和其他肌筋膜链相同，治疗师都需要对力量进行评估，因此要进行一些针对胫骨前肌的测试。治疗师会要求运动员脚踝向内翻转，然后对其双脚施加一定压力，运动员在抗衡这些压力时，治疗师同时观察双腿肌肉的收缩情况，进行比较。

精确治疗

胫前肌与足弓关系紧密，因此那些足弓过高的人若进行跑步、竞走或跳跃等运动时，会对胫前肌造成额外的压力，此时该部位的肌腱和胫骨组织都有可能出现充血现象。

应采取的治疗方法包括放松组织、多次进行横向摩擦，同时配合拉伸运动和其他辅助疗法（训练本体感觉、搭配矫形器等）。

此外，应避免穿着不合适的鞋，如人字拖、木屐或类似的鞋子，因为它们为了走路时不摔倒，会迫使脚踝和脚采取类似爪子的姿势，影响足部的正确形态。

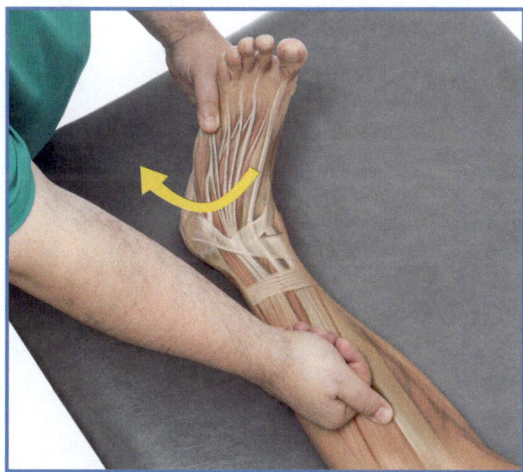

▲ 小腿按摩①
用指关节、手指或手肘顺着脚踝一侧进行按摩，沿着小腿正面向膝盖方向进行推摩。脚踝可以保持外翻，治疗师也可以要求运动员做出背伸的动作（抬起脚和脚踝）。

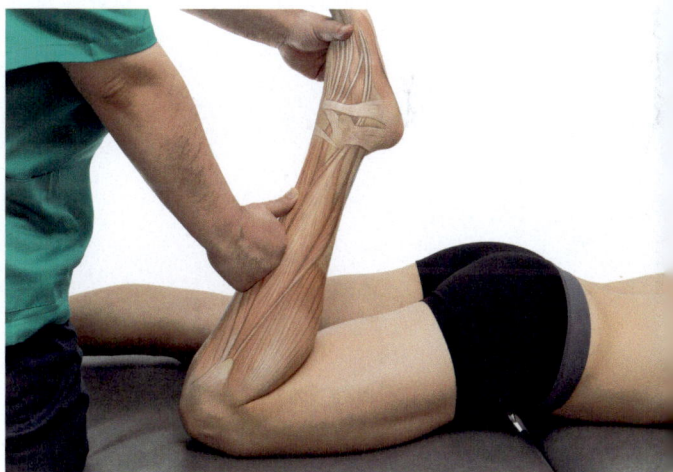

▲ 小腿按摩②
这个动作可同时拉伸踝关节和小腿，治疗师可以在小腿正面进行推摩。

下肢列车第二站：大腿和骨盆

手法	工具
◆ 推摩法	◆ 手指，指尖
	◆ 手肘
	◆ 前臂
	◆ 指节

连接部位和移动部位

前螺旋链穿过髌骨前方、经过膝盖外侧和内踝，如果前螺旋链过于紧绷，膝盖则会内旋，（髌骨朝内），此时当脚与地面接触时，臀部伸肌和外展肌会剧烈收缩。

大腿屈曲时，骨盆会向不用支撑身体的那一侧下沉，此时髋部的肌肉群会提前收紧，因为弹簧作用，运动效率从而提高。

重心线

当脚跟着地时，位于其上方的骨盆得以移动。身体的重心线在脚跟着地的阶段开始后移，然后在足部着地时重心线又会与脚对齐，最终在迈步抬脚时，重心线又会向前移。

当骨盆移至脚前方时，髋关节处于伸展

状态，这意味着阔筋膜张肌也会被拉伸。因此，前螺旋链会带动整个下肢进行外旋，尤其是足部，其内侧纵弓会升高。

股外侧肌群筋膜链的检查

在任何活动度的测试中，治疗师必须熟悉如何确认一个动作是否流畅。对于这一点，我们要始终进行身体两侧的对比，以获得测试更高的准确性。

运动员仰卧，下肢屈曲，双脚放在沙发上，膝盖因重力作用而自然分开。治疗师将双手放在运动员膝盖的外侧。从最初的位置（两个膝盖接触）开始，治疗师分段式地把运动员的两个膝盖同时放开，又同时抓住，并不断重复这个过程，并评估这一动作的难易程度。治疗师还可同时测量两侧大腿的屈曲、外展和外旋程度，并通过比较两边的活动度是否有差异，来确定大腿肌肉的状态。

大腿与骨盆关系

前螺旋链会穿过髂前上棘，这块突出的

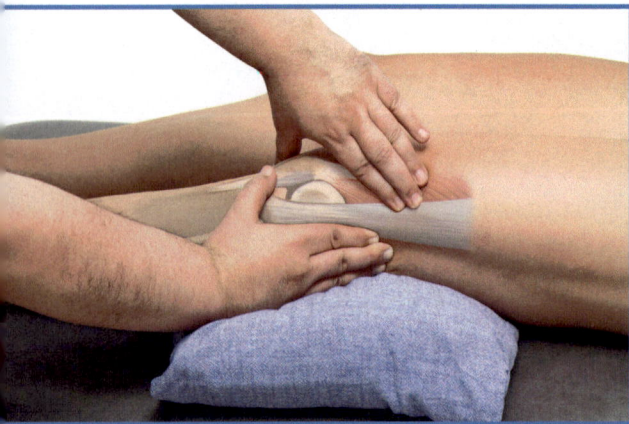

▲ **大腿按摩①**
若要更精准地按摩阔筋膜嵌入膝盖的部位，就要使用指尖放松组织。

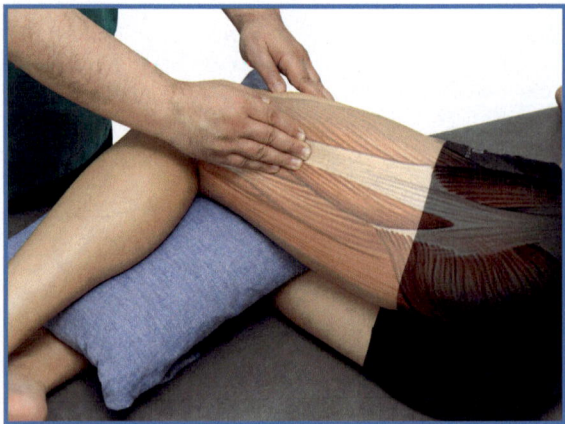

▲ **大腿按摩②**
解除筋膜周围肌群的粘连至关重要，请运动员弯曲膝盖（股四头肌伸展），治疗师用手指或指关节向前按摩，以放松股四头肌。同样的步骤也适用于腘绳肌群，但是此时要保持膝关节伸展（腘绳肌伸展）。

骨质部位是许多结构的嵌入点，而这些结构正是螺旋链和其他筋膜链（例如前表链和体侧链）的一部分。

因此，腹肌会顺着拉扯它们的纤维推动骨盆：令内斜肌上下移动，外斜肌向上和向内移动，腹横肌向里向内移动。

大腿处的许多肌肉也来自髂前上棘，这些肌肉也会使骨盆向下移动：缝匠肌向下和向内移动，髂骨也会以同样方向进行以移动，臀中肌向下和向后移动。

我们需要对骨盆的受力进行一个全面的评估，以确定哪些肌筋膜群最可能造成平衡失调问题。

评估策略

除了常用的检查方法和我们在前面章节中详细介绍的检查（阔筋膜缩短检查、骨盆下沉检查等）方法之外，对该区域，"目测"也是基本的评估方法。治疗师可利用三维模型重建指定区域的原貌，从而更好地进行按摩治疗。

不论是因缩短（姿势肌问题）还是因为

> 横向运动被认为是人类相对于其猿类祖先的一种新的进化适应，在此之前，我们的祖先是不存在诸如肩胛骨和骨盆带的反向旋转动作的。另一方面，我们也应注意骨盆不对称的位置，这能帮助治疗师找出哪一条螺旋链比较紧绷。

无力（筋膜问题），这些结构都会因为运作不稳而发生问题。

所有的深层肌筋膜按摩技巧，都是以缓解缩短现象为主，要处理最为严重的肌筋膜单位。

主动运动的按摩技巧

肌肉群只要被激活，则相应的拮抗肌会抑制前者的收缩。因此，对肌筋膜组织施加按摩时，治疗师会要求运动员做出引发交互抑制反射的动作，因为这个动作会放松与肌肉相对的组织。也就是说，如果运动员在治疗师按摩髂胫束时，髋关节屈曲，髂腰肌和臀大肌的活动和收缩将使腿部外侧区域放松。这个简单的手法将帮助运动员显著提高运动能力。

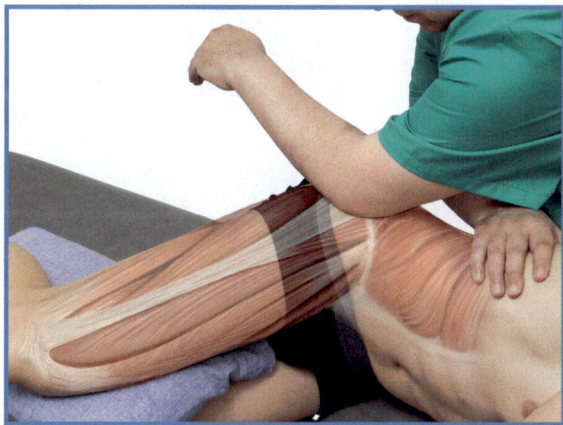

▲ **骨盆按摩①**
运动员在接受按摩时，可进行小幅度的髋部屈伸运动，此时治疗师可对髂嵴和髂前脊柱区域进行深层组织按摩。如果腰部出现剧烈疼痛，则不应进行此项按摩。

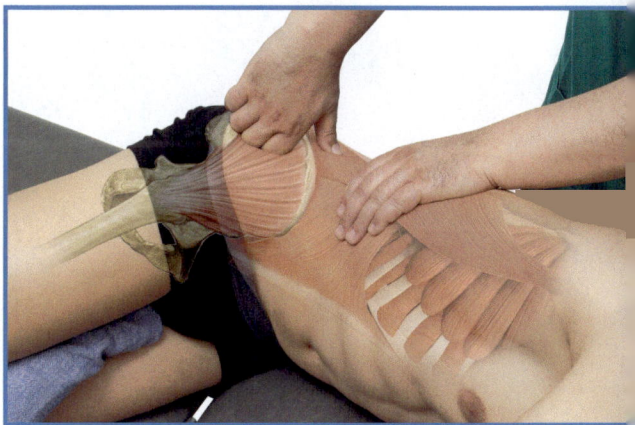

▲ **骨盆按摩②**
在这个区域进行深层按摩时，用这个手法的目的是将阔筋膜张肌、股四头肌股直肌腱和臀肌群区分开来。

上肢列车第一站：腹部、腰椎和胸部

手法	工具
◆ 推摩法	◆ 手指，指尖
◆ 加大力道的推摩法	◆ 拇指或食指
	◆ 前臂

连接部位

运动员通过腹部运动来锻炼腹斜肌，在训练的过程中，躯干上抬，让肘部去触碰对侧的膝盖，该动作会牵动两条螺旋链中的一条（记住有两条螺旋链，每边一条）。这意味着一条被缩短，而另一条被拉长。

腰部－腰椎－耻骨与下肢的关系

在以下的动作中我们可以看出整个肢体、骨盆和腹部区域之间的关系。双脚分开站立，两腿保持臀部宽度，让骨盆前倾和后倾。前倾时，膝关节伸展，髋关节内旋，同时足弓下降（弓弧下沉）。在骨盆后倾运动中，则一切相反，膝关节半屈曲，臀部外旋，足弓增加。

当运动员做抬腿动作时，治疗师可触摸其腰部（斜）肌肉，从而确定胸部旋转的程度和两侧动作的差异。

前螺旋链的螺旋式分布

就骨盆而言，如果我们从右侧的腹内斜肌开始观察，我们会注意到链条向两侧的变化。腹壁腱膜在腹白线处的密度较高，其与左侧外斜

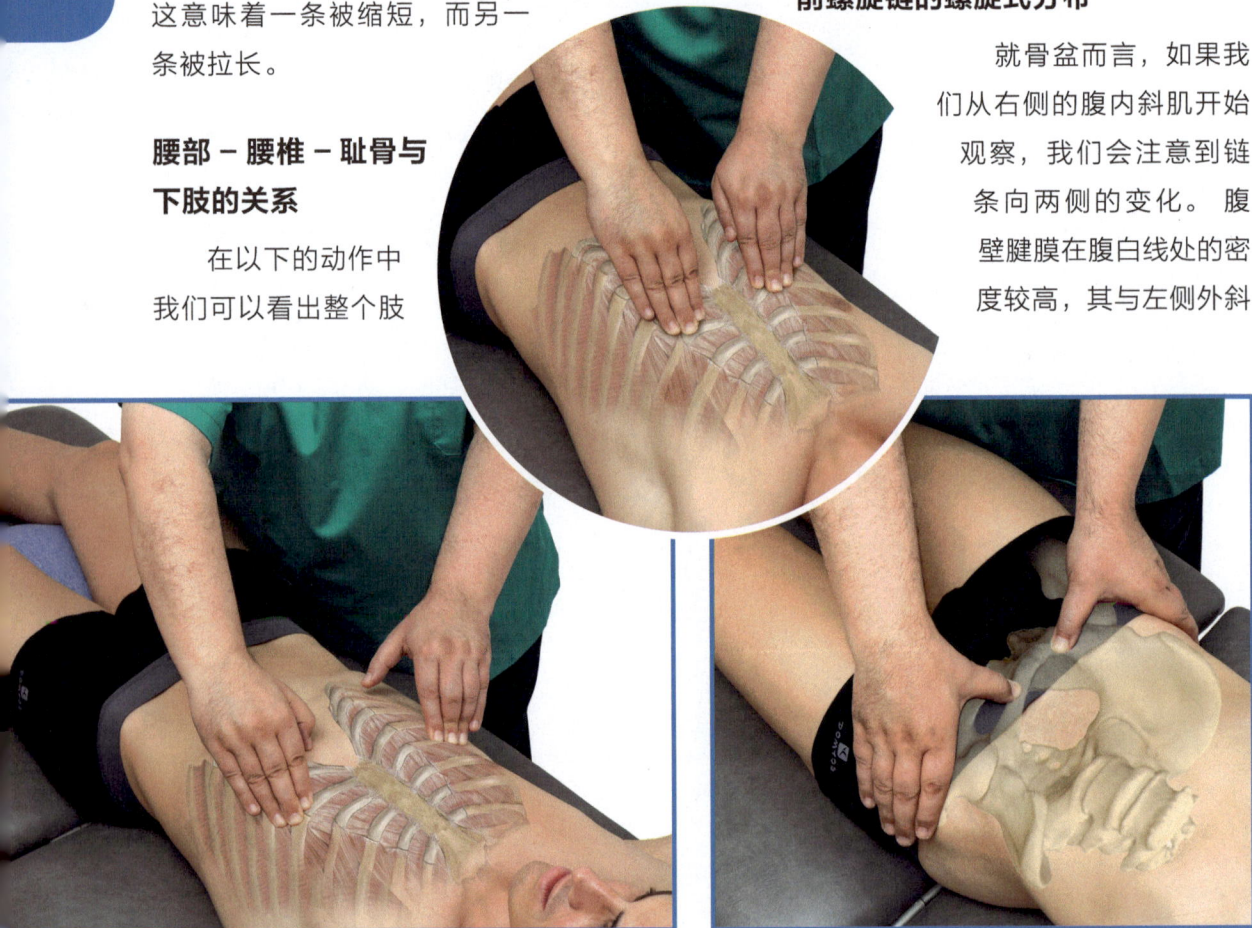

▲ **腹直肌按摩①**
运动员仰卧，双腿略微弯曲，双臂高举过肩，治疗师对肋弓两侧进行按摩，也可分边轮流进行。记住，腹部筋膜的末端位于第五根肋骨的高度（乳头高度），因此按摩到这一高度即可停止。按摩是从两侧向中心进行，直到中线为止。

▲ **腹直肌按摩②**
用两个拇指或食指对耻骨施加轻微的压力，而后逐步增加压力但不要过度。如果耻骨比较敏感，则找出敏感点；如果没有不适，则一点点地向两侧移动，最多移动4厘米。运动员可能需要稍微抬起头部或者屈曲膝盖以收紧筋膜，以便将问题部位显露出来。

肌的功能有关联。此时，链条改变了方向，形成了一个十字架形状，现在位于左侧的外斜肌连接着同侧胸廓的前侧两部分。

最后，链条从胸腔前部离开，与身体后部的菱形肌结合在一起。链条继续延展，经身体的背面，从这里它将再次穿过身体，绕回到颈部和头部的右侧。

骨盆与胸部之间的关系

如果我们观察到一个人的肋骨比较靠近另一侧的髋部，那么就应该对前螺旋链进行拉伸按摩。

为了评估骨盆和胸部间的关系，治疗师可轻轻地将手掌和手指放在腹部筋膜的浅层，双手向对角线方向移动，进行恢复姿势平衡的按摩工作。

主动运动的按摩技巧

除了前面章节所描述的好处（运动员主动进行动作，辅助按摩，产生交互，抑制反射），这项按摩手法还有另一个优点：治疗师可以腾出一只手用来增加力道或固定按摩治疗的区域。这对于背部和胸部的治疗非常有用，比任何被动式按摩的效果都好。

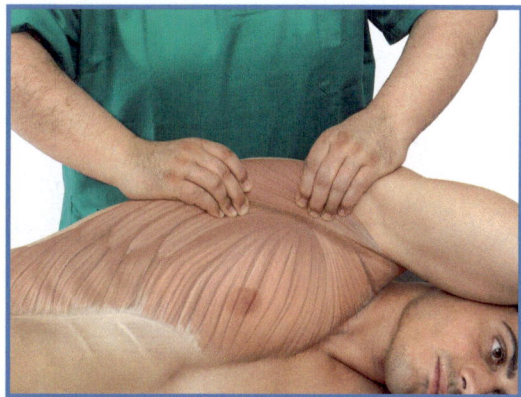

▼ **胸部按摩①**
运动员侧卧，治疗师用前臂按摩肋弓，另一只手辅助拉伸。治疗师要握住运动员的臀部，并请运动员将肘部向头部移动来辅助按摩。

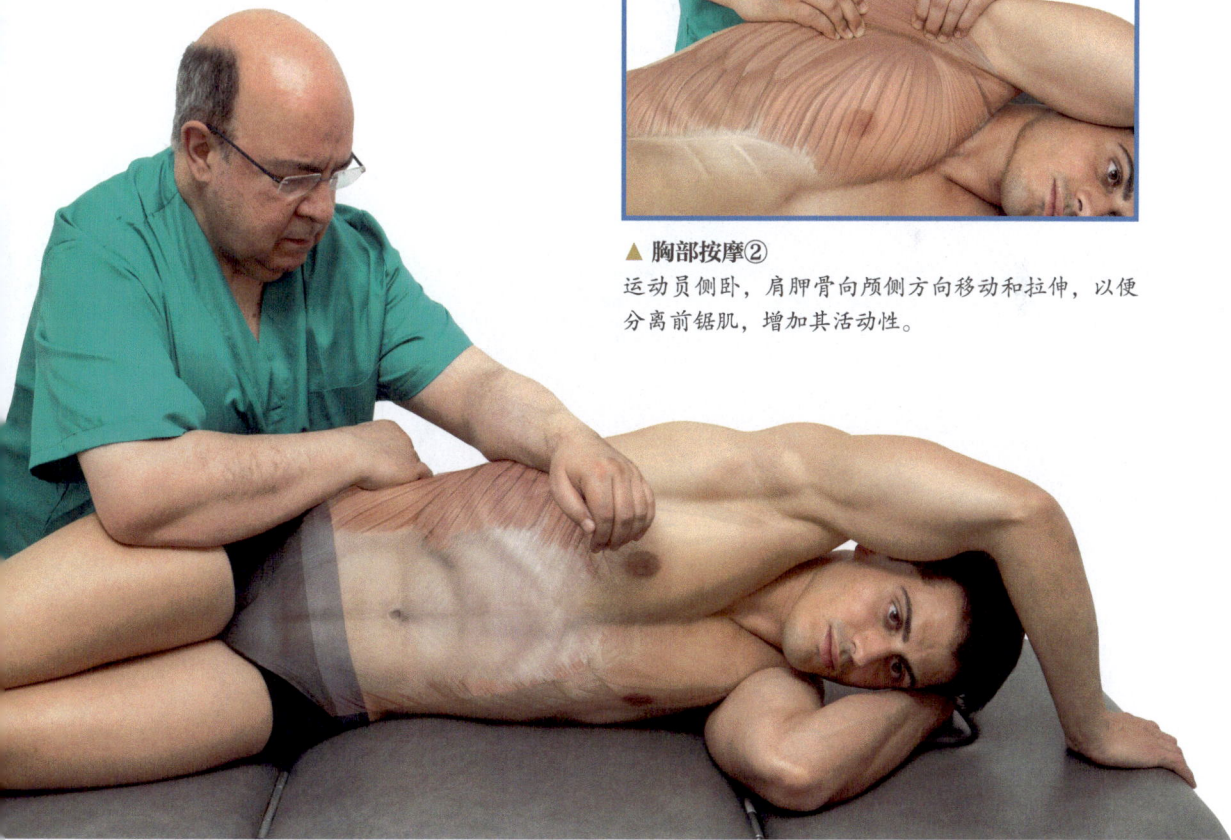

▲ **胸部按摩②**
运动员侧卧，肩胛骨向颅侧方向移动和拉伸，以便分离前锯肌，增加其活动性。

上肢列车第二站：头部和颈部

手法	工具	
◆ 刮线式按压法	◆ 手肘	◆ 手掌
	◆ 指节	◆ 指尖

运动中的 3 段脊椎

当步行或跑步时，我们的 3 段脊椎会在横向平面上辅助运动。腰椎随着骨盆向一侧旋转；胸椎、胸部和肩胛骨在腹斜肌上产生张力，往另一侧进行反向旋转；颈部区域的颈椎和头部保持静止，始终面向前方。

手臂的摆动经由头夹肌给菱形肌施加压力，在这个过程中，胸椎的上部和头部以与腰椎和背脊区向相反的方向旋转。

评估策略

确认头颈部的旋转能力非常重要。治疗师可要求运动员保持坐立，左右旋转颈部和头部。在转动过程中，治疗师可以通过观察哪一边的动作受限，从而确定哪一条筋膜链比较紧张。缩短的右前螺旋链将限制左向旋转，反之亦然。

换句话说，在检查个体姿势时，如果发现头部和颈部向两侧中的一侧转动，则表示那一侧的前螺旋链缩短和紧绷，需要依靠按摩技巧来帮助拉伸。

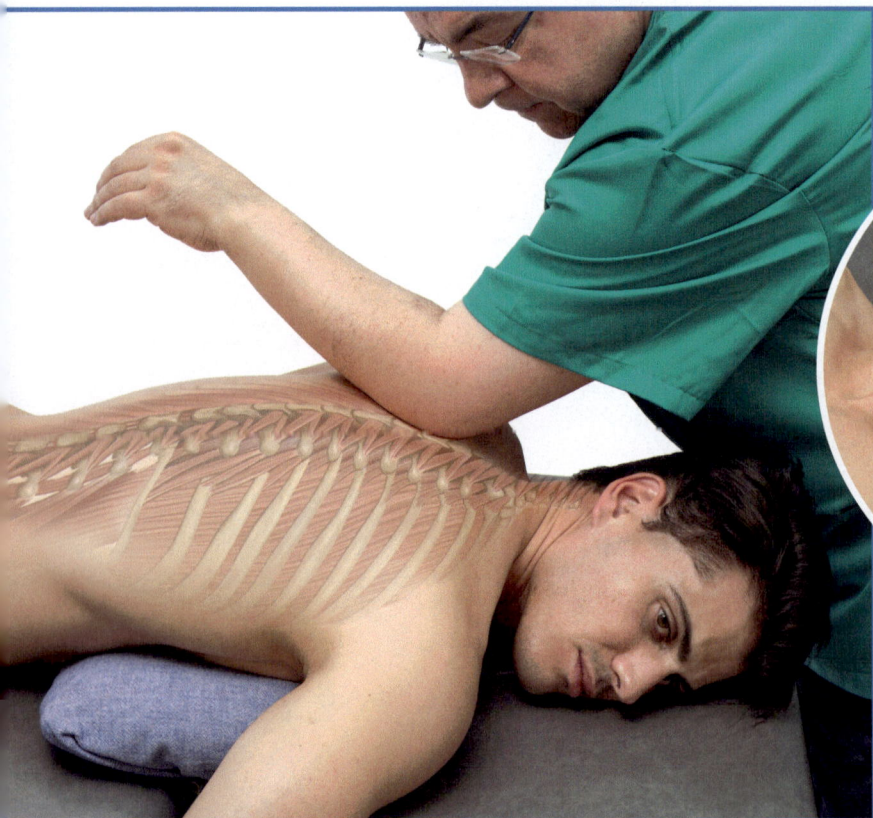

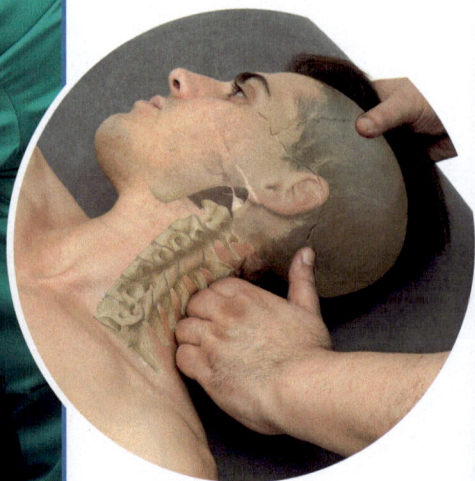

▲ 颈部按摩②
放松拳头，用指关节轻轻按压棘突，同时将运动员的头部转向相反的方向。这种手法要从颈部后方开始，慢慢移向前侧。

▲ 颈部按摩①
运动员俯卧，脸背向治疗师，治疗师趁其呼吸起伏时，轻轻按压上肋骨。同时，稍微抬起运动员头部，转向按压的另一侧。治疗师缓缓向外侧移动，直到肩胛骨的边缘。该按摩可以和竖脊肌（脊柱旁肌）的按摩搭配使用，以建立头颈部的连接。

唯有通过脊柱和肩胛骨带的动作，让肌筋膜紧缩，激发前螺旋链，产生横向扭转，才可能在不使用四肢的情况下，做出向前或向后移动的动作。

▼ 头部按摩②

摩擦头部，在头皮上缓慢移动，找到微小的敏感结节。在进行头部按摩时，务必注意力道要温和，有时也可轻轻地拉扯头发，作为按摩结束前的最后一步。这些手法可以使人放松。

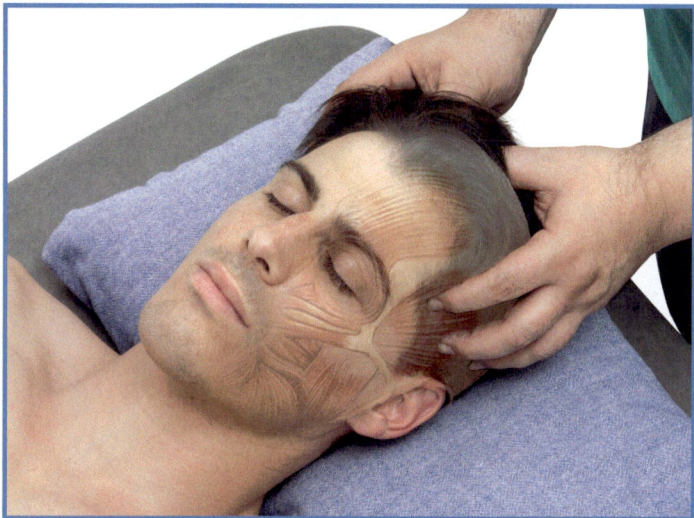

▼ 头部按摩①

我们在体侧链按摩的手法也可以应用于头部按摩，使用这种方式放松头部后面和侧面的组织及敏感点。

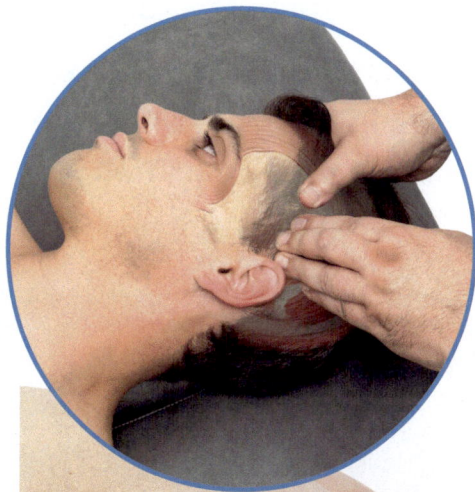

▼ 头部按摩③

按摩颅骨，缓解压力。治疗师手指放松，在枕骨底部做轻微的牵引。按摩中，用手的拇指和手掌握住头骨和头部，通过触摸感知压力是否得以释放，然后评估放松的程度，注意观察运动员的呼吸，是否变得缓慢和深沉。

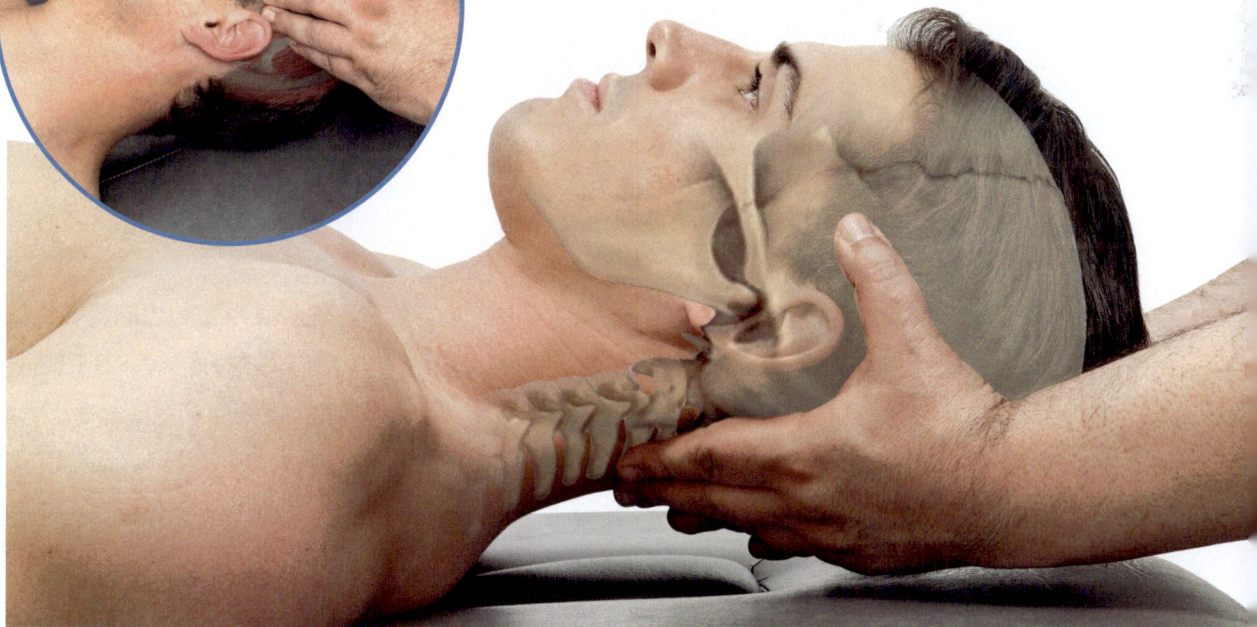

后螺旋链解剖及概览

同一支舞，同一个舞伴

后螺旋链由肌筋膜组织的几个平面构成，成带状，穿过并连接着其他筋膜链。

因此，右后螺旋链和左后螺旋链，各为一条纽带，两条筋膜链横向交叉并在身体后部形成X形，使得这两条纽带在胸腰筋膜处产生交集。这两条肌筋膜链在做相关的拉伸或收缩动作时，会相应地被拉长或缩短。

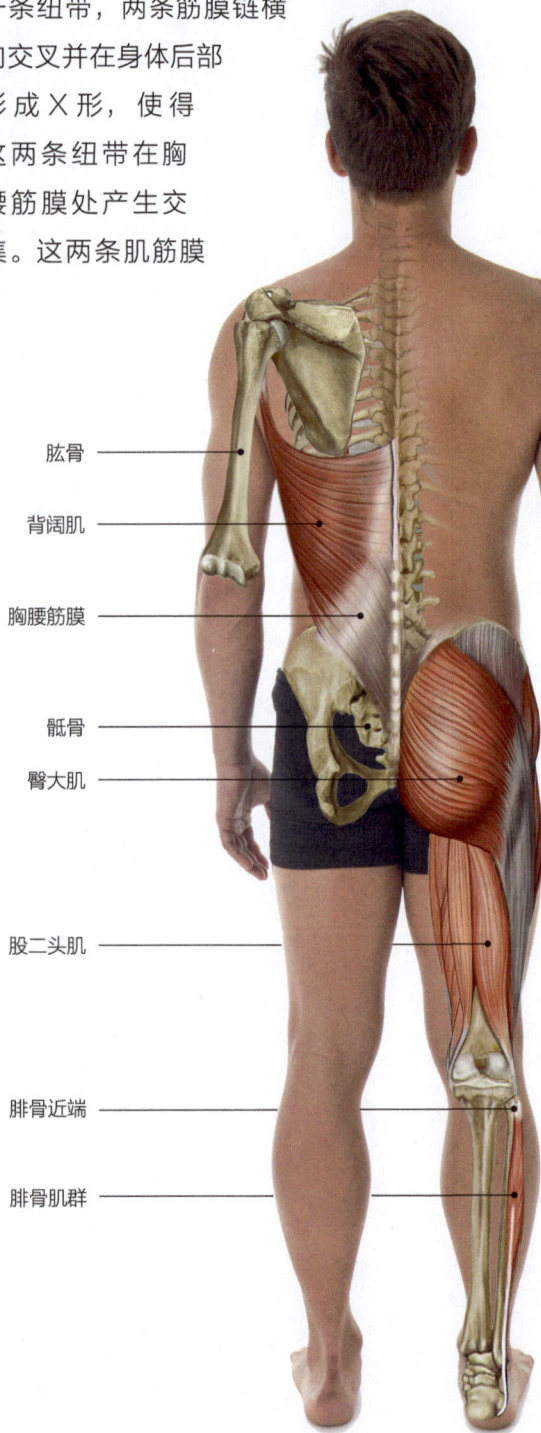

和之前的筋膜链相同，这两条纽带之间呈互补关系，一条缩短，则另一条就会被拉长。

训练与治疗的新方式

关于筋膜链，我们认为任何针对筋膜链结构的柔韧性训练（无论是拉伸、活动，还是按摩等），都会增加相关结构的活动度，哪怕它们之间相隔甚远。瑜伽中的哈奴曼神猴式动作可以大幅度地拉伸臀部肌肉和阔筋膜，改善另一侧手臂的灵活性。

尽管如此，迄今为止市面上使用的柔韧性训练方案大多只针对单一部位进行柔韧性训练，把肌肉作为锻炼的主要目标。我们应该对其重新设计，以全新的视角进行训练。仍在使用中的标准训练姿势也要加以新的定义，如扭转和拉伸等动作模式，都要开始重新审视筋膜链的重要性，并进行正确的力量训练。

互相合作，积存弹力

身体正面的两条交叉纽带构成一个X形，即前螺旋链，反之，身体背面的交叉链条则是后螺旋链。这种交叉模式连接着右边的骨盆带和左边的肩胛骨腰带（反之亦然），这种关系能有效控制站立或走动时肩膀与髋部的左右交替。

肱骨

背阔肌

胸腰筋膜

骶骨

臀大肌

股二头肌

腓骨近端

腓骨肌群

◀ 后螺旋链穿越其他筋膜链，在身体的后部区域留下一个X形，并在胸腰筋膜区域交叉，后螺旋链主要负责身体的扭转运动。

螺旋链的特性

当筋膜链在肩胛骨带和骨盆带处往相反方向旋转时，它正在储存弹性能量。这些螺旋运动能产生动力和力量，成为前后螺旋链的主要运动特征。

负责屈曲动作的筋膜链

两条前螺旋链的协同作用帮助身体屈曲。同样，身体背后的 X 形链条彼此联合，带动了身体的延展。前后螺旋链相互配合，完成维持姿势的工作。

走路时双手插在口袋里，或者拿着东西的习惯，都会影响行进律动的传递。当这种平衡被打破时，关节和软组织也会受到相应的影响。

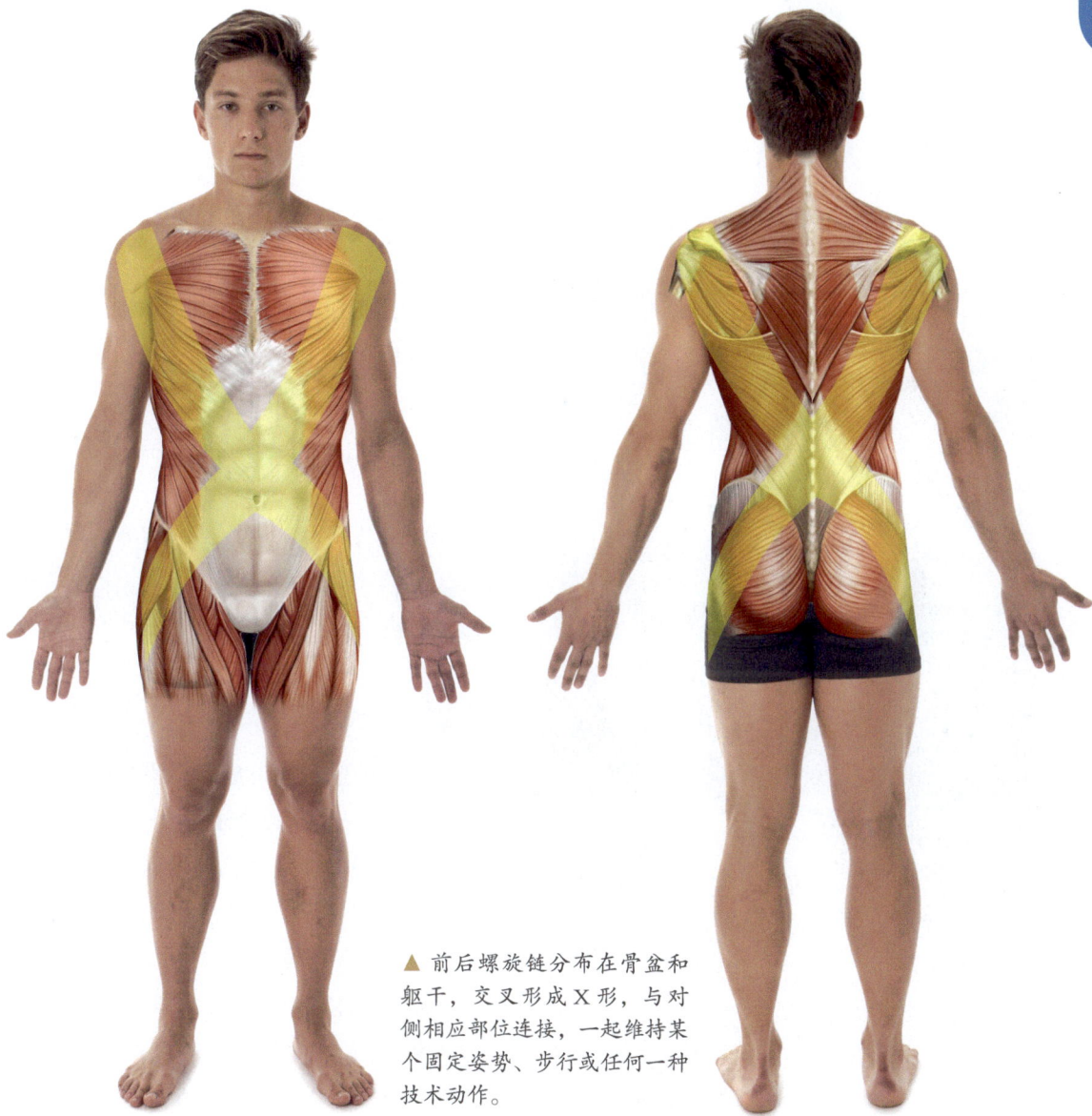

▲ 前后螺旋链分布在骨盆和躯干，交叉形成 X 形，与对侧相应部位连接，一起维持某个固定姿势、步行或任何一种技术动作。

后螺旋链的功能

任何涉及骨盆和肩胛骨束分离的动作都包括扭转运动。肢体的屈曲为我们执行不同的动作提供了弹性，没有收缩屈曲，任何动作都会失去自身的节奏，最后就像机器人一样，缺乏生物理应具备的流畅性和表现力。幸而我们拥有这些旋转动作，才能积存足够的弹力，让身体能自如轻松地进行运动。

肩胛骨和骨盆带的扭转有着明显的功能作用，同时它与相应的上下肢、前后螺旋链相连，维持姿势，提供稳定性，因此它们也与控制姿势的前后表链共同协作。身体一侧失衡，另一侧会进行调整，保持平衡，这是因为我们的本体感受器和其他的感觉机制帮助我们察觉到这样的变化，从而做出反应。

▼ 这两种表现反映了骨盆和肩胛骨之间进行扭转，维系平衡时，所产生的巨大张力。肌筋膜累积的张力能带动正确的旋转动作，因此帮助图示对象以最大的力量，朝正确的方向掷出铁饼。

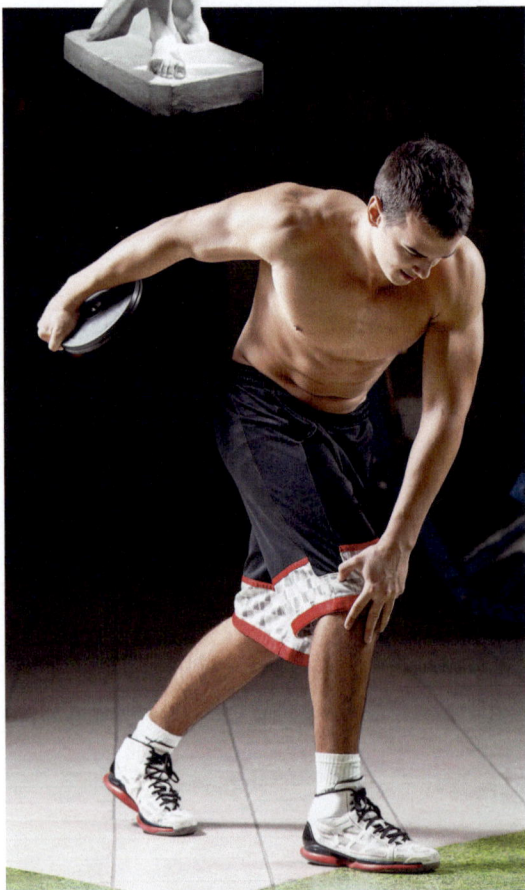

扭转链

当肩胛骨和骨盆带向相反方向进行扭转时，肩膀一般会顺着肌筋膜收合的动作，往对侧的那一只脚靠拢。也就是，右下肢伸展时，左上肢也会跟着得到拉伸。

当筋膜链打开时，则情况相反。肩胛骨和骨盆带扭转的方向同筋膜链收合时相反。这一轮新的旋转会促使右下肢和左上肢屈曲。

因此，两条螺旋链会交替进行打开和收合的动作，当右边的后螺旋链闭合时，左边的后螺旋链就会打开，反之亦然。

检测补偿作用

张力的累积会造成横向平面的扭转，迫使身体寻求补偿以维持最大身体机能。然而，这些补偿给整个身体机制和其他系统带来了压力，导致疲劳，进而受伤。因此，尽早检测出这种补偿作用非常重要。

我们可以通过观察、神经肌肉测试和定期评估等方式发现运动员身上失衡和不对称的部位。当后螺旋链受限时，我们可以看到运动员肩关节后倾，且触诊显示肩胛带和背阔肌过度紧张。同时，另一侧的臀部肌肉以及骶骨都会有相应缩短，且向后倾斜，出现非常紧绷的情况。

这些过度的紧张以某种方式限制了肩关节和髋关节的运动，导致腰椎受到相反方向的扭转力，可能出现腰痛和其他类似的临床病症。

应用于腰椎、骨盆和胸部的所有按摩手法都应以松解软组织（韧带、腱膜、肌腱和肌肉）为目标。腘绳肌、臀肌、骨盆肌、腰肌、腰方肌、竖脊肌以及那些位于骨盆区域的强健韧带都必须保持稳定。结合拉伸和其他动作将胸带和骨盆带之间的旋转变得轻松且不会感到疼痛。

胸腰筋膜分为 3 层：浅层、中层和深层，与其相关的腹肌有腰方肌、腹斜肌、腹横肌、腰肌和背阔肌。这些结构收缩时会给胸腰筋膜带来压力，产生滑动。

注意事项

如果未加以预防或治疗不够及时，有些症状有可能变得格外复杂，例如关节长期受压过度可能导致关节退化，骨赘生长以及肌筋膜组织僵硬。

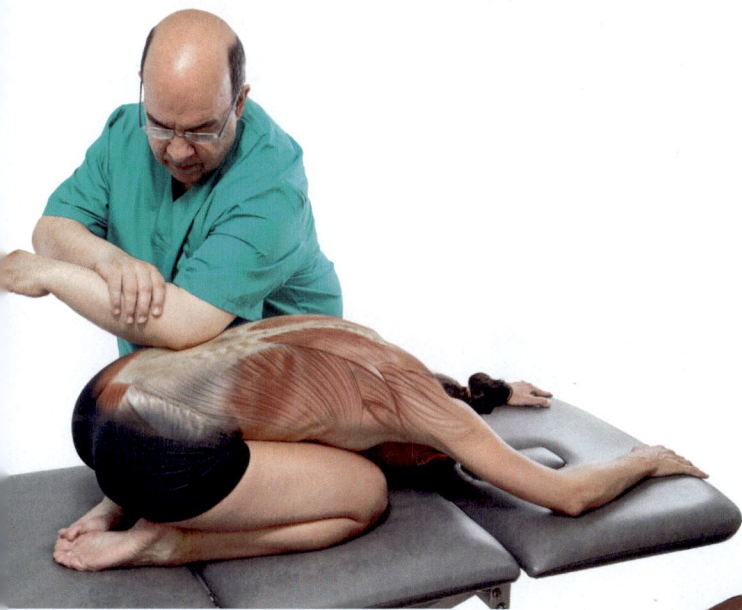

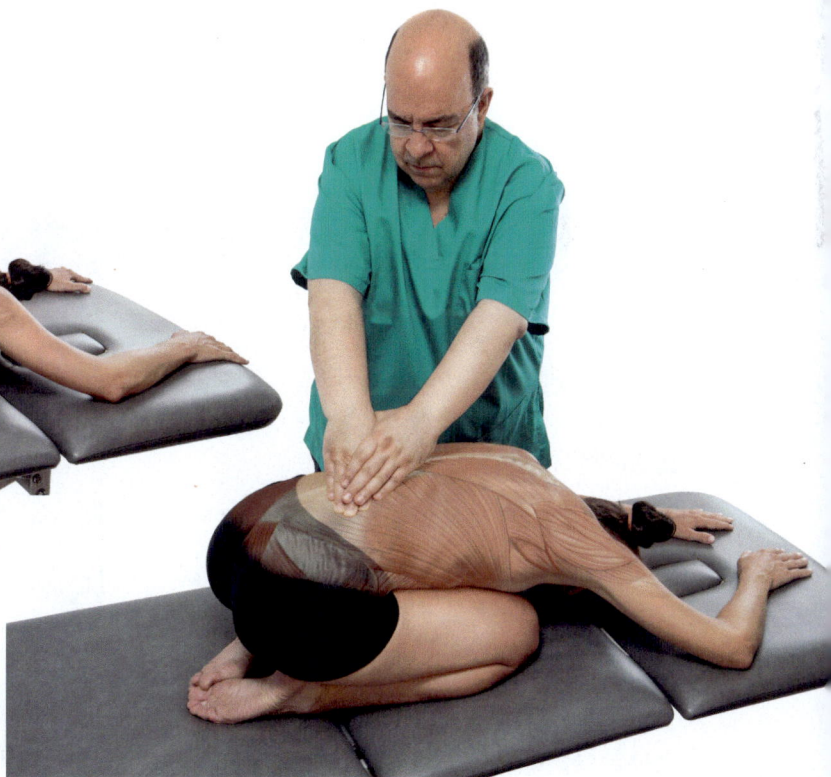

▲ **胸腰筋膜按摩**
在这个区域按摩的其中一种方法是要求运动员保持膝胸趴卧的姿势，治疗师可根据待治疗组织层面，选择双手指尖或肘部进行推摩，同时观察运动员的呼吸节奏。

下肢列车第一站：脚掌和小腿

手法	工具
◆ 按压法	◆ 手指和指尖
◆ 摩擦法	◆ 食指重叠
◆ 横向摩擦法	◆ 指节

有过度足内翻的人可能会有表皮增厚或第二、第三跖骨下面的角质化过度现象，这是由于该区域同上面组织和地面同时摩擦导致。

精确解剖

胫跗关节或踝关节是由小腿和足部的各种结构（胫骨、腓骨和距骨）组成的部位，负责足的矢状面的后屈动作，以及足底的内屈运动。其中的距骨，形成了"滑车面"，对于腿部的肌腱而言，拥有滑轮作用。它是足部唯一没有肌肉的骨头，但是却完全被韧带所包裹。在关节僵硬时，只有这些韧带能保证这个滑轮运作正常。

两种需求，一个回应

足部要非常硬挺才能支持全身的重量，并在迈步阶段充当杠杆，带动步伐。同时，它还必须应对众多不规则的地形。最后，它还必须有能力吸收迈步时所接收到的冲击力。

足弓向导

胫－腓－距组织因膝关节的轴向旋转成为三合一的复合式关节，也就表示它有能力做出3种动作，帮助足弓导向各个方向，并适应不平坦的地形。

协调跑动和步行动作

嵌入脚底的长肌腱对于足弓来说是一种矫正系统。胫骨前部和腓骨长肌功能相反，但却能共同合作，嵌入第一跖骨，抬高内足弓。腓骨短肌嵌入第五跖骨，抬高外足弓。

在行走时，当脚跟触地，跟骨会倾斜，致使腿向内侧移动，腓骨肌群的收缩会帮助

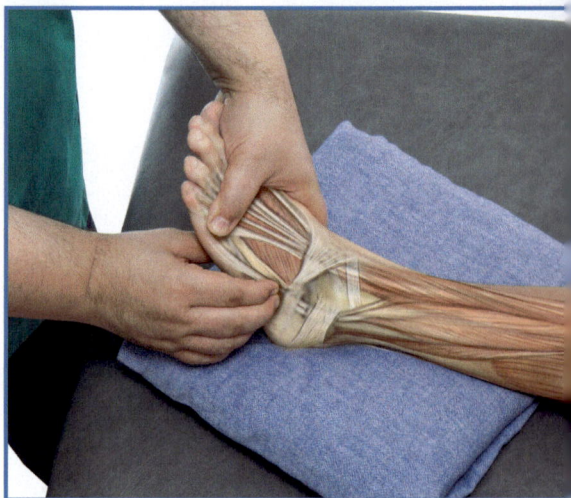

▲ **脚掌按摩①**
在腓骨短肌嵌入第五跖骨的位置，可使用横向摩擦手法。

▼ **脚掌按摩②**
外踝后侧可使用横摩手法，顺着腓骨的肌腱走向按摩。

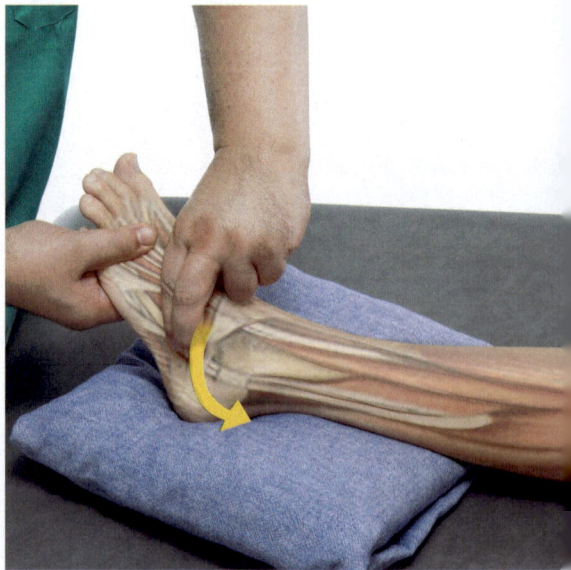

脚踝外翻，拉平足弓，完成动作。

运动员常见的伤病有脚踝扭伤，这种损伤会影响腿部的功能和整个身体的稳定性。如果这种类型的旧伤从来没有使用过正确方法进行治疗的话，很有可能会复发或产生补偿作用，影响到脚踝附近或更远的部位，同时阻碍行走的动作。

评估策略

治疗师从后面观察运动员时，可以评估脚跟与整条腿之间的角度，其中的轴线被称为赫尔宾垂直线（阿基里斯腱线），这条线经过腘窝的中心（膝盖后面）和脚跟的中心。如果脚后跟向内倾斜（外翻），膝盖是向前旋转；如果脚后跟向外倾斜，膝盖则向后旋转。

还有其他评估方法就是研究运动员的足迹，或是查看舟骨在用力和放松时的状态等。这些方法都能帮助治疗师评估一个人的脚掌及其下肢的运动特质。

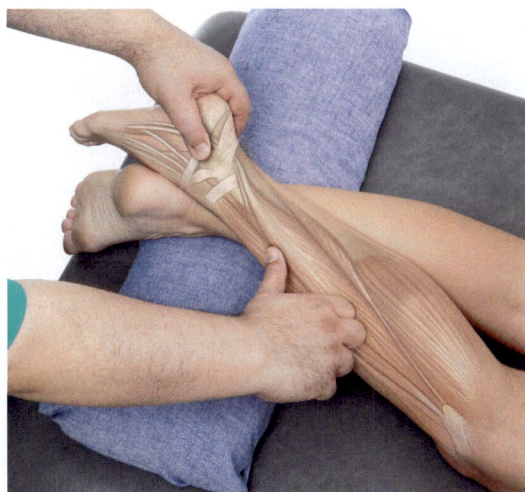

一般认为，运动员的足弓弧度通常比普通人更高。但事实上，运动对足弓的高低影响不大，多半都是先天的。

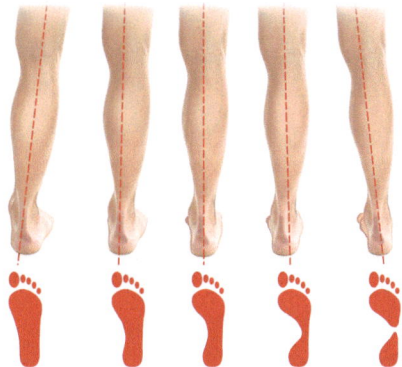

▲ 赫尔宾垂直线是一条虚构的线，它将脚踝分成对称的两半，用于测量其歪斜程度。

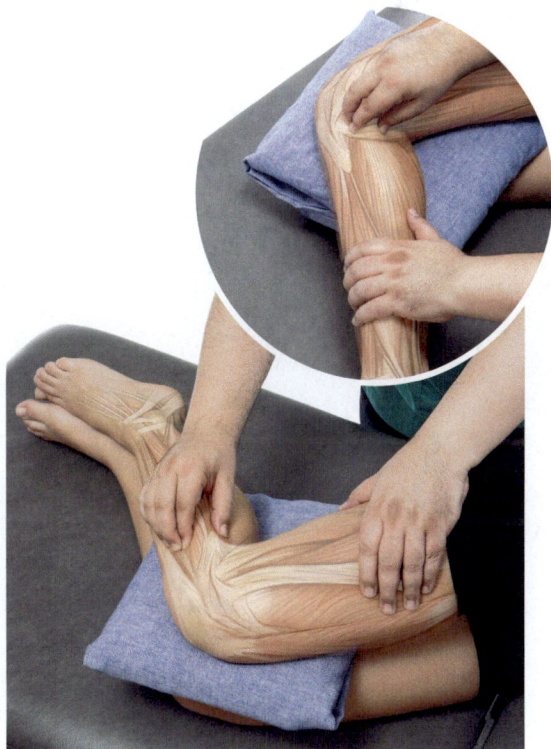

▲ **腿部按摩①**
用指关节、手指或肘部顺着腿部外部（腓骨区），对该部位进行按压和推摩，力道轻柔，持续作用于紧绷部位。

▲ **腿部按摩②**
小腿外侧靠近膝盖（腓骨头）的上部区域可能会出现紧张和挛缩，治疗师可通过横向按压来定位和进行治疗，按摩应该一直持续到组织放松为止。

下肢列车第二站：大腿和骨盆

手法	工具
◆ 摩擦法	◆ 手指
◆ 按压法	◆ 指节
	◆ 手肘

绝大多数肌肉骨骼方面的问题都与局部受限所引起的疼痛有关，会经常引发误诊。例如，大腿后面的疼痛被误以为是"闪到腰"的假性症状。

连接部位和移动部位

迈步中，脚跟支撑会产生内旋。如果沿着这个旋转向上，将会到达髋关节的外侧或外侧肌筋膜伸肌，也就是"臀部三角肌"。在这个肌群中，大转子作为一个"开关"，能"开启"髋部，使其屈曲，脚跟才能在地面站稳。臀大肌能激活整个外伸肌区域：包括髂胫束、股二头肌和腓骨两侧的后面。

为了避免在脚后跟支撑阶段摔倒，身体需要耗费很大力气，因为此时重心位于脚的着力点之后。此时，上述肌筋膜链中的肌肉和结缔组织都开始运作，特别是髋部和股二头肌，产生了强烈的收缩。

评估策略

治疗师如果评估运动员抬起下肢的能力，可以要求他们仰卧，双腿伸展，膝关节屈曲约80度。治疗师也可以向内或向外轻微旋转髋关节来评估后腿肌群的活动限制情况：在内侧间隔评估半膜肌和半腱肌；在外侧间隔评估股二头肌。在测试过程中，应对两肢进行比较，并从不同角度进行测试，以确定其状态。

▼ **大腿和骨盆按摩**

在治疗大腿后侧时，也不应忽视腘绳肌和坐骨（我们坐着时支撑身体的骨头）部位的按摩。治疗师可以将中指叠放在食指上以加大力度，对深层肌肉组织进行横向、纵向或环形的摩擦，偶尔也可用肘部进行按摩。在整个过程中，运动员需要伸直膝盖来收紧组织。

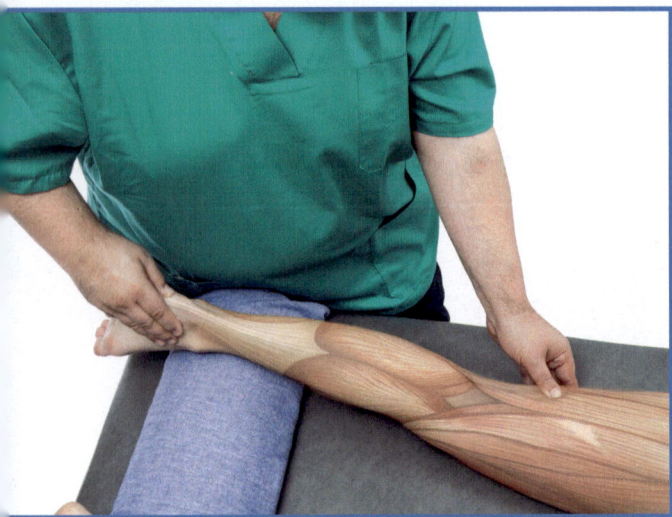

▲ **大腿按摩**

治疗师用手指、指关节甚至肘部，在大腿的外侧和后侧进行摩擦。为了让治疗师更好地评估股二头肌的肌腹和肌腱，运动员需要弯曲膝盖，抵抗治疗师另一只手所施加的阻力。

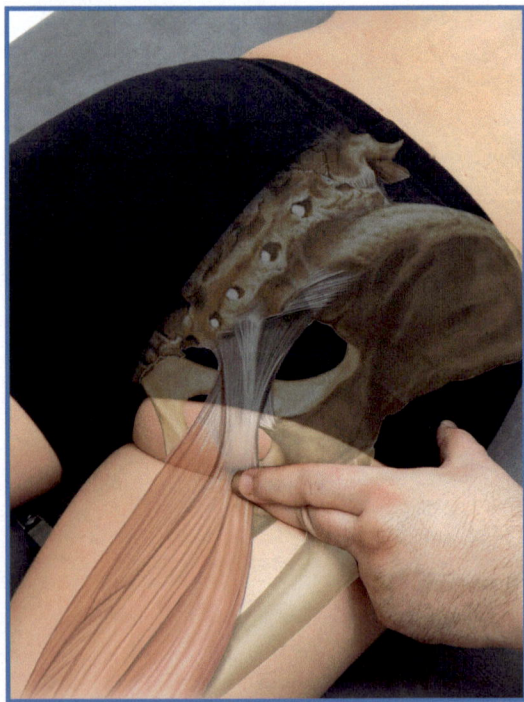

大腿和骨盆的关系

步行时（在步行周期中大腿的屈伸过程中），髂肌会向前或向后倾斜，这也表明前后表链功能正常。

注意事项

为了尊重运动员，对臀肌和骶骨等私密区域按摩时需要小心处理。因此，治疗师应该向运动员解释他打算做什么，而不是突然把手放在对方身上。

精确解剖

当脚跟撞击地面时，股骨被推往后面的斜上角，髂骨则被扯向后方（逆时针方向旋转）。在髂骨倾斜的一侧，尾骨抬高，在同样的情况下，对侧的下肢已经准备好抬离地面。大腿的伸展使股骨轴心向斜面移动。 股骨被向前和向上推动，以前倾的方式牵引髂骨（顺时针旋转）。接着身体会恢复到初始的中立状态。

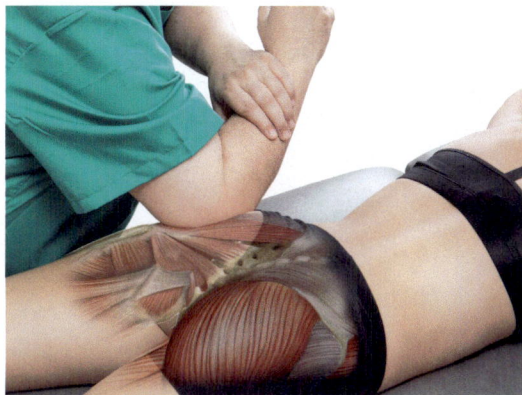

▲ 骨盆按摩

运动员趴卧，治疗师用手肘或指节按摩臀大肌，臀大肌嵌入骶骨和髂嵴的后部，顺着那儿我们可以继续按摩髋关节的骨突（大转子）。运动员在按摩同时可进行髋关节旋转或骨盆往前及往后倾斜的动作以配合治疗。

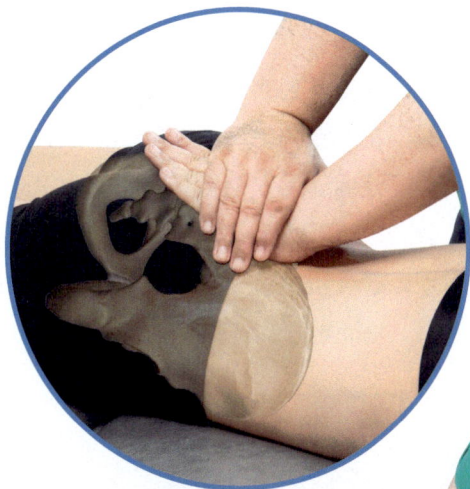

▶ 骨盆和骶骨按摩

俯卧位有助于按摩骶骨，治疗师用指节或手肘压迫骶骨边缘，同时运动员配合按摩，进行骨盆的前倾或后倾运动。 治疗师将一只手放在骶骨上，另一只手作为支撑，根据运动员的呼吸节奏，轻柔的向下和向斜下的方向推进力道。

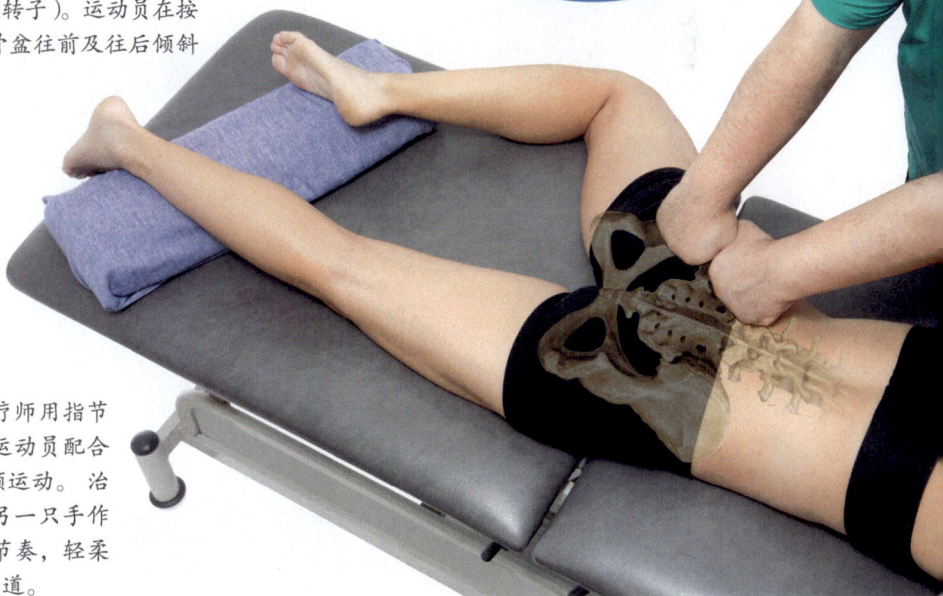

上肢列车：躯干

手法	工具
◆ 按压法	◆ 手指和指尖
◆ 刮线式推摩法	◆ 指节
	◆ 手掌
	◆ 手肘

一些运动，如高尔夫、水球、柔道，还有一些需要使用球拍的项目，都需要腰部做出大幅度的旋转，此时，后螺旋链的稳定功能就显得格外重要了。

促成连接关系的模块

任何需要旋转或稳定的运动都需要平衡肌肉的作用。如果你想象自己在走路或跑步，并对这一动作进行分析，你会注意到手臂和腿经由骨盆和腰，沿着顺时针的方向，彼此做出相反的旋转动作。

这种因互相交替而产生的平衡在四肢处体现得最为明显。例如，当右臂向后摆动时，左大腿向前移动，反之亦然，这种旋转关系让运动得以继续。同时，为了动作的协调，我们需要拥有一个相对稳定的调适中心，用以调节腰椎骨盆区域与躯干下肢之间的关系，进而更好地控制旋转的力量。

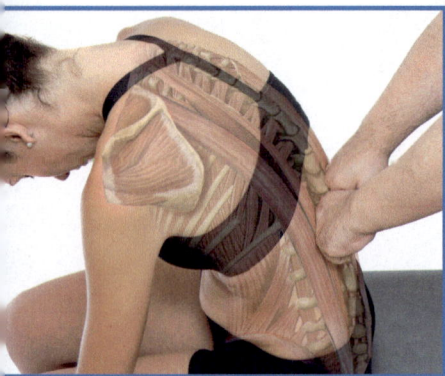

注意事项

在检查过程中，治疗师会观察到步态模式的异常现象，例如像鹅一样的步伐、步态起伏不定、双脚过于分开、髋关节不稳定，以及左右摆动时做出类似鸭子行走的姿势。这些都有可能是因为腰椎骨盆一带的动能障碍，或是臀中肌无力，也可能是股骨颈变形，或是髋关节内翻。

▼ **胸腰躯干筋膜按摩②**
治疗师利用指尖或肘部对该区域的筋膜进行推摩，运动员屈膝，坐在自己的脚后跟上，手臂向前伸展，放在按摩床上，这样的姿势有助于治疗师拉伸筋膜，进行按摩治疗。

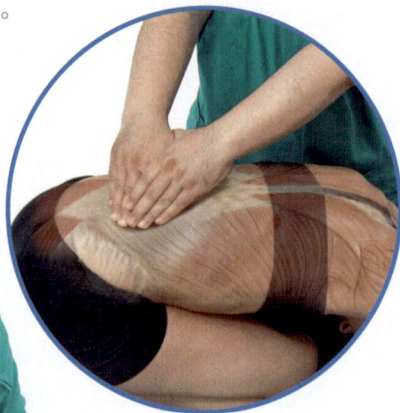

▲ **胸腰躯干筋膜按摩①**
运动员坐着，手臂自然垂在膝盖两侧，脚放在地面，施加一个向上的力，就好像他想站起来一样。治疗师用指节慢慢摩擦棘突隆起的两侧，往尾侧骶骨方向直接按摩竖脊肌，或者在竖脊肌和腰方肌之间按摩。

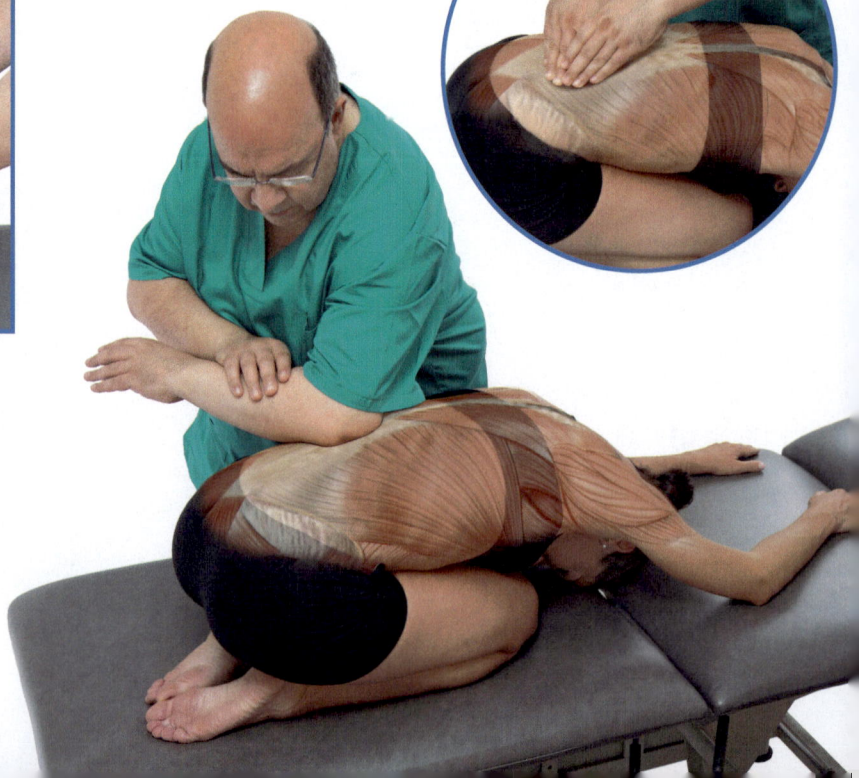

和谐的慢走方式

走路是一件看似简单，但又极其复杂的事情，如果想做到动作自然流畅，则需要身体两侧协作配合。如果一侧移动的幅度更大，肌筋膜就会失衡，而这种不协调会继而体现在身体的多个部位，例如骶髂关节受到影响。当这个部位开始做出补偿时，或者导致胸腰筋膜过度收紧时，都会造成背部下方额外受力，即使反复进行伸展和放松，也无济于事。

感知运动整合

在有必要的时候，身体一般都能恢复稳定状态，关节也不例外。我们的身体拥有运动控制系统，可以发出调整功能障碍的信息，如果运动员无法对整个机制进行整合，那么哪怕我们进行各种拉伸、按摩或是关节活动，

注意事项

在背阔肌按摩技术中，我们必须牢记这块肌肉与肢体和肩胛骨的关系，同时也应注意，它通过胸腰筋膜，与对侧臀大肌彼此相连。

试图增加和维持一定的动作能力，身体还是会进入一种无休止的恶性循环中。如果运动员之后想要获取新的平衡时，他的关节、肌肉、筋膜和韧带都会再次变得紧张。

治疗策略

如果我们的身体感知和控制臀大肌、背阔肌和竖脊肌的运动，那么当进行大幅度的运动和伸展时，身体将不知所措。在实现更大幅度的动作能力后，这种运动控制就会相应降低，以便使骶髂关节的闭合，实现脊柱的稳定。

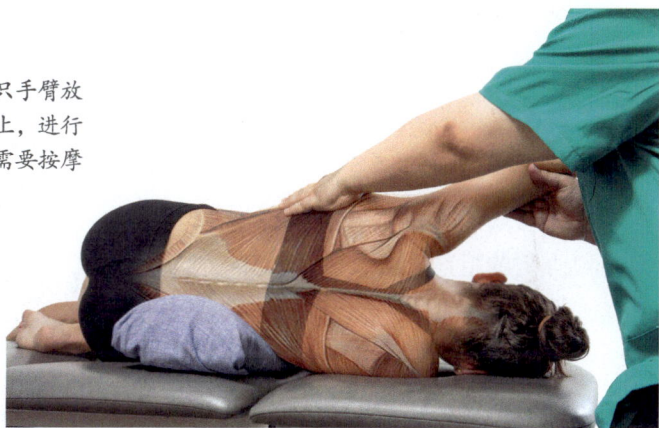

▼ **躯干按摩②**
治疗师位于运动员的身后，运动员侧卧，一只手臂放在头上，手肘弯曲，另一只手放置在按摩床上，进行支撑。配合着运动员的呼吸节奏，治疗师在需要按摩的部位拉伸展开肌筋膜和胸廓。

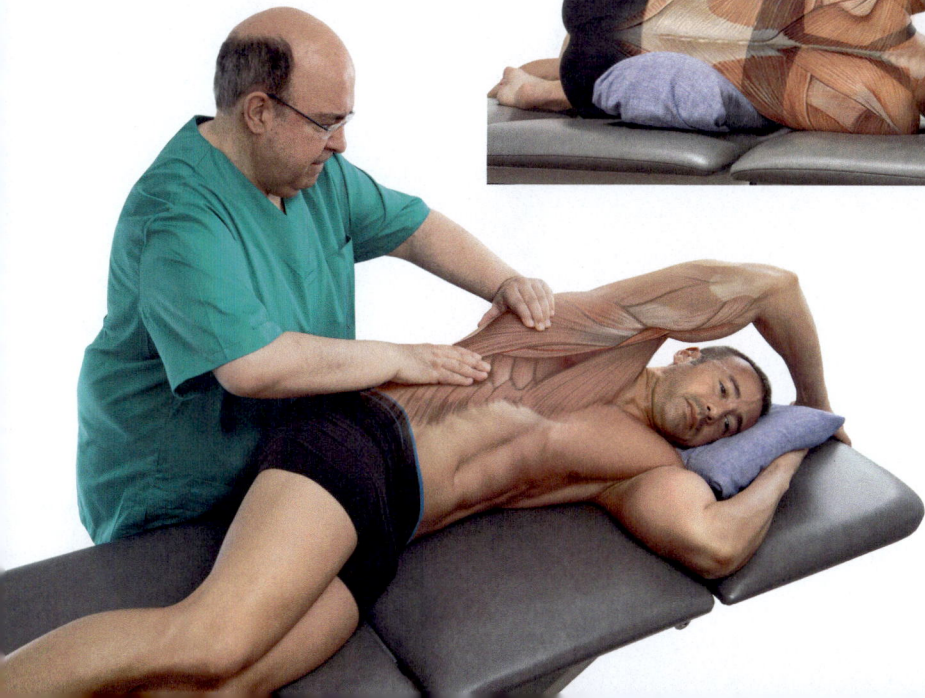

▲ **躯干按摩①**
运动员侧卧，治疗师握住其手臂，然后趁着肌肉拉伸或缩紧时，用手掌、肘部或指关节进行刮线式推摩。

肌筋膜的整合作用：整合性解剖

肌筋膜链所具有的整合作用，可以将其理解为一张互相联系交融的网络，由肌肉和结缔组织组成，连接着体内各系统和肌肉结构。它与身体所有的器官和系统结合在一起，我们可以从解剖学、神经学、代谢和情绪等不同角度去理解它。

解剖的连续性

肌筋膜链的解剖连续性体现在关节上，骨骼和肌肉在形成筋膜的胶原蛋白网络中共享连接。我们在肢体或躯干中发现，关节形成了一个连续统一体，其中每个关节彼此依存，相互依赖。因此，如果我们无法激活这种相互依赖性，让其部分进行移动和互相适应，以产生运动，就不可能带动任何的身体动作。韧带、肌腱和骨膜中的胶原蛋白将肌筋膜链和关节黏合在一起。这些肌筋膜群有的揉成一团形成环形，有的交织成网，而有的则形成各式各样的通道，借着各个关节与其他肌筋膜链彼此联系。例如，后表链和螺旋链从髋部和股骨嵌入骨盆。髋部成了这两条肌筋膜链进行传递和协调的枢纽。为了能有效实现力的传递，我们需要多条肌筋膜链互相协调，开启骨骼与关节之间的传输系统，即肌腱－骨骼－韧带－骨骼－肌腱。

动作的能量传递

支点产生的张力通过肌筋膜系统进行传递，这种张力经由不同的肌筋膜通道，传输至身体各个部位，参与各种动作。为了有效地实现压力的传递（即运动能量），活动关节必须保持稳定，并通过肌肉和筋膜引导动作。如此一来，整个身体里从而创建了一张

▼ 图中黄色圆圈显示了关节链中不同关节的整合：踝关节－膝关节－髋关节连成一串。前表链和后表链（分别为红色和蓝色箭头）的肌腱与骨、关节囊和韧带相互连接，共享空间。身体的整合性主要传递的就是执行动作那一瞬间的"神经指令"。例如，我们可以通过腓肠肌（后部）和股四头肌（前部）的协作来完成跳跃，由于肌肉的协同收缩，我们得以保持直立的姿势，并且这些肌肉活动总是成对儿发生的。

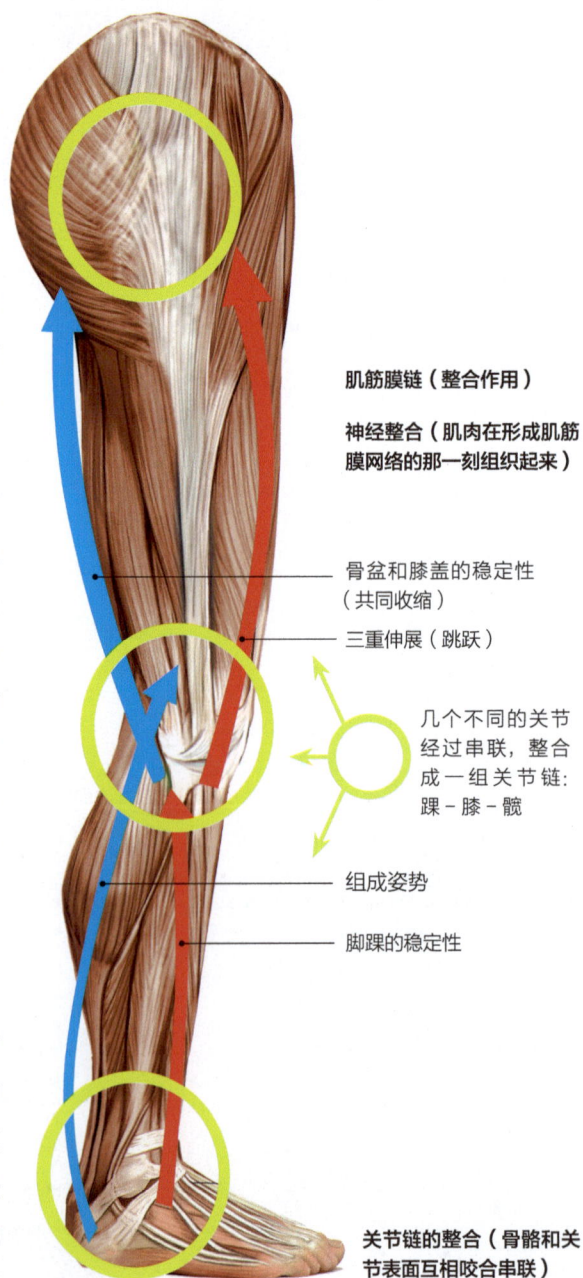

肌筋膜链（整合作用）

神经整合（肌肉在形成肌筋膜网络的那一刻组织起来）

骨盆和膝盖的稳定性（共同收缩）

三重伸展（跳跃）

几个不同的关节经过串联，整合成一组关节链：踝－膝－髋

组成姿势

脚踝的稳定性

关节链的整合（骨骼和关节表面互相咬合串联）

三维的张力网络，赋予了我们移动指定肌肉的能力。也就是说，肌肉运动形成了一股浪潮力波，经由张力网的刺激和组建，能制造和传输动作。肌筋膜链就是这样一群紧密相连的链条。

关节是个会合区

关节是肌筋膜链条彼此相连的三维交叉点，肌肉与骨突的衔接处就是活动力和稳定力的"交流站"。例如，当跳跃时，比目鱼肌将力量向上传递到膝盖，向前传递到股四头肌，向后传递到腘绳肌。当这些组织嵌入膝盖，促进前表链和后表链共同协作，从而使踝关节、膝关节和髋关节得到三重伸展及多

方稳定。这就是为什么一个单独的动作需要多条肌筋膜链彼此配合。关节的定位点能集中或分散来自某个部位的力量，不但把力量传到运动器官，也传至整个身体。

▼ 推进链（右）和牵拉链（左）的动作关系模拟。

肌筋膜的整合作用：神经、代谢与情绪整合

神经整合

神经和肌肉相连的组合能改善肌肉的收缩动作，并能协调肌筋膜链之间的关系以及帮助精确完成运动所需的收缩程序。神经系统能调适两条或两条以上的肌筋膜链，使它们的肌肉以不同的强度进行收缩，以便整个神经系统能够准确地执行程序化的自发动作。这个"程序"如同一个计算机软件，有助于动作的习得与运用。同时，神经系统能产生不同强度和类型的"收缩波"，有可能激活排列在同一条链上的肌肉或它们的拮抗肌，也有可能激活一整条肌筋膜链及其相对的链条。而等长／向心／偏心收缩能稳定或移动一个或多个相邻的关节。"解剖实体"是一个笼统的概念，其实身体系统异常复杂，神经系统就是它的指挥中枢。

代谢整合

为了身体正常运作，系统需要营养，以汲取能量（消化系统）。由于能量是在运动或休息时以有氧的形式获得的，所以充足的氧气供应（呼吸系统）也是必要的。由动脉、毛细血管和静脉组成的网络将心脏泵出的血液输送到身体的每一个器官，血液是所有能量基质到达肌肉纤维的途径。相反，肌肉纤维排出"残留物"二氧化碳、乳酸、尿素、蛋白质碎片等，需要一个系统来排出它们，那就是静脉和淋巴系统，它们负责收集这些废弃物质，并把它们带到肺、肾和肝，在那里它们被排出或得以回收。最后，肌肉会

产生和接受各种激素（腺体系统），包括整合各种功能的调节物质（恒定性），而这些物质反过来，又能根据身体的需求来调节肌肉的运作。肌浆网是由肌肉本身分泌的激素，它参与调节新陈代谢，特别是能量代谢，同时保证"燃料"的供应。类固醇、生长激素、生长调节素和生长因子促进肌肉发育，以服务整个身体。

横膈膜和呼吸

徒手按摩的系统疗法中重点强调了呼吸系统的重要性，这个系统指的呼吸肌肉和横膈膜，还有其与肌筋膜的关系。当我们接受按摩治疗时，呼吸的动作与我们的身心紧密相连。

▲ 筋膜链失衡所产生的体态变化，进而影响身体机能。

▲ 身体主要有两种类型的运动反应：防御反应，指的是全身或局部对特殊刺激（疼痛或不疼痛）所做出的反应；惊吓反应，指的是由于突然的刺激而猛然做出动作。

动作，不只是简单的一系列肌肉的收缩，它是根据环境和心绪所作出的整体反应。

情绪整合

所有动作反应的目标都是为了保持有机体的完整性。由于这个原因，我们可以对动作进行分类：基于原始需求的原始反应和可控的反应。原始反应具有防御功能，帮助我们远离危险和痛苦。总的来说，身体会自然远离疼痛的源头，采取一种安全的类似胎儿般的蜷缩姿势。这时，心率和血压都会上升，全身的交感神经启动调适模式，我们因而做出"害怕"或"悲伤"的反应。相反，可控反应是探索性的，它与寻找食物、寻觅伙伴或建立社会关系有关。受控的动作多数是伸展性动作，伸展身体的后表链，寻找快感，因此这通常和喜悦、感动等情绪相关联。

简而言之，所有行为的目的是在有机体与其环境之间保持一定平衡（内稳态概念）。

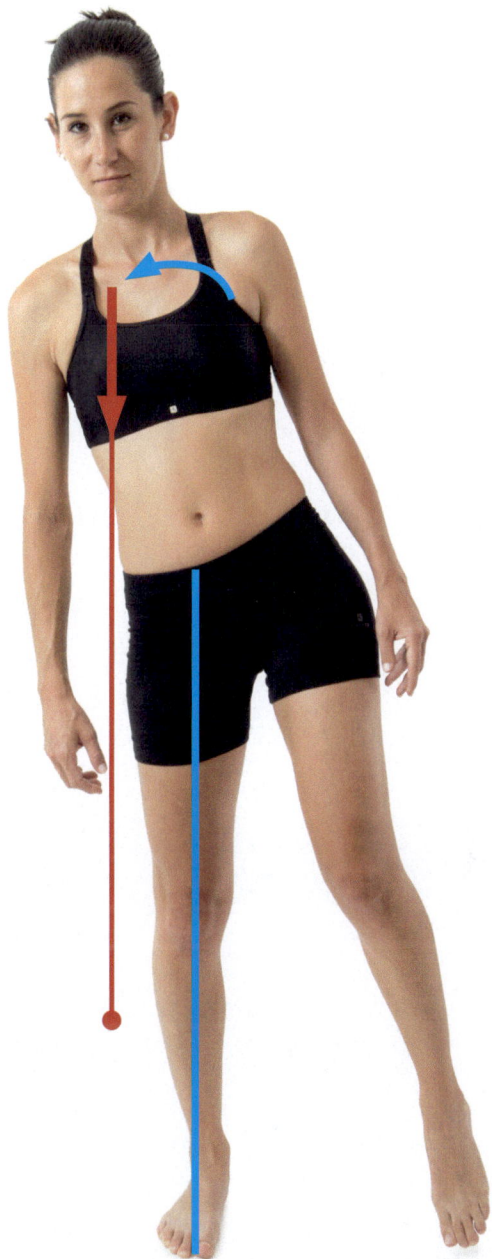

▲ 当重力和地面支撑力相互作用，在一条线上时，便会使我们的身体形成一个重心，同时，我们要充分利用直立状态下的不稳定性以及那些结实而光滑的关节表面，进行反向的运动。

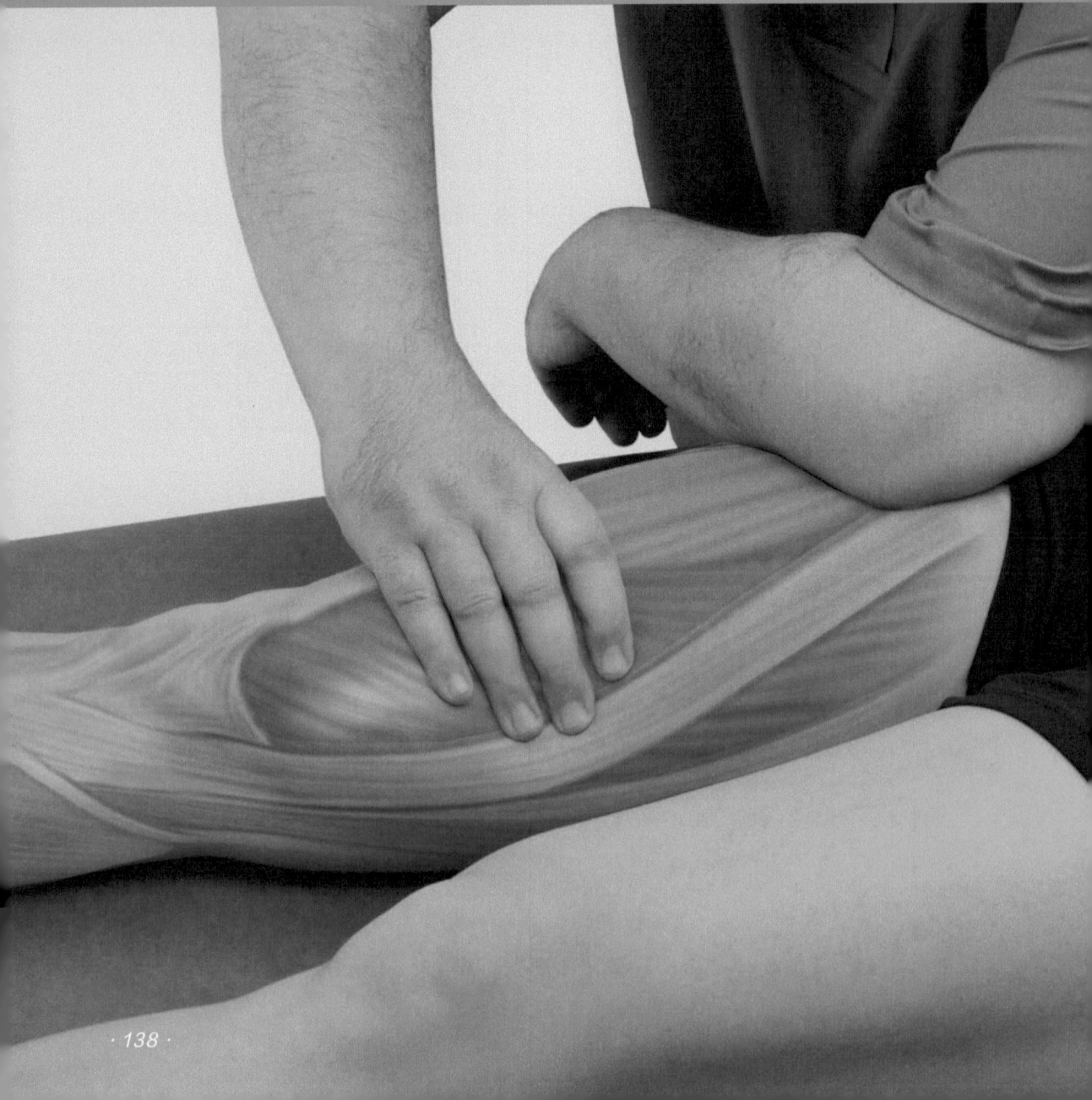

第 4 章
运动按摩指南

本章将介绍一般性的运动按摩步骤，基于对运动员健康的考虑，该章同时还囊括了所有可能的姿势变化情况，同时还引入了腹部的按摩治疗方法。

按摩指南

按摩指南中包括用于单个疗程的一整套按摩技术动作。事实上，每个治疗师都有自己独特的按摩程序、手法和步骤，并在不断的实践操作中对比这些手法，从而建立其个人的治疗方式。

治疗程序也需因人而异

专业治疗师会根据治疗对象的要求修改相应的治疗方案。相反，新手治疗师一直在追求某种固定的"模式"，以期获得一种安全感，并希望这种模式能帮助他进行诊疗，但事实上，一成不变的刻板治疗方案只会限制了他的选择，阻碍治疗进程。就好像对于一位全身僵硬的患者，还有一位局部松弛的患者，我们不可能套用同一种治疗手法，或者说我们也不能将治疗水球运动员的手法用在铁人三项的参赛者身上。所以，相对有用的方法应该是学会累积不同的方案，并将它们记录下来，遇到具体案例时，再进行具体分析，灵活运用。

平躺按摩指南（一）

在健康调查问卷中收集了患者从事的体育运动的相关信息后，我们可以加以利用，进而辨别该患者哪个部位容易受压过大。例如，对于骑自行车的人来说，小腿、大腿、腰肌和臀肌，甚至颈部伸展肌肉，还有前臂和手腕都会承受过大负荷。在检查过程中，治疗师会决定哪些部位需要多加按摩，并制订相应的治疗方案。

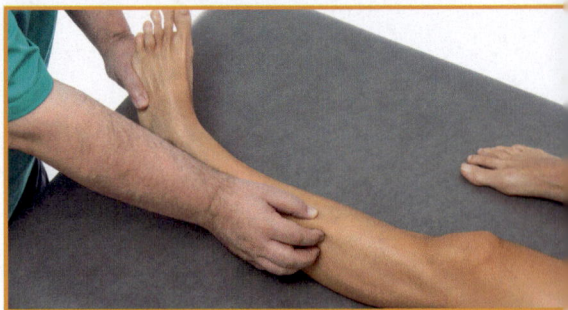

▲ 小腿外侧按摩

这些组织在连续跳跃或转身时因突然的牵拉而产生了变化，治疗师可以利用指压的方式进行放松。

按摩应该如何开始？

治疗师应首先告知运动员待治疗的部位，正常的做法是在刚开始按摩的区域需要多花费一点时间，优先处理更深层的地方。

疗程的前几个步骤是结合评估和治疗，多用几次表层揉捏手法；接着是在确认区域进行更精确集中的按摩，重点治疗紧绷和疼痛的部位。

一般按摩技巧

一般性的按摩包括一些常规手法。一开始通常是按压或摩挲，然后结合揉捏、摩擦、提拿滚动和指压等多种技巧，让治疗部位得以放松，进而松动最需要活动的关节。治疗师可以根据运动员的状态改变力道，用更加温和的手法再次进行按压或摩挲。治疗师需要自己把控按摩的时间，确保每个部位都得到妥善处理，并随时关注患者的状态。

按摩时长取决于运动员的状况和待治疗部位的面积大小。当然，治疗时间也会受到其他的因素限制，但为了达到满意的按摩

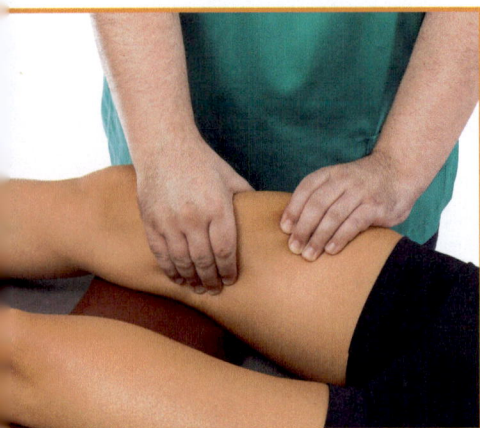

▲ 大腿按摩

首先，轻轻摩擦大腿，然后从远及近地按摩整条腿部，从紧绷的表层区域开始施力，然后采用揉捏的方式增加血液循环，缓解过大的压力。

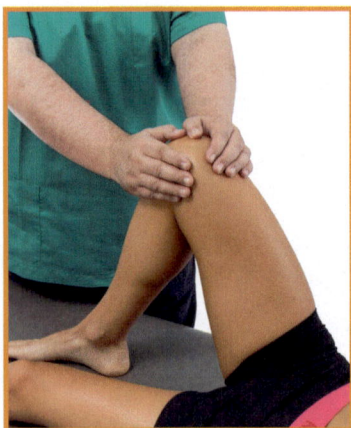

▲ 膝盖按摩

用拇指摩擦并仔细揉捏膝盖，有助于释放和调节肌腱和韧带的过度紧张。

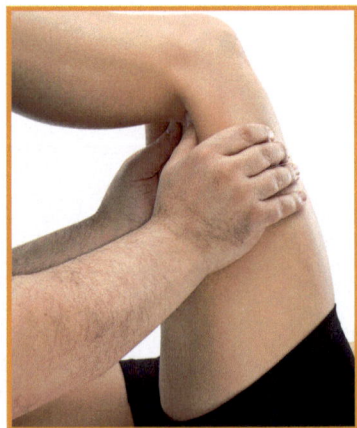

▲ 腘窝按摩

仰卧位使治疗师能触及膝盖后方的区域，治疗师可以将运动员的脚搭在自己肩膀上，这样就可腾出双手按摩腘窝。

效果，一般建议至少要按摩 45 分钟，最多 1 小时。

剧烈运动后的监控及调整

有些治疗师会在剧烈运动后的按摩上犯一个错误，那就是误以为可以用一个疗程消除所有的紧张和不适。而有些治疗师会重点按摩紧绷部位，这反而会造成更多损伤和疼痛，适得其反，甚至牵连到其他本未受影响的区域。因此，按摩的目的应该是恢复肌筋膜的张力，我们需要更多的时间来逐步消除身体累积的压力。

比赛后的按摩手法

在激烈的竞争之后，治疗师最常用的按摩手法就是按压法。比赛结束几小时后，运动员来到治疗室前，身上组织的热度未散，而且因为之前的过度用力而疼痛，按压法能消散多余的肌肉紧张且不产生摩擦，因此不会给这个部位带来更多的热量。

▲ 铁人三项运动员在进入最后两项比赛时，身体已经开始产生疲劳的感觉。由于这个原因，除了一般的按摩外，他还需要进行理疗或整骨来调节状态，通过较长的疗程来深度按摩超负荷工作的组织。

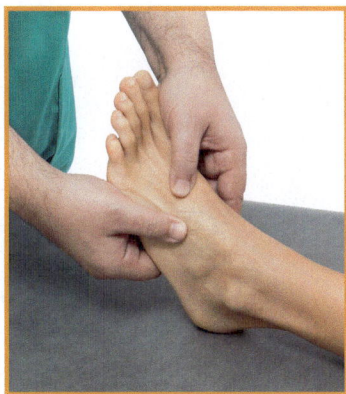

▲ **脚背按摩**
脚背的区域常因为用力过猛而充血，治疗师应缓慢而温和地摩挲该部位，帮助静脉回流，促进血液循环，缓解充血现象。

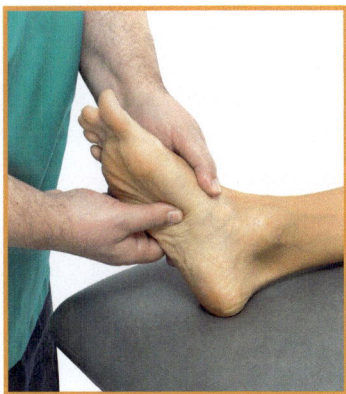

▲ **脚掌按摩**
足底按摩对双脚非常受用，因为在运动期间，脚部经常会遭受扭转或撞击，细致的揉捏能帮助足部和足底筋膜消除压力，恢复正常。

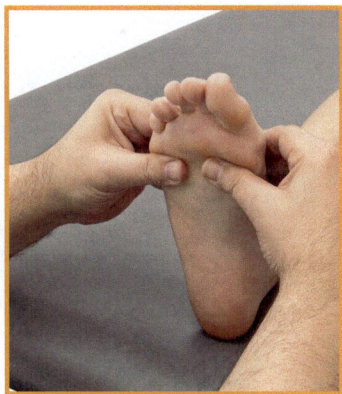

▲ **足底和跖骨按摩**
运动员仰卧时也可接受足部按摩，这个姿势同样方便治疗师轻微转动关节以进行按摩。

注意：一旦按摩部位都已确认，就要从下肢开始按摩，一般按摩的区域都是从远离心脏的地方开始，下肢完成后，再开始按摩腹部。

腹部按摩指南

腹部区域在运动按摩中常常被忽视，但腹部按摩其实有诸多益处，应该涵盖在一般的疗程中，甚至是调整性的运动疗程里。

功效

腹部按摩有利于促进和放松身体，同时也可以治疗盆腔下部器官的瘀血和术后恢复期的内外粘连问题，也有助于缓解腰部不适和腰疼现象。此外，腹部按摩还有利于肠道蠕动，帮助排便。

治疗前

首先确定需要处理的区域。治疗要在进食两小时之后开始，并且我们会建议运动员在按摩开始前先去洗手间清空膀胱。治疗师把手放在腹部之前，会先摩擦双手，让手掌变得暖和。腹部按下去应该是柔软的，如果出现任何紧绷或肿胀症状，则应立即就医。

相关禁忌

因为按摩会增加血液流量，所以尽量避免在月经周期的头两天进行腹部和下肢的按

▼ **按摩姿势**

运动员仰卧，胸部略隆起，腿部弯曲，手臂放在身体两侧，不要向上伸展而超过头部，治疗师站在按摩床的一侧，可以是运动员的左边，按摩以顺时针方向进行。

▶ **腹部九宫格**

由于腹部的面积很大，并含有众多器官，于是我们将腹部正面部分（图1）分为9个区域。这些区域的划分可以帮助我们确定和辨别其中不同的器官。图2显示的器官和脏腑是从背面观察腹部内器官的样子。

九宫格：
① 上腹部；
② 右季肋区；
③ 左季肋区；
④ 中腹部；
⑤ 右腰部；
⑥ 左腰部；
⑦ 下腹部；
⑧ 右髂窝；
⑨ 左髂窝。

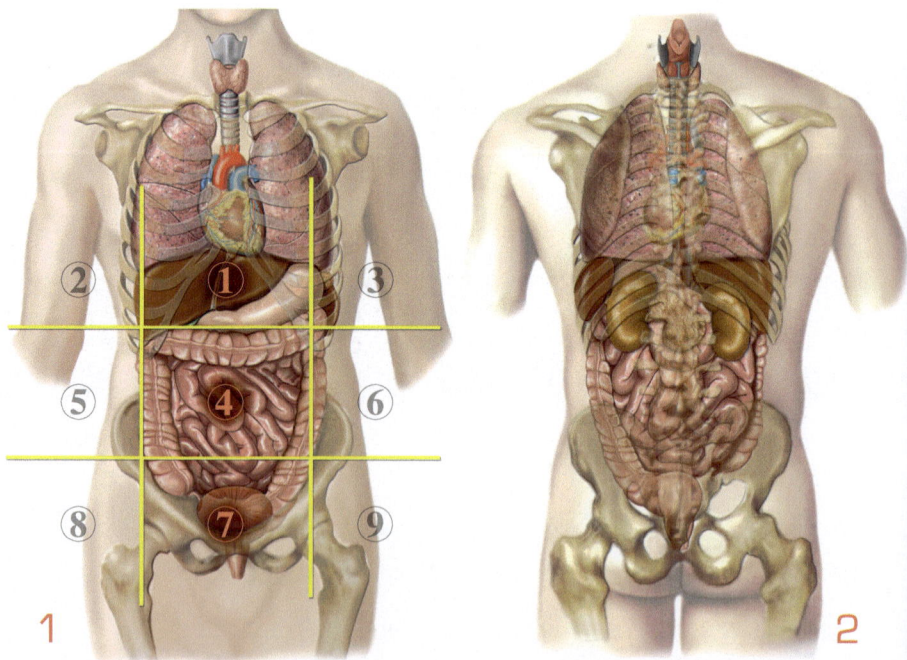

✏️

运动员平常压力太大，容易导致便秘。为此持续在腹部按摩能解决排便问题。若是在按摩腹部前先按摩腿部、臀部和髋部，并做一些关节活动，效果会更好。腹部按摩在运动按摩中经常被忽略，因为腹部很少会严重受伤。事实上，腹部按摩能帮助运动员加速新陈代谢，间接提升运动表现，也是非常重要的按摩。

摩。如果月经量大且伴有痛经，则不应在月经周期的前两天进行按摩。

在怀孕的头3个月也不可以按摩腹部、下腰部和骶骨部位，若真的需要按摩，也一定要事先咨询医生。

治疗前

运动员要躺在接近床沿的位置，治疗师要站在其左侧。

治疗师要配合运动员的呼吸节奏和规律，轻柔地触摸腹部。为了按摩能顺利进行，双手要有规律地以顺时针的方向画圈，按摩腹部，保证力道平稳。

为了更好地放松该区域，也可事先按摩腰部区域和两侧臀部。建议使用适量的按摩油或乳霜，能保证顺利推动手部，但不至于太滑手。

▼ 按摩腹部，排空结肠

治疗师侧身坐在按摩床上，位于运动员的左侧。按摩的路线分为3条，要从左边线开始。第一条路径包括髂窝、侧腹和左季肋部位（图1）（即整个降结肠）。

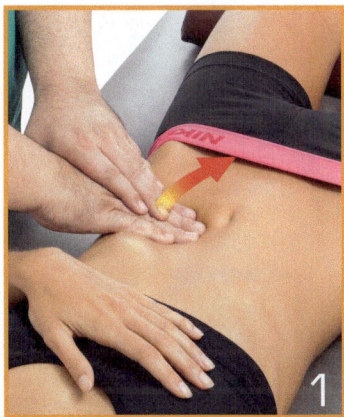

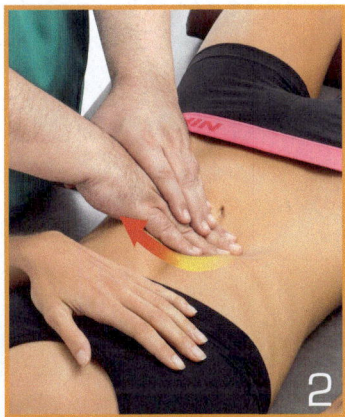

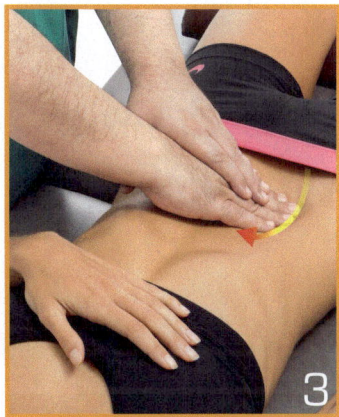

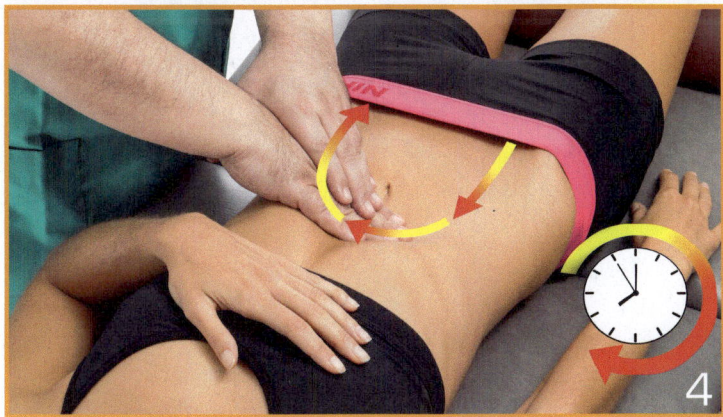

▲ 对横结肠（图2）按摩一般是从左到右，从左季肋到右季肋。然后是对大肠（图3）的按摩，从腹部右角往回盲瓣（即升结肠自上而下）进行按摩。一旦这个过程完成，可以反向重复，往顺时针方向（图4）依序进行按摩：升结肠、横结肠和降结肠。

平躺按摩指南（二）

在全身按摩过程中，保持一个统一的节奏是很重要的，这样运动员在整个治疗过程中都能保持放松，有利于按摩并增加疗效。

保持按摩的节奏

在腹部按摩后，治疗师会用温和的摩挲手法按摩上肢，促进静脉回流，这样的方式主要是要先处理更需要渗透的部位。治疗师会先从左侧的三角肌前部开始按摩，然后是整条手臂，从手指到肩膀，也就是从远及近按摩。随后在右侧重复同样的步骤即可。

位置的改变

整体按摩时常常需要将不同的姿势结合起来：仰卧、侧卧（左右）和俯卧。例如，按摩肱三头肌和外侧三角肌可以使用俯卧位、侧卧位甚至趴位。

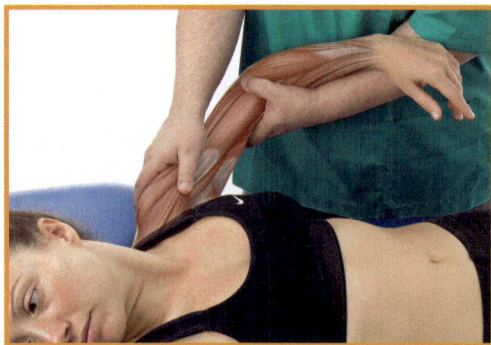

▲ 三角肌按摩
对三角肌区域进行揉捏可以放松肩部的紧张感，并为接下来的胸肌按摩做好准备。

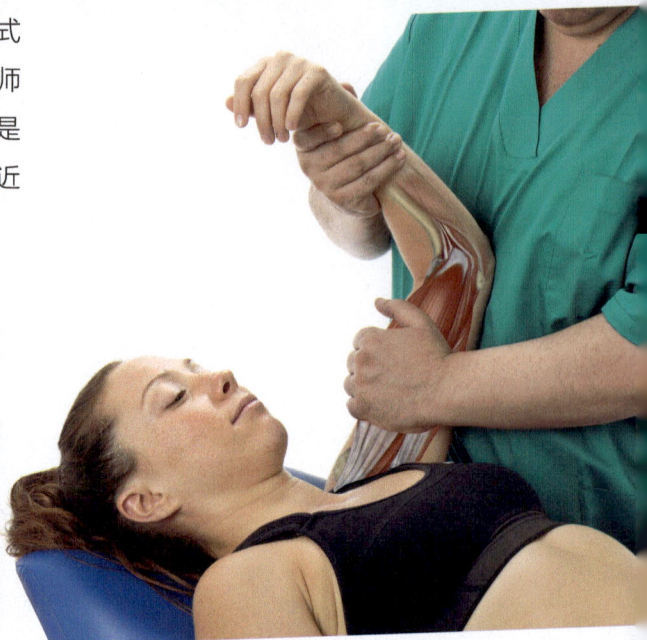

▲ 肱二头肌按摩
由于肱二头肌与肘关节相互关联，因此肱二头肌的按摩对于经常做投掷动作或需使用球拍运动的运动员来说非常重要，尤其是对放松肩部格外有效。

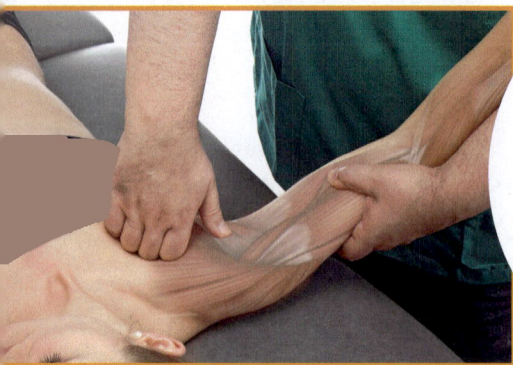

▲ 胸肌按摩
胸肌与肩胛带和肩膀的关系密切，因此在该区域需要进行细致按摩，但往往遇到的问题就是对该部位的关注度不足。

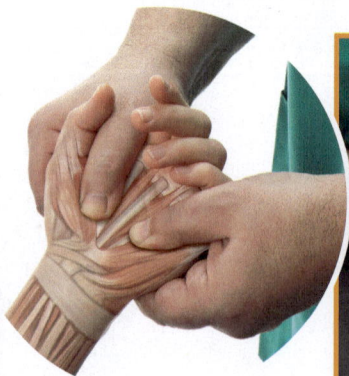

▲ 手掌按摩
柔和的摩擦和揉捏手法可以帮助手部排毒，当治疗师完成整个上肢的渗透后，就可以开始从远端到近端的按摩治疗。

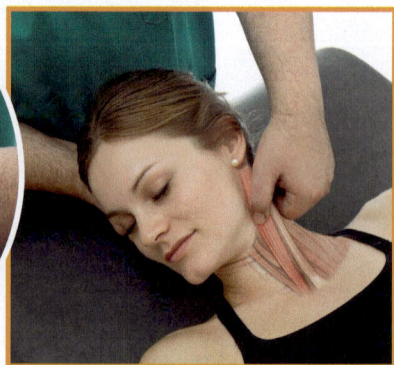

▲ 颈部按摩
当出现颈部过度紧绷、颈部疼痛、头痛和斜颈等问题时，都需要按摩颈部。要在整个部位进行按摩，主要按摩肌肉嵌入颅骨附近的部位。

趴卧按摩指南（一）

接下来就是进行脚部、双腿和臀部的按摩，此时运动员面部朝下（趴卧姿势），让治疗师继续在身体另一端进行按摩。

一般手法与特殊手法

传统按摩，包括运动按摩，使用的手法可分为一般手法和特殊手法。其中一般手法有：摩挲、摩擦和揉捏。特殊手法有：按压、提拿滚动和横向摩擦等。

在治疗期间进行评估

在整体按摩疗程中，通常会使用一种技巧作为"桥梁"，根据按摩程序，将一般和特殊手法彼此融合。指压可作为一种主要手法，因为它可以帮助治疗师在按摩的同时对组织进行评估。并且指压相对而言是一种比较温和的按摩手法，非常适合用于特殊手法或较"硬"的手法之后来放松治疗区域，同时给患者带来轻松愉悦的感觉，从而结束按摩。

在一般的运动按摩程序中若要进行深层按摩时，会结合各种不同手法，并搭配传统按摩技术，如关节松动术和拉伸技巧。这些技术之间互相协作，相辅相成。

▼ **腓肠肌按摩**
揉捏腓肠肌可以激活全身的血液循环，在高强度锻炼后可以给运动员提供很大程度的放松。

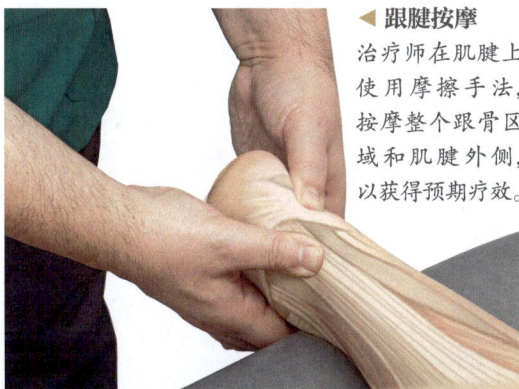

◀ **跟腱按摩**
治疗师在肌腱上使用摩擦手法，按摩整个跟骨区域和肌腱外侧，以获得预期疗效。

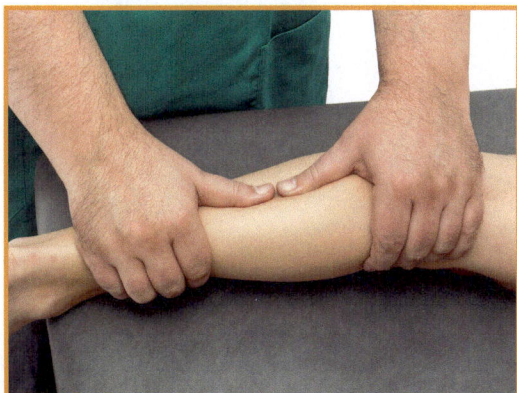

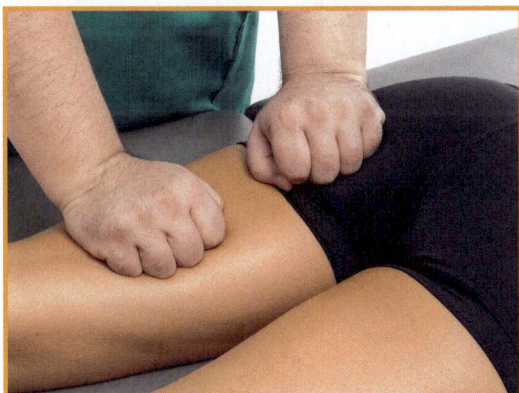

▲ **臀肌和腿后腱按摩**
运动之后，在臀部和腘绳肌上运用双手交替按压手法，通过抽吸作用来消除紧张和促进血液循环。

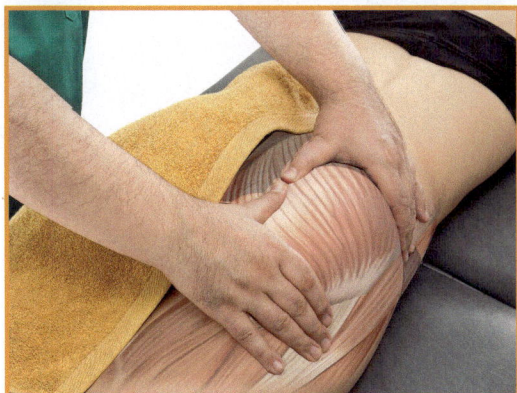

▲ **臀肌按摩**
治疗师在臀肌部位进行间断式的揉捏，使得腰椎区域放松，也可消除腿后腱嵌入骨骼部位的紧张感。

趴卧按摩指南（二）

一些运动方式本身就十分危险，会造成许多背部问题，特别是在需要不断重复高难度动作时，如蝶泳和蛙泳，还有体操都属于这一类。此外，还有一些以扭转动作为主的运动项目，也存在损伤背部的风险，如篮球、排球、足球和拳击等。还有某些使用器械的运动，如高尔夫和网球，也并不是绝对安全的。

背部疼痛的原因

原因可能是：张力堆积、肌筋膜组织负荷过重、反复微创伤、肌肉拉伤（主要出现在下背部）、椎间隙问题，后者包括一些非常严重的病变，如椎间盘突出、脱位或关节炎等。

背部疼痛的因素

在使用身体一侧多于另一侧的运动中，例如球拍类运动，主要一侧的脊柱负荷过重，因为所有的力量都集中在那一侧，从而引发疼痛。同样的情况还发生在多年未运动后，又重新开始训练时，此时肌肉早已失去先前

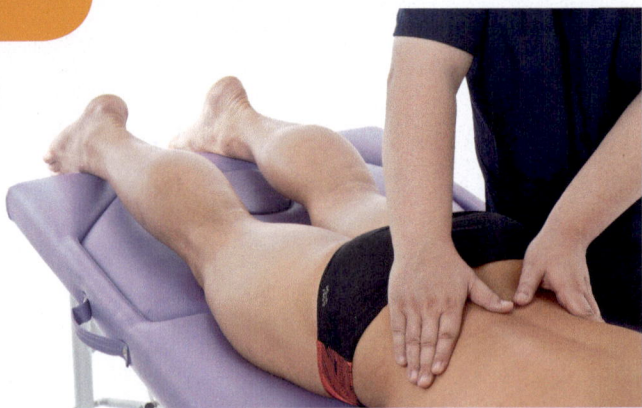

▲ 腰椎按摩①
该区域使用揉捏技术，可以帮助治疗师评估和处理表层的紧张感，并让组织做好深层按摩的准备。

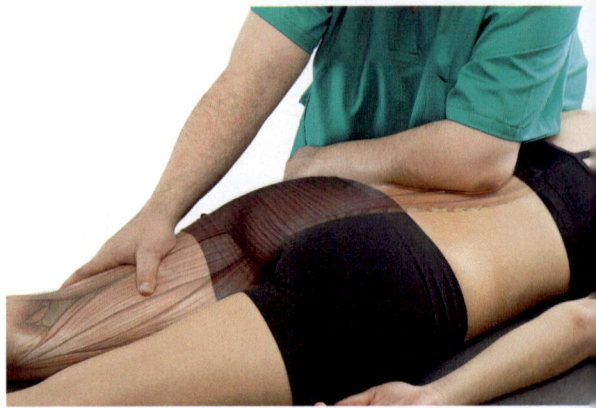

▲ 腰椎按摩②
治疗师的手放在运动员的大腿上，另一只手的前臂放在背部区域，二者力量彼此抗衡。因为对于该区域进行的是深层按摩，因此手法要较为缓慢。

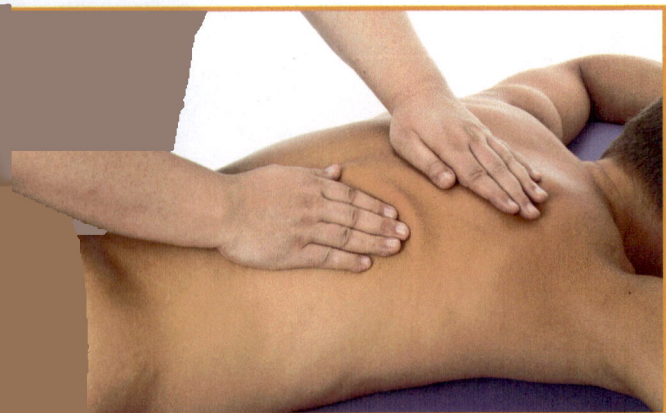

▲ 胸椎按摩①
双手手掌摩擦，温暖按摩区域，促进组织移动。

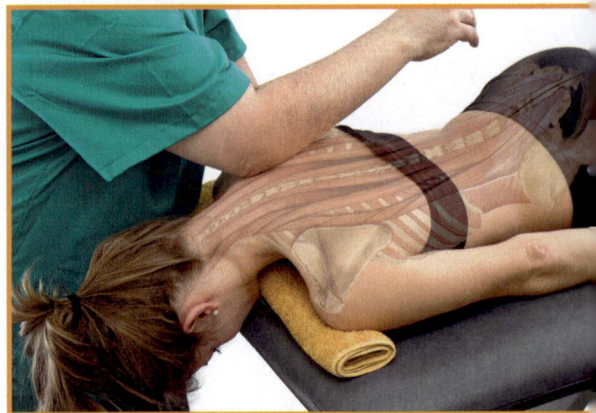

▲ 胸椎按摩②
当运动员低下头的时候，治疗师可用肘部施力进行刮线式推压，由于该手法作用于较深的层面，因此在按摩时，要时刻关注运动员对力道的感受。

的张力，问题自然容易凸显出来。 除了经常应用按摩作为预防措施外，还应进行锻炼，调整身体的不对称和不稳定现象。

持续作用于此区域的运动按摩，除了防止过度负荷和肌肉挛缩外，还可以缓解过度紧张。

头颈部位

另一个在运动训练中经常出现问题的区域是头颈部。例如，打高尔夫球时，这个区域经常负荷过重从而产生疼痛，但很少真正受伤。同样的情况也会发生在自行车比赛中，因为在竞技过程中，运动员脊柱弯曲的位置决定了向前的视角，因而颈椎容易过度伸展，导致颈部和背部的肩胛间区域的压力过大和肌肉挛缩。

▲ 打网球时，双手的反手击球动作会导致躯干剧烈旋转，脊柱过度伸展，损害椎间盘。

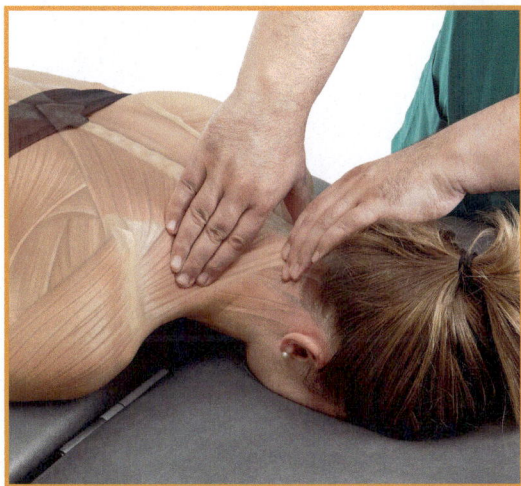

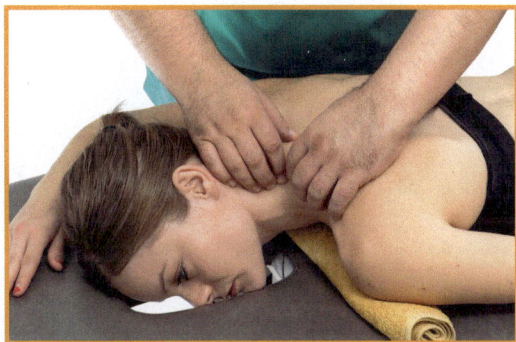

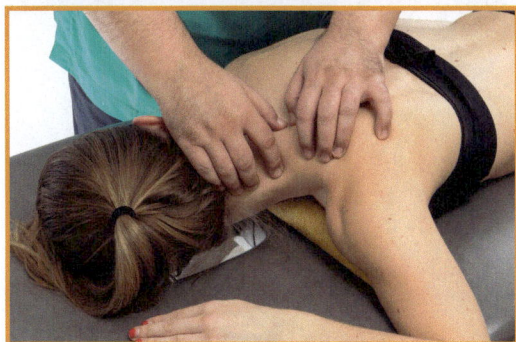

▲ 颈椎按摩①
此时运动员面部朝下，将脸放在按摩床上的呼吸洞中，治疗师用双手揉捏颈部，治疗颈椎后部区域。

▶ 颈椎按摩②
运动员趴卧，根据需要使用揉捏手法进行按摩的区域，决定头部和颈部转向哪一侧。

侧卧按摩指南

有时由于治疗师不想打扰正在治疗的病人，所以没有改变体位，然而，这是错误的，因为固定不变的姿势会带来许多按摩上的不便，变换姿势反而能帮助治疗师触及一些本难以按摩到的地方。

重力与侧卧

侧卧能帮助治疗师碰触到其他姿势下无法摸到的位置，还能借助重力治疗身体不同的部位，如运用伸展技术或活动技巧等。侧卧是个非常有用的姿势，可以治疗腰椎方肌或胸腰筋膜等部位。此外，侧卧姿势还有利于治疗急性腰疼，让腰部得到休息放松，更是女性在怀孕期间进行按摩的最佳姿势。

▼ 斜方肌和颈椎按摩

姿势肌嵌入颅骨，侧卧位有助于深入该区域的肌肉组织，同时它还有利于治疗师按摩斜方肌和颈椎的侧面区域。

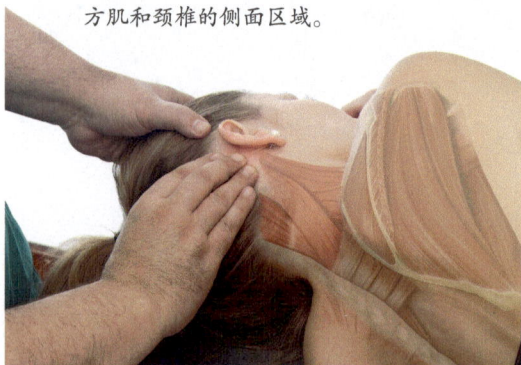

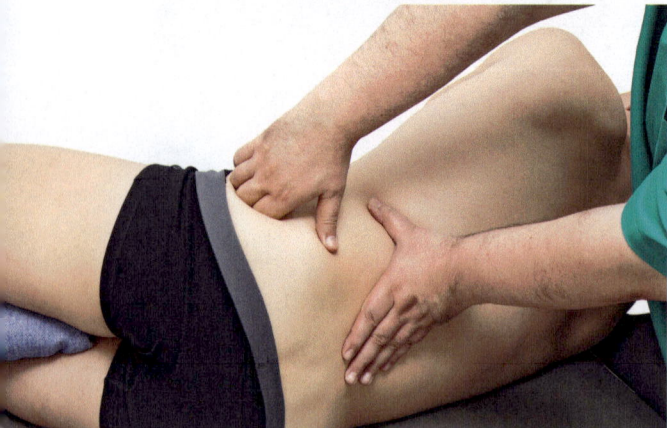

▼ 髂胫束按摩

膝关节外侧区域的疼痛问题在跑步者中非常普遍，这是由于髂胫束过度紧张引起的。当运动员侧卧时，治疗师可以轻松处理这条纤维纽带。

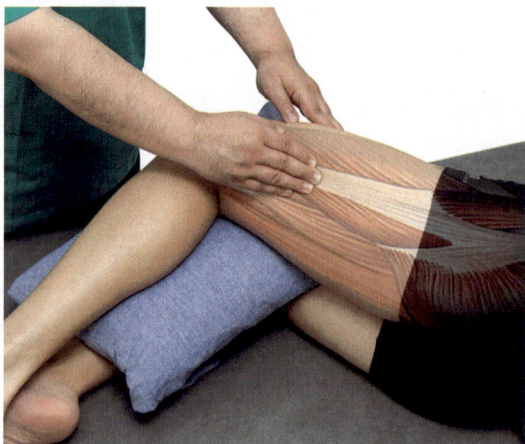

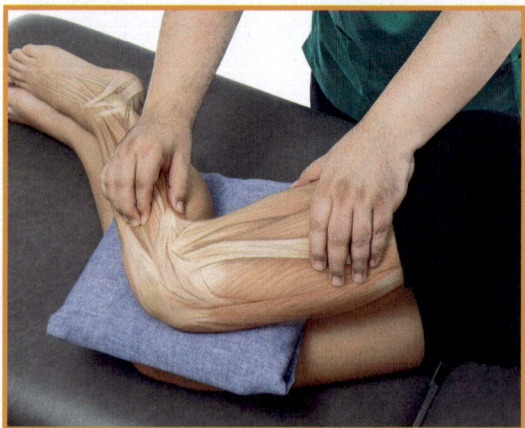

▲ 臀部按摩

当运动员侧卧时，治疗师可以触及臀部感觉不适的区域，同时它还能帮助治疗师按摩到胸腰筋膜与髂骨的连接部位。

▲ 小腿外侧按摩

胫骨近端的前外侧面是胫骨结节和腓骨头，侧卧位的姿势有利于该区域的按摩治疗。如果必要的话，治疗师还能处理足部。

坐姿按摩指南

使用专门为坐姿按摩设计的椅子进行治疗，或者也可以准备一张椅子，运动员面向椅背坐下，将头枕在椅背边缘，下面垫一个枕头。

竖脊肌的按摩

结束整个疗程后，运动员要站起来走动一下，然后再坐下，治疗师此时会花上几分钟的时间按摩竖脊肌，或者轻轻揉捏斜方肌，作为按摩程序的结束。

▼ **斜方肌按摩，尺侧拍击法**
如果你注意到运动员在按摩结束时非常困倦，则可以使用适度的拍击法，助其振作精神。

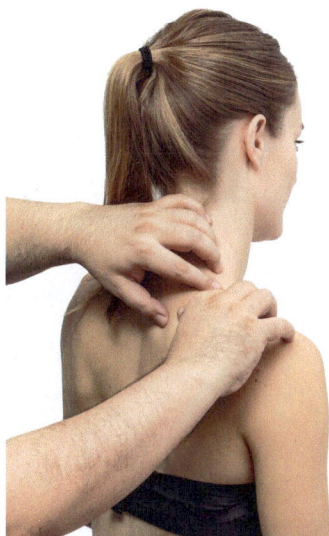

◀ **指压法**
如果一直在按摩床上保持同一个姿势，运动员也会感觉到些许不适。这就是为什么在疗程结束时，最好再稍微按摩一下斜方肌和颈部区域，点到为止即可。

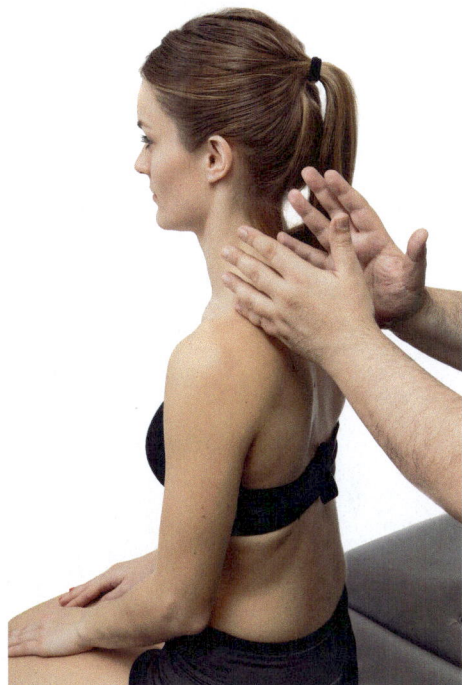

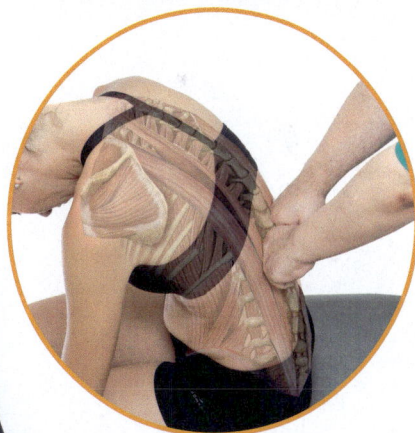

▲ **竖脊肌按摩**
运动员坐着，双脚支撑着地，双臂向两侧伸展，躯干和颈椎挺直。从脚底向上施力，仿佛要站起来一样，同时髋部后转，治疗师顺势使用推摩手法，进行按摩。

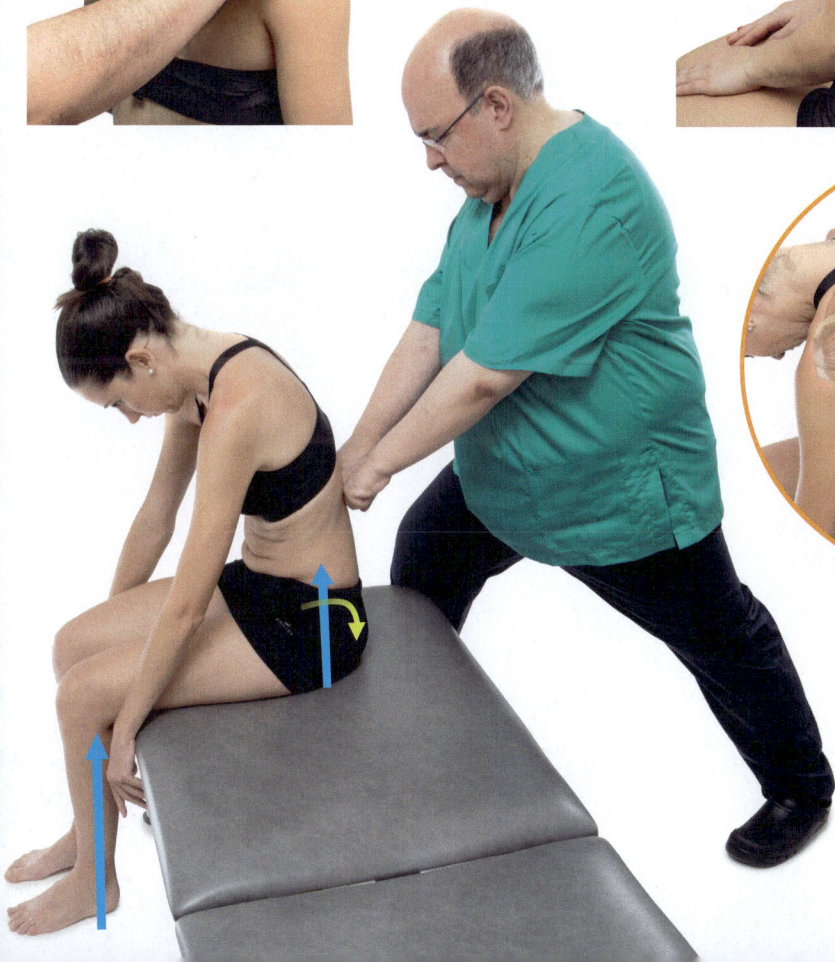

第5章
运动损伤与按摩

这一章着重介绍了一些常见的运动损伤，我们根据创伤机制或负荷程度对这些损伤进行了分类。另外，本章还详述了最常用的一些按摩治疗技术。

按摩对运动损伤有两种作用：预防和治疗（当损伤已经发生时）。如果我们从更广泛的角度去定义按摩，我们就会发现更多针对运动损伤，特别是超负荷运动损伤的治疗方法。

一些徒手治疗技术主要以放松肌筋膜，复原和重建结缔组织为目的。横向摩擦能激活韧带、肌肉和肌腱的重组机制；综合神经肌肉抑制技术非常适合治疗激痛点的问题；而重新定位技术能帮助功能失调的关节重新归位。

运动损伤成因

运动损伤通常由两种机制引起：外部创伤和过度负荷。创伤是由于身体某些部位受到的直接或间接的剧烈冲击，超过了组织的弹性极限而造成的。

过度负荷或复发性微创伤是由于组织强度不稳定、组织内张力累积以及频繁、多次的撞击所致。肌腱炎、纤维化和骨关节炎就是这种病理类型的例子。

外部创伤

外部创伤，无论是直接或间接的，可能造成骨折，韧带或肌腱断裂、脱位等损伤，还包括原纤维撕裂（内部肌肉断裂）和挫伤。

创伤是一种严重的损伤，是一种"急症"，必须先行治疗。按摩则可以在恢复期使用，预防疤痕、失调、僵硬、纤维化等后遗症。

过度负荷所造成的慢性炎症

运动训练中对身体某个部位的反复撞击会导致"生物质的疲乏"，同时饮食不均、年龄、毒素或机械性压力等也会改变细胞环境，导致产生炎症，虽然看似不严重，但却会引发一系列的身体失衡现象，如果不及时治疗，这种炎症会随着时间的推移变成慢性疾病。这种类似的损伤一般发生在肌腱与骨骼接触的部位或骨膜处，肘关节肌腱炎和耻骨骨病是这些慢性炎症的例子。

肌肉不稳定

肌肉按其代谢特征可分为张力肌和相位肌，前者较短，具有强大的爆发力，后者较长，具有稳定性。身体长期的过度负荷，重复性动作和不良的姿势都会导致张力肌纤维化和萎缩，进而造成肩胛骨带、骨盆、肩关节周围以及脊柱不同节段的肌

▶ 疤痕。

▼ 膝盖受伤。

肉失去稳定性。

激痛点和肌筋膜疼痛综合征

激痛点是肌肉的一处"节点"，会导致肌纤维痉挛（触觉僵硬）从而造成痛感，并且这种痛感会蔓延至周遭部位，甚至那些离得很远的区域也可能会感到疼痛。它们可能是由于在运动、工作和娱乐活动中，重复的离心动作造成肌肉的收缩紧张，以及经历了最大／次大的运动强度后，肌肉没有得到充分休息所造成的。针对激痛点，我们建议要增加体内的营养摄入，进行灌流，减少过度紧张和疼痛，借此增加运动能力。

筋膜组织疤痕与纤维化

若伤口治疗不当，则会出现疤痕、僵硬和慢性炎症等现象，导致结缔组织累积过多胶原蛋白，进而失去弹性。胶原蛋白的堆积限制了关节的流动性（大动作和精细动作），

从而降低了长期运动能力。

神经压迫综合征

一些很难按摩到的部位或是组织堆积的部位，都有可能出现神经或血管被压迫的情形。这将导致神经或血管的流量减少，影响原本需要灌流或连接的地方，从而降低身体机能。腕管综合征和腘动脉压迫综合征就是这种病理学的例子。

风湿性关节病变

骨关节炎和类风湿性关节炎是关节病变，都会引发炎症，侵蚀软骨，造成骨质化反应。骨骼间隙减少，骨骼歪斜，会使缓冲能力和关节活动幅度受到影响。 关节软骨磨损的原因尚不明确，但它大致与关节负荷不对称、免疫系统紊乱（无法正确识别身体组织）、环境毒素、先前的感染以及其他原因有关。

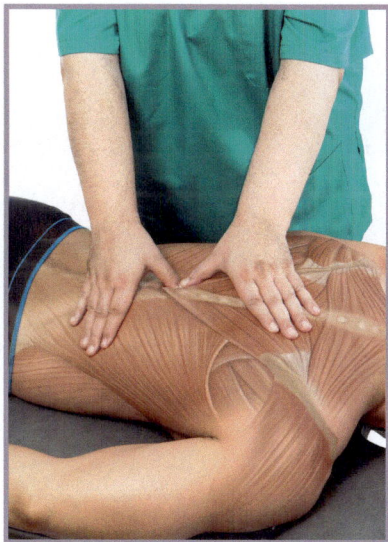

▲ 激痛点按摩手法。

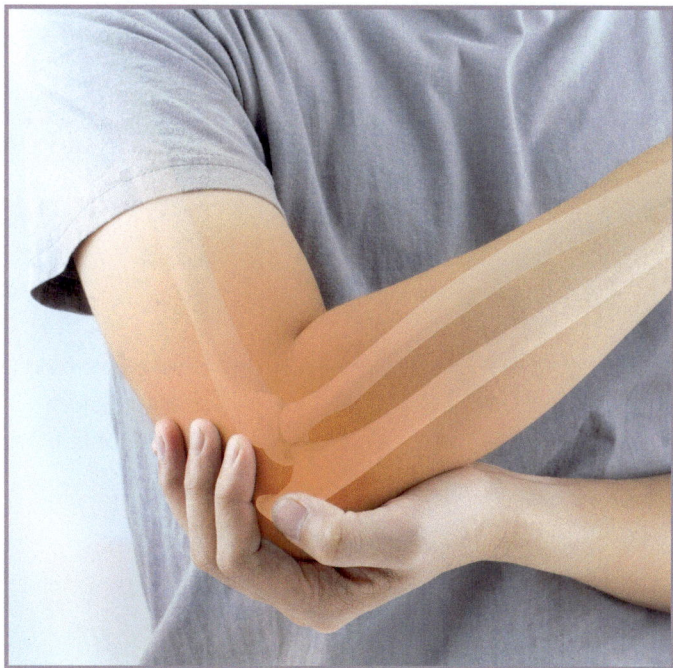

▶ 肘部的类风湿性关节炎。

常见的动力式运动损伤

足底筋膜炎

跑步或跳跃时，足部做出的反复起跳或着地动作会使足底筋膜负荷过重，因为足底筋膜正是支撑脚底板的结构。在跟骨或在第一个脚趾底部的压力累积会引起炎症，特别是在筋膜和骨骼相连的地方。这种损伤是长期性的，会导致骨骼钙化和变形，使用肌筋膜按摩手法和关节活动技巧能有效治疗这种损伤。

跟腱炎

跟腱或腓肠三头肌能将肌肉的力量传输至跟骨，延伸踝关节并抬起足部。重复的动作（如跳跃和跑步时）会使肌肉 – 肌腱和肌腱 – 骨骼这处连接点负荷过重，引发炎症。

跟腱炎也是长期性的病变，很容易演变成慢性病，因为我们需要不断使用这块肌肉。深层摩擦和筋膜抽吸法是非常有效的治疗方法。

胫前腔室综合征

胫前肌来自胫骨前面的骨膜，当脚后跟撞击地面（落地时），这块肌肉可以起到缓冲作用。由于强有力的肌肉间隔覆盖，这个区域不适合拉伸，所以反复拉扯骨膜会引发该区域的炎症。小腿前部的血管和神经因此受到压迫，导致小腿无力。按摩肌筋膜的手法能帮助治疗师为腿部建立空间，进行减压。

跳跃膝

当运动员频繁重复跳跃动作（踝 – 膝 – 髋三重伸肌机制）时，股四头肌腱或髌韧带负荷过重，肌腱炎通常发生在髌骨上段或胫骨结节前段，表现为疼痛、肿胀和功能障碍。如果根本问题得不到治疗，这些重复性损伤就会变成慢性疾病。深层横向按摩可以起到很好的治疗效果。

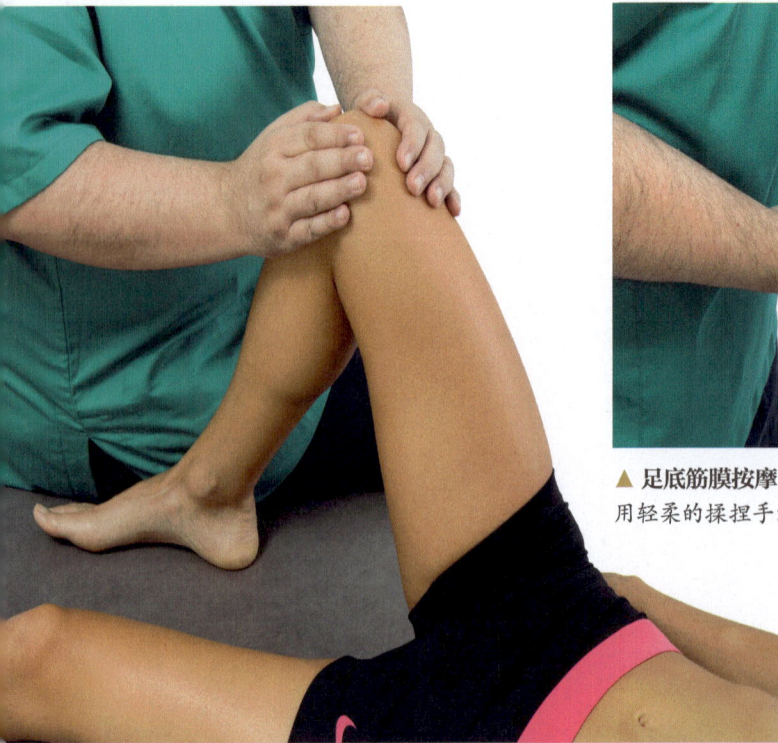

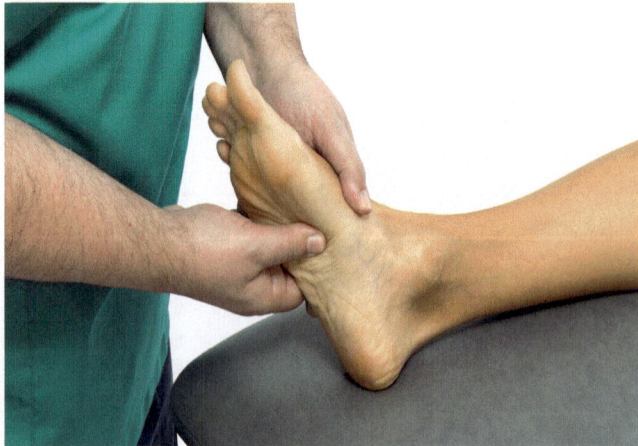

▲ 足底筋膜按摩
用轻柔的揉捏手法治疗足底筋膜。

◀ 使用摩擦法可治疗膝盖疼痛。

髌骨软骨软化症

这个术语指的是当股四头肌拉伸时，髌骨对股骨的过度压迫造成关节软骨的磨损。此时，股骨和胫骨"外翻"，股四头肌向外牵拉髌骨。当膝盖反复进行过度伸展时，则会承受过大的压力，而这种情形也会因身体超重、负重下蹲或膝盖外翻而加剧。

软骨软化症的治疗需要进行运动疗法，同时需要纠正体态和服用胶原蛋白。另外，还需要进行运动按摩，以提升滋养关节软骨的能力。

下背痛

下背部疼痛（腰痛）的原因多样，许多组织都可能是造成疼痛的源头。挛缩、椎旁纤维性骨折或椎体韧带扭伤都可能导致下背部疼痛。椎间盘开裂或突出（髓核从其环上滑脱），也会引起背痛甚至腰痛。众所周知，椎间盘突出是腰痛的"罪魁祸首"。然而，骨关节炎、类风湿性关节炎和某些疾病，如结核病或癌症，也可能会引发下背部的疼痛。治疗方案将根据下背部疼痛的具体原因进行调整。

▶ **下背痛**
体育锻炼后可能发生背痛，图示中就是背部疼痛的特征动作。

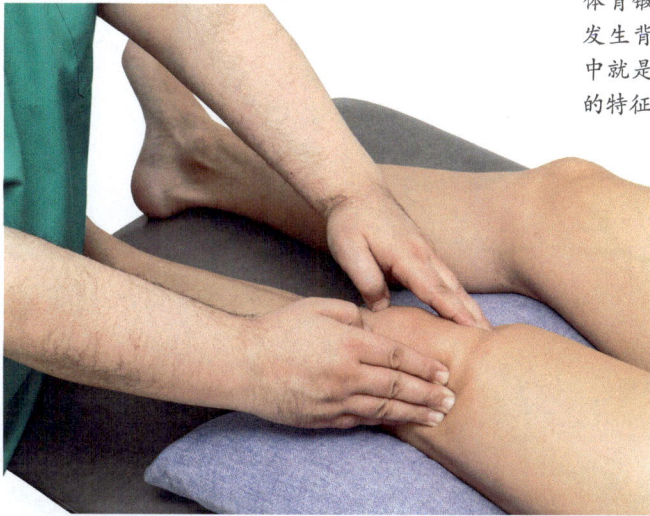

▲ **髌骨软骨软化症按摩**
利用指尖对髌骨和四头肌边缘进行推压，助其放松。

注意事项

当运动损伤发生时，应采取必要措施来缓解疼痛和进行恢复。目前流行的康复方法，不再像传统疗法一样，要求患者多休息，而是选择更加积极的运动锻炼疗法，根据患者的能力进行调整，促进恢复，改善受损区域的功能。当然，也需要注意运动器材的使用情况和运动动作的执行情况。

任何的动作都需要肌筋膜带动关节转动来完成，换句话说，运动依靠的是肌肉收缩的瞬间。如需要做出移动身体的动作，或者是跳跃和跑步等动作，就是这儿所指的动力式运动。反之操作式运动则指的是通过击打、踢打、捡起等动作来移动物体，此时带动的是身体的某些部位，但整个身体没有移位。

常见的操作式运动损伤

腕管综合征

这种损伤主要是正中神经遭受压迫。腕屈肌支持带位于腕关节前部，能包裹和控制前臂肌肉的肌腱。当我们用手用力击打排球或篮球时，抑或是紧紧抓住球拍柄，或者把手腕紧紧压在桌面上使用鼠标时，都会让肌腱和支持带变得纤维化，导致其增厚，损害神经通道。这种压迫会产生刺痛感，造成肌肉无力。

为了预防腕管综合征，我们需要采取一些措施，如按摩手腕，进行放松，局部休息，还有拉伸等。最适合的治疗手法主要是活动手腕骨、软组织、正中神经和腕屈肌腱。

肱骨外上髁炎

前臂内侧肌群来自前上髁，后侧肌群来自后上髁，两者均位于肘关节附近。这些肌肉分别是屈肌和伸肌，参与手臂向前（前上髁）和向后（后上髁）的摆动。当用球拍或高尔夫球杆击球时，重复的撞击会产生压力，振动作为肌肉源头的肌腱。但是该区域受压过大会产生炎症和疼痛，这种痛感也会影响手掌。因此，下髁炎或中髁炎常称为高尔夫球肘，而上髁炎则称为网球肘。这些慢性炎症可通过横向摩擦和肌筋膜拉伸进行治疗。

▶ 手腕摩擦技术可治疗腕管综合征。

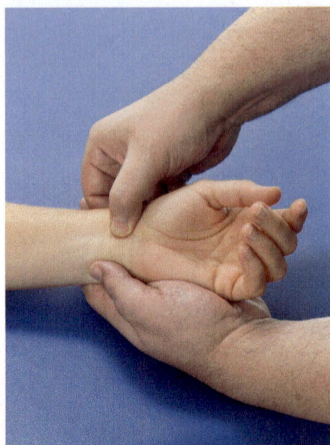

▼ 手掌抽吸法可治疗上髁炎，放松前臂。

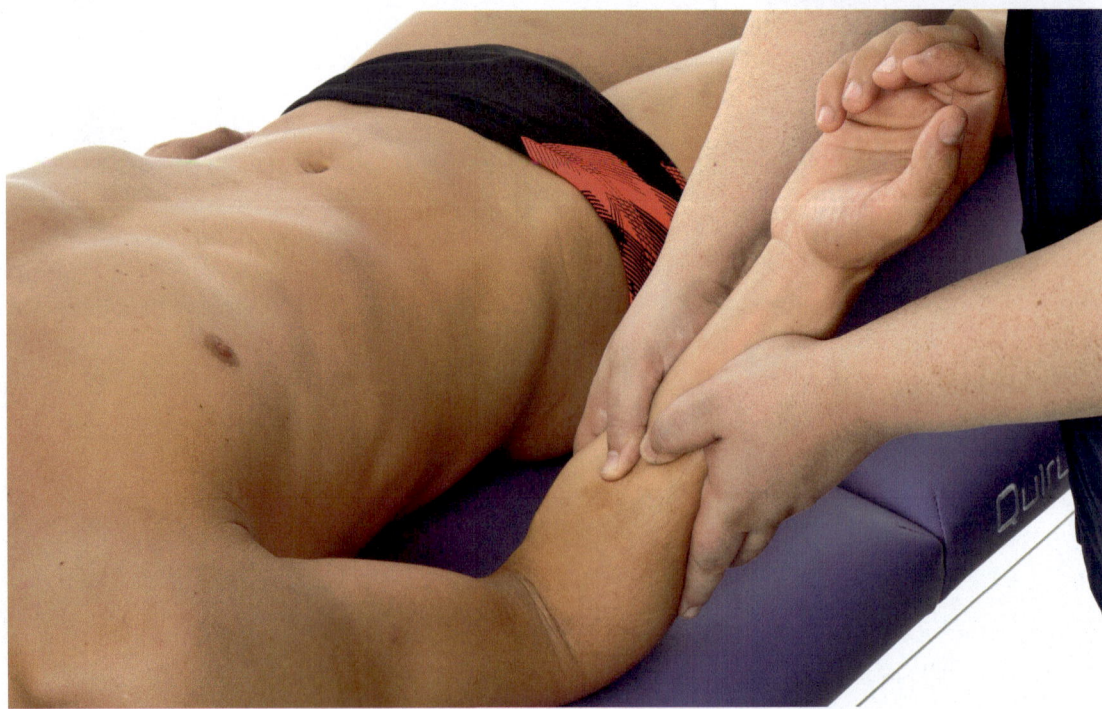

▼ **足球运动员**
图为运动员用力踢球的动作。

肩袖综合征

环绕肱骨头部的肩部肌肉形成一个内衬，称为肩袖。这些肌肉的肌腱穿过狭窄的骨骼和肌肉通道，当它们负荷过重时，就会发炎。产生这些超负荷的动作有出拳打击、排球杀球、网球发球和柔道及自由体操的一些动作等。

最常见的受损部位是冈上肌腱和二头肌长段（肌腱炎）以及肩峰下滑囊（滑囊炎）。最常见的症状是受伤组织疼痛、活动范围受限和功能丧失。肩痛应该进行临床检查，可用关节活动法进行治疗，也可用深层横向摩擦手法按摩炎症地区。

耻骨病变

耻骨病变指的是大腿内屈肌腱深层发炎（腱骨膜）。这种髋关节的内收肌和屈肌在跑步、转向和足球传球时发挥作用。骨盆因受力不均衡而产生炎症，带来压力的肌肉包括腹肌、内收肌和腹斜肌。通过频繁地重复同一个动作，内屈肌腱的深层区域则会过度受压，从而导致发炎。骨盆和大腿出现局部和辐射性疼痛，髋关节发炎，活动范围受限，这意味着运动员无法重复进行机械性的动作。治疗方法有髋关节松动术、伸展运动和肌腱的横向摩擦等。

◄ **柔道选手**
图为柔道选手把对方压制在地的绞技。

术　语

激活（神经）： 中枢神经发出强大需求的微量刺激。

积极清理运动： 运动后可进行舒缓柔和的心血管运动（最大摄氧量的 40%~60%），结合静态伸展，恢复血液循环，新陈代谢和肌肉张力。

止痛： 减轻或缓解疼痛的感觉。

生物化学： 对生物化学成分的科学研究。

生物力学： 力学定律在生物研究中的应用。

挛缩： 肌肉纤维长时间失去自主性，保持收缩、高阻力、非常僵硬。

皮质醇： 遇到压力时肾上腺分泌的类固醇激素。

皮节： 皮肤部位，接受来自单一脊髓神经的感觉纤维。

外翻： 脚的外旋与其外部边缘的抬高。

细胞外间质： 组织细胞外物质的集合，把细胞"浸泡"在里面。

纤维化： 结缔组织的增厚和收缩，纤维化最常见的原因是炎症或创伤。

分形： 几何物体的基本结构显得支离破碎或明显不规则，并在不同规格层面上重复。

神经节或淋巴结： 结节状结构，形成淋巴系统的一部分，成簇生长，尤其是在颈部、腋窝和腹股沟。

整体论： 方法论和认识论的观点，假定系统及其属性必须被整体分析，而不仅仅是分析它们组成的部分。

医源性： 指作为医生开出的治疗方案产生了副作用，导致的某一种状况或病理。

抑制： 身体正常功能因心理、生理或化学因素而减弱或停止。

固定： 一种矫形术，通过使用矫形器（夹板、石膏、绷带等）限制骨头或受伤关节的活动。

关节活动（动作）： 在外力作用下的不自主的运动。

奇柏尔皮肤褶皱实验： 通过在皮肤褶皱部位适合用提拿滚动法，诊断出痛觉过敏的区域，探查方法是将皮肤褶皱斜移至皮节的方向。

运动感觉： 运动的感觉或个人空间定位的能力，它也指研究人体运动的科学分支。

韧带： 与骨膜相连的一种纤维状纽带，结实有韧性，通过骨膜连接骨关节。

淋巴排毒（徒手按摩）： 作用于淋巴系统表面的按摩技术，消除水肿。

力学传导路径： 机械刺激下的细胞信号传导过程，由于胞膜变形，机械刺激物在转化为化学序列时，需要寻找能够充当传递介质的胞膜组件。

肌肉过度紧张： 休息时的肌肉中表现出过度的、持久的紧绷感。

神经肽： 由脑突触转导产生的两种或两种以上的氨基酸结合而形成的小分子。

伤害感受器反应： 躯体或内脏器官会因受到损伤或伤害而激发反应，产生痛感，人体会对急性或慢性疼痛做出反应。

骨赘： 骨组织的病理性增生，在骨外长出形状明显的硬结。

整骨疗法： 科学化的徒手治疗方法，其基本思想是机体的所有系统都相互关联，因此一个区域的任何限制或不适都会影响到其他所有区域。

过度补偿： 身体面对压力的刺激产生的特有反应，是身体基本的适应力。

运动模式： 所有技术动作的起源。

本体感受： 告知身体所有肌肉的位置，包括感觉身体相对位置的能力。

反射： 生物在给定刺激物出现时的自动和非自愿的反应。反射反应一般会做出动作，有时也可能激发腺体分泌。

病情复发： 在恢复后不久，疾病重复发作。

痉挛： 肌纤维突然、无意识和持续地收缩。

系统性： 一个系统的整体，与局部系统相对或与之相关。

肌腱病变： 通常称为肌腱炎，肌腱细胞累积微小创伤，在没有炎症的情况下转为慢性退化病变。

张拉整体式结构（系统）： 指综合张力或张力的整合，一种基于在连续张力网络中使用压缩隔离部件的结构原理。被压缩的区域之间并不相互接触，只通过可拉伸的部件结合在一起，这些部件在空间上划定了系统的界限。

阈值： 在生理学上，这是指某一最低限度值，低于这个值，某种现象就不能发生。

脉管： 血管或其他动植物内部的管道，其中流动着血液或其他液体。

血管舒张： 肌纤维松弛而引起的血管管径增大。

血管收缩： 肌纤维收缩导致的血管管径减小。

小鱼际： 手掌小指运动肌肉最突出的部分。

大鱼际： 位于拇指根部的一块水滴形肌肉。